Kohlhammer

Rat + Hilfe

Fundiertes Wissen für Betroffene, Eltern und Angehörige – Medizinische und psychologische Ratgeber bei Kohlhammer

Eine Übersicht aller lieferbaren und im Buchhandel angekündigten Ratgeber aus unserem Programm finden Sie unter:

 https://shop.kohlhammer.de/rat+hilfe

Die Autorin

Sabine Stark, Dipl.-Psych., ist als approbierte Psychologische Psychotherapeutin (Verhaltenstherapie) in eigener Privatpraxis in München mit dem Tätigkeitsschwerpunkt Hochbegabung im Erwachsenenalter niedergelassen. Zudem ist sie seit Jahren als Dozentin, Supervisorin und Lehrtherapeutin für mehrere psychotherapeutische und neuropsychologische Aus-, Fort- und Weiterbildungsinstitute tätig. Sie ist Teilnehmerin im ehrenamtlichen Netzwerk Münchner Zirkel Hochbegabung e.V. und Mitglied bei Mensa in Deutschland e.V.

Weitere Informationen unter: https://www.stark-psychotherapie.de

Sabine Stark

Hochbegabte Erwachsene

Begabungsbezogenes Erleben verstehen –
Herausforderungen meistern

Verlag W. Kohlhammer

Dieses Werk einschließlich aller seiner Teile ist urheberrechtlich geschützt. Jede Verwendung außerhalb der engen Grenzen des Urheberrechts ist ohne Zustimmung des Verlags unzulässig und strafbar. Das gilt insbesondere für Vervielfältigungen, Übersetzungen und für die Einspeicherung und Verarbeitung in elektronischen Systemen.

Pharmakologische Daten verändern sich ständig. Verlag und Autoren tragen dafür Sorge, dass alle gemachten Angaben dem derzeitigen Wissensstand entsprechen. Eine Haftung hierfür kann jedoch nicht übernommen werden. Es empfiehlt sich, die Angaben anhand des Beipackzettels und der entsprechenden Fachinformationen zu überprüfen. Aufgrund der Auswahl häufig angewendeter Arzneimittel besteht kein Anspruch auf Vollständigkeit.

Die Wiedergabe von Warenbezeichnungen, Handelsnamen und sonstigen Kennzeichen berechtigt nicht zu der Annahme, dass diese frei benutzt werden dürfen. Vielmehr kann es sich auch dann um eingetragene Warenzeichen oder sonstige geschützte Kennzeichen handeln, wenn sie nicht eigens als solche gekennzeichnet sind.

Es konnten nicht alle Rechtsinhaber von Abbildungen ermittelt werden. Sollte dem Verlag gegenüber der Nachweis der Rechtsinhaberschaft geführt werden, wird das branchenübliche Honorar nachträglich gezahlt.

Dieses Werk enthält Hinweise/Links zu externen Websites Dritter, auf deren Inhalt der Verlag keinen Einfluss hat und die der Haftung der jeweiligen Seitenanbieter oder -betreiber unterliegen. Zum Zeitpunkt der Verlinkung wurden die externen Websites auf mögliche Rechtsverstöße überprüft und dabei keine Rechtsverletzung festgestellt. Ohne konkrete Hinweise auf eine solche Rechtsverletzung ist eine permanente inhaltliche Kontrolle der verlinkten Seiten nicht zumutbar. Sollten jedoch

Mit Illustrationen der Autorin Sabine Stark.
Umschlagabbildung: kittima – stock.adobe.com

1. Auflage 2025

Alle Rechte vorbehalten
© W. Kohlhammer GmbH, Stuttgart
Gesamtherstellung: W. Kohlhammer GmbH, Heßbrühlstraße 69, 70565 Stuttgart
produktsicherheit@kohlhammer.de

Print:
ISBN 978-3-17-044749-3

E-Book-Formate:
pdf: ISBN 978-3-17-044750-9
epub: ISBN 978-3-17-044751-6

Meinem Mann gewidmet.

Geleitwort

Schwierigkeiten und Herausforderungen gehören bei allen Menschen zum Leben. Wer sich persönlich weiterentwickeln, die eigenen Potenziale umsetzen und mögliche Probleme in den Griff bekommen will, sollte nicht gezwungen sein, seinen Weg durch Versuch und Irrtum zu finden. Gerade bei erwachsenen Hochbegabten ist genau dies allerdings nur zu oft der Fall. Es gibt kaum eine systematische Förderung hohen Potenzials im Erwachsenenalter, insbesondere wenn es spät erkannt wird. Allenfalls bereits realisiertes Potenzial in Form hoher Leistung scheint Unterstützung zu verdienen. Über die spezifischen Förderbedarfe hochbegabter Erwachsener wissen wir noch wenig. Die »Genie-Wahnsinns-Hypothese«, also die Annahme, dass hohes Potenzial mit sozialen und/oder emotionalen Defiziten einhergeht, gilt in der Forschung mittlerweile als obsolet, auch wenn sie sich hartnäckig in den Köpfen hält; sogar in denen der Hochbegabten selbst.

Probleme sind Passungsprobleme, heißt es – oft zwischen der Person und einer Umwelt, die ihren Bedürfnissen nicht gerecht wird. Psychologische Interventionen jeglicher Art zielen darauf ab, diese Passung zu verbessern. Die menschliche Persönlichkeit ist im Erwachsenenalter viel weniger fixiert, als man das noch vor einigen Jahrzehnten dachte; und gerade Psychotherapie hat sich als äußerst wirksam erwiesen, um Menschen emotional zu stabilisieren und ihre sozialen Interaktionen zu verbessern. Aber auch an der Umwelt lässt sich ansetzen: indem man diese so auswählt oder gestaltet, dass sie besser zu den eigenen Bedürfnissen passt. Bessere Passung bedeutet weniger Stress; und weniger Stress bedeutet, dass man weniger Ressourcen für die Bewältigung und Regulation der eigenen Emotionen benötigt, sondern diese – beispielsweise – für die Umsetzung der eigenen Potenziale einsetzen kann.

Selbsterkenntnis ist essenziell, um einschätzen zu können, was man braucht und wie man es bekommen kann, um Stress auf einem Niveau zu halten, wo er als stimulierend und nicht als überfordernd wahrgenommen wird. Die eigene Begabung als Ressource statt als Problemfaktor zu begreifen, ist dabei aus meiner Sicht zentral. Intellektuell Hochbegabte in einschlägigen Vereinen oder in Beratungsstellen berichten häufig von Schwierigkeiten, deren Ursache sie in der Begabung selbst sehen; manche beschreiben ihre Hochbegabung sogar als eine Art Behinderung. Grundsätzlich stellt sie jedoch eine sehr allgemeine Fähigkeit zum Problemlösen dar, die sich auf unterschiedlichste Kontexte anwenden lässt. Natürlich garantiert auch hohe Begabung kein sorgenfreies Leben; aber wenn es zu Problemen kommt, ist nicht die Hochbegabung selbst die Ursache dafür, sondern schlechte Passung.

Die eigene Begabung als etwas Positives anzunehmen und wertzuschätzen, fällt umso schwerer, je später das Potenzial erkannt wurde. Wer sich selbst sein Leben lang als durchschnittlich oder sogar unterdurchschnittlich begabt empfunden hat (und dies vielfach auch von seinem Umfeld gespiegelt bekam), erfährt die späte »Diagnose« oft als kritisches Lebensereignis, das Unordnung ins Leben bringt, vieles in Frage stellt und angesichts versäumter Chancen Trauer hervorruft – aber unter einer Ressourcenperspektive eben auch neue Wege eröffnen kann.

Nicht jedes psychologische Problem erfordert psychotherapeutische Intervention; und angesichts der gravierenden Versorgungslücken unseres Gesundheitssystems kann man von Glück sagen, dass dem so ist. Umso wichtiger sind fundierte Programme, die die individuelle Selbstreflexion und Weiterentwicklung strukturiert anleiten und begleiten. Einen solchen Ansatz legt Sabine Stark mit diesem Buch vor: Sie verknüpft auf kenntnisreiche Weise wissenschaftliche Grundlagen mit ihrer umfassenden psychotherapeutischen Praxiserfahrung mit Hochbegabten.

Die gute Verständlichkeit des Buchs soll nicht darüber hinwegtäuschen, dass die Integration der hohen Begabung in die eigene Persönlichkeit harte Arbeit ist. Im Unterschied zu Interventionen, die weniger passgenau auf Hochbegabte zugeschnitten sind, wird Begabung hier jedoch als identitätsrelevantes Merkmal gewürdigt und als Ressource wertgeschätzt und genutzt.

Sabine Starks Ansatz hat das Potenzial, vielen Menschen dabei zu helfen, ihre Hochbegabung als das anzunehmen, was sie ist: ein Aspekt der eigenen Persönlichkeit, der Wertschätzung und Unterstützung verdient. Hochbegabung ist eine großartige Ressource, die das eigene Leben und die Welt insgesamt bereichern kann. Ich wünsche allen Hochbegabten, dass es ihnen gelingt, eine solche positive Sicht auf ihre Begabung zu entwickeln.

Prof. Dr. Tanja Gabriele Baudson (Charlotte Fresenius Hochschule)

Inhalt

Geleitwort 7

Online-Zusatzmaterial 15

Vorwort und Danksagung 17

Anlass und Zielsetzung des Buchs: Worin kann ich Sie unterstützen? 21

Teil I Hochbegabung verstehen

1 **Hochbegabung – was ist das eigentlich?** 31
   1.1 Zentraler Faktor: Eine weit überdurchschnittliche Intelligenz 32
   1.2 IQ, what else? Was sonst noch in Modellen zur Hochbegabung enthalten ist 35

2 **Wozu lohnt sich ein IQ-Test im Erwachsenenalter?** . 57

3 **Mit Vorurteilen über Hochbegabte aufräumen** 65
   3.1 Laientheorien: Was denken Menschen über Hochbegabte? 65
   3.2 Empirische Befunde über Hochbegabte 68

4 Hochbegabung + ... In mehrfacher Hinsicht nicht durchschnittlich 77
4.1 Neurodivergenz: Autismus-Spektrum-Störung, ADHS und andere 78
4.2 LGBTIQ: Diversität in Geschlechtsidentität, Gender und sexueller Orientierung 82
4.3 Hochsensibilität: Intensität der Reizwahrnehmung und -verarbeitung 85

Teil II Hochbegabung als Teil des Selbstkonzepts

5 Hochbegabungsbezogenes Erleben und Verhalten ... 97
5.1 Ressourcen 99
5.2 Herausforderungen 106
5.3 Exkurs: Höchstbegabung 113
5.4 Selbstwahrnehmung: sich anders fühlen 120

6 Eigene hochbegabungsspezifische Lernerfahrungen in der Biografie verstehen 127
6.1 Übergreifendes Modell zur Einordnung 128
6.2 Exkurs: »stigma of giftedness« 148
6.3 Fazit: Hochbegabung als Teil des Selbstkonzepts .. 154

Teil III Hilfestellung bei hochbegabungsbezogenen Problemen

7 Leitfaden für einen zielgerichteten Problemlöseprozess 159
7.1 Problemstellung: Erlebe ich aktuell ein Problem im Zusammenhang mit meiner Hochbegabung? .. 163
7.2 Problemanalyse: Welche Zusammenhänge stelle ich fest? 169
7.3 Zielanalyse: Welche Ziele möchte ich genau erreichen? 178

7.4	Mittelanalyse: Wie sind meine Wege zum Ziel? ...	180
7.5	Erprobung der Veränderungsschritte: Was setze ich um?	184
7.6	Evaluation der Veränderung: Ziel erreicht?	193

Teil IV Ausblick

8 Hinweise für eine (begleitende) ambulante Psychotherapie **197**
- 8.1 Hochbegabung als Thema in die Psychotherapie einbringen 198
- 8.2 Konkrete Wünsche an den Psychotherapeuten äußern 202
- 8.3 Hilfreiche Anlaufstellen und Informationen nutzen – eine Auswahl 206

9 Schlusswort **209**

Teil V Verzeichnisse

Literatur **215**

Stichwortverzeichnis **233**

Online-Zusatzmaterial

Als Online-Zusatzmaterial stehen Ihnen folgende Dateien als Arbeitsmaterialien zur Verfügung:

Arbeitsblatt 1.1:	Erste Überlegungen zur Bedeutung der eigenen Hochbegabung
Arbeitsblatt 1.2:	Rückschau auf frühere Bedingungen der Begabungsentwicklung
Arbeitsblatt 1.3:	Reflexionsfragen zum eigenen Talententwicklungsprozess
Arbeitsblatt 2.1:	Meine Beweggründe für oder gegen einen IQ-Test
Arbeitsblatt 3.1:	Gelernte implizite Annahmen/Stereotype über Hochbegabung/Hochbegabte:
Arbeitsblatt 4.1:	»Hochbegabung + …« In mehrfacher Hinsicht nicht durchschnittlich
Arbeitsblatt 5.1:	Ressourcenprofil Hochbegabung & zugehörige PowerPoint-Abbildung
Arbeitsblatt 5.2:	Hochbegabungsspezifische Herausforderungen
Arbeitsblatt 5.3:	Reflexion des Gefühls, anders zu sein
Arbeitsblatt 6.1:	Reflexion zu prägenden Lernerfahrungen, (kompensatorischer) Schemata und (sozialer) Copingstrategien
Arbeitsblatt 6.2:	Reflexionsfragen zu »stigma of giftedness«
Arbeitsblatt 6.3:	Reflexionsfragen zu den Stufen des Identitätsentwicklungsmodells
Arbeitsblatt 7.1:	Erste Orientierung (Auswertung der bisherigen Reflexionen)
Arbeitsblatt 7.2:	Probleme ordnen und Auswahl treffen & zugehörige Abbildung in Excel und PowerPoint

Arbeitsblatt 7.3: SORK-Modell – Analyse auslösender und aufrechterhaltender Bedingungen
Arbeitsblatt 7.4: Analyse äußerer Rahmenbedingungen hinsichtlich des Problems
Arbeitsblatt 7.5: Meine konkreten Ziele
Arbeitsblatt 7.6: Realitätsüberprüfung internalisierter negativer Annahmen
Arbeitsblatt 7.7: Disputation der gelernten Schemata
Arbeitsblatt 7.8: Adaptierte Situationsanalyse
Arbeitsblatt 7.9: Adaptierte Übung »Sieben Säulen« des hochbegabungsbezogenen Selbstwerts & zugehörige Illustration
Arbeitsblatt 7.10: Einschätzung meiner persönlichen Zielerreichung

> Wichtige Informationen sowie den Link, unter dem die Zusatzmaterialien verfügbar sind, finden Sie in am Ende von Kap. 9.

Vorwort und Danksagung

Sich mit der eigenen Hochbegabung auseinanderzusetzen, ist zuweilen gar nicht so leicht. Zum einen geistern noch immer diverse Stereotype über Hochbegabte[1] umher, so dass es mitunter schwierig sein kann, die vorurteilsfreien von den -behafteten Informationen herauszufiltern, die man für die eigene Reflexion heranziehen möchte. Letztere reichen von regelrechten Mythen bis hin zu sehr minimalistischen Darstellungen, so dass eine klare Vorstellung, was alles mit dem weit überdurchschnittlichen IQ verbunden ist, nicht immer zu finden ist. Zum anderen kann es auch an einem interessierten Gegenüber mangeln, sich diesem Thema offen und mit einer gewissen Neutralität zuzuwenden. Die meisten Hochbegabten dürften erlebt haben, dass sich eben nicht einfach so über das innerpsychische intensive Erleben, das komplexe Denken, die eigenen kognitiven Ressourcen und die damit einhergehenden Kompetenzen oder Leistungserfolge austauschen lässt. Oftmals reagieren andere irritiert, überfordert oder sogar mit Neid.

Erfreulicherweise wurden in den letzten Jahren immer mehr Ratgeberbücher für hochbegabte Erwachsene publiziert, so dass Ratsuchende fündig werden und sich in das Thema einlesen können. In der psychotherapeutischen Praxis erhalte ich wiederholt die Rückmeldung von Hochbegabten, es habe gutgetan, phänomenologische Beschreibungen, wie Hochbegabte denn nun so sind, zu lesen, um sich (endlich) wiedererkennen zu können. Gleichzeitig taucht in diesem Zusammenhang auch die Frage auf: Was mache ich nun mit dem neuen Wissen? Im beruflichen

---

1 Um einen ungestörten Text- und Lesefluss zu gewährleisten, wird in diesem Buch durchgehend das generische Maskulinum verwendet, das selbstverständlich für sämtliche Geschlechter steht (männlich, weiblich, divers).

wie privaten Kontext höre ich oft, dass eine Therapie oder ein Coaching aufgesucht wird, um der Antwort auf diese Frage näher zu kommen. Zum einen setzt dies voraus, einen (therapeutischen) Ansprechpartner zu finden, der sich mit der Materie auskennt, zum anderen bestehen aber vielleicht keine behandlungsbedürftigen Symptome oder gar eine Störung, die bspw. eine Psychotherapie notwendig machen würden.

Gerne möchte ich deshalb mit dem folgenden Buch, über ein reines Informationsangebot über/zu Hochbegabung hinaus, eine hilfreiche Anleitung anbieten, sich hinsichtlich des eigenen hochbegabten Seins zielführend zu reflektieren, sich kennen zu lernen, für sich selbst sinnhafte Fragestellungen zu entdecken, über die es sich nachzudenken lohnt, und im eigenen Weiterentwicklungsprozess voranzugehen.

Verzeihen Sie mir an dieser Stelle eine eher kritische Bemerkung, die jedoch meine Überlegungen zum Buch immer wieder tangiert hat, weshalb es für Sie hoffentlich hilfreich ist, meine zugrundeliegenden Gedanken zu verstehen: Durch die heutigen Möglichkeiten zur mühelosen Wissensgenerierung bzw. Informationsgewinnung werden wir gleichermaßen verlockt, von Datenpunkt zu Datenpunkt zu springen, nicht zu verweilen, nicht zu prüfen, was diese neue Information schließlich für uns bedeutet. Um mich an die Worte von Byung-Chul Han anzulehnen:

»Geschichte weicht nun Informationen. Diese besitzen keine narrative Länge oder Weite. Sie sind weder zentriert noch gerichtet. Sie stürzen gleichsam auf uns ein. Die Geschichte lichtet, selektiert, kanalisiert das Gewirr von Ereignissen, zwingt uns auf eine narrativ-lineare Bahn. Verschwindet diese, so kommt es zu einer Wucherung von Informationen und Ereignissen, die richtungslos schwirren« (Han, 2015, S. 23).

Han macht darauf aufmerksam, dass Dinge, mit denen wir uns identifizieren, ephemer sind, also flüchtig und nur kurze Zeit bestehend, und dass schlimmstenfalls die Nicht-Einbettung dieser Informationen in ein Ordnungsgefüge mit der Entwicklung einer »atomistischen Identität« (Han, 2015, S. 7) einhergehen kann. Während des Entstehungsprozesses meines Buches war es mir deshalb im besonderen Maße wichtig, Ihnen Anregung und Hilfestellung zur Verfügung zu stellen, sich in einem wesentlichen Teil Ihres Selbstkonzepts, nämlich dem der Hochbegabung, *systematisch* zu reflektieren. Mir geht es nicht um die bloße Beschreibung, *wie* Hochbegabte vermeintlich sind, sondern darum, Sie zu unterstützen, Ihre Erfahrungen mit *Ihrem* hochbegabten Sein in ein eigenes stimmiges Narrativ zu setzen und sich die Frage zu beantworten, wozu es sich lohnt, sich selbst zugewandt, das Wissen um die eigene Hochbegabung für den eigenen, persönlichen und individuellen Weiterentwicklungsprozess zu nutzen.

Vielleicht gelingt es mir, dass Sie sich eingeladen fühlen, bei sich selbst zu verweilen und sich im eigenen Identitätserleben kennen zu lernen – das hat meines Erachtens etwas »Süßes«, im Sinne von Bereichernden, an sich: »Allein in der Tiefe des Seins tut sich ein Raum auf, wo alle Dinge sich anschmiegen und miteinander kommunizieren. Gerade diese Freundschaftlichkeit des Seins läßt [*sic*] die Welt duften« (Han, 2015, S. 51).

An dieser Stelle möchte ich mich besonders bei allen Personen bedanken, die sich hinsichtlich ihrer Hochbegabung offen und interessiert in den Therapie- und Beratungssitzungen gezeigt oder meinen Weg in beruflicher wie privater Hinsicht gekreuzt haben und bereit waren, in einen authentischen Austausch über das eigene hochbegabungsspezifische Erleben und Verhalten zu gehen. Damit wurde mir die Möglichkeit gegeben, eigene Überlegungen weiterzuentwickeln und wertvolle Denkanstöße für die fachliche Auseinandersetzung mit diesem spannenden Themenfeld zu erhalten.

Mein herzlicher Dank gilt zudem Frau Prof. Dr. Tanja Gabriele Baudson[2], die ich vor Jahren persönlich bei einem Jahrestreffen des Hochbegabtenvereins Mensa kennenlernen durfte und deren langjähriges Engagement für die Forschung und die Förderung von Hochbegabten in vielfältigen Kontexten eine Inspiration darstellt, ebenfalls einen Beitrag zu leisten. Sie trägt durch ihre wissenschaftliche und persönliche Präsenz wesentlich dazu bei, Vorurteile gegenüber Hochbegabten abzubauen. Aus diesen Gründen freut es mich in besonderem Maße, dass sie sich bereit erklärt hat, mein Buch mit einem Geleitwort zu unterstützen.

Bedanken möchte ich mich auch beim Kohlhammer Verlag. Frau Dr. Carmen Rommel gelingt es, einen konstruktiven und inspirierenden Austausch über eine Buchidee zu ermöglichen. Ein herzlicher Dank geht auch an Frau Brutler, die das Buchprojekt stets interessiert und sehr unterstützend begleitet hat. Ebenso möchte ich dem betreuenden Lektor Dominik Rose für seinen differenzierten Blick und seine hilfreichen Anmerkungen danken.

Und schließlich gilt mein Dank im besonderen Maße meinem Mann. Er teilt die innere Grundhaltung, zu verweilen, um sich kennenzulernen und weiterzuentwickeln, insbesondere aber vertraut er auf ein Selbstaktualisierungsmomentum, welches uns allen inhärent ist. Diesen Mut, sich weiterzuentwickeln, sich authentisch zu erleben und zu zeigen, wünsche ich allen Lesenden dieses Buches.

München, im Mai 2025
Sabine Stark

---

[2] https://www.charlotte-fresenius-uni.de/forschung-lehre/professuren/tanja-gabriele-baudson/

Anlass und Zielsetzung des Buchs: Worin kann ich Sie unterstützen?

Entsprungen aus einer langen Historie besteht noch heute eine stereotype Laienvorstellung von hochbegabten Personen. Hochbegabten wird zwar unumstritten eine weit überdurchschnittliche Intelligenz, im Sinne eines kognitiven Potenzials, zugeschrieben, sie seien jedoch sozial-emotional problematisch, was sich als sozial unbeholfen, einzelgängerisch und komisch umschreiben ließe. Das Klischee des »verrückten Genies« ist dabei schon seit der Antike bekannt. Bedauerlicherweise begegnen uns noch heute diese Laienannahmen, die in der Literatur als sog. »Disharmoniehypothese« über Hochbegabte zusammengefasst sind (Baudson, 2021). Dies lässt sich leicht »überprüfen«, wenn man in Google »Hochbegabte sind…« eingibt. Aktuell (Stand Februar 2025) werden Suchvorschläge angeboten, die da lauten »verhaltensauffällig« oder »anstrengend«, aber auch »immer gut in Mathe« oder »gut in der Schule«.

Es lässt sich die Frage stellen, ob es auch die entgegengesetzte Laienannahme über Hochbegabte gibt, welche mit »ja« beantwortet werden muss: So wird zuweilen Hochbegabten auch heute noch eine generelle Überlegenheit in allen (Lebens-)Bereichen zugeschrieben, was als sog. »Harmoniehypothese« bezeichnet wird. Deren Ursprung scheint viel weiter zurückzuliegen und durch Ergebnisse aus einer der ersten und bahnbrechenden Längsschnittstudien, die von Lewis Terman 1920/1921 in den USA begonnen wurde, gefüttert zu sein (Preckel & Vock, 2021). Auch wenn Hochbegabte hin und wieder als generell überlegen gesehen werden, wird ihnen erfreulicherweise wenigstens nicht der Status von »Superheros« angedichtet (Baudson, 2016).

Somit löst Hochbegabung als Begriff respektive Label vielfältige Reaktionen aus. Dabei schwingt oftmals mit, als hochbegabte Person eben nicht normal oder gänzlich anders zu sein – einem Attribut, das für viele mit anhaltender Nicht-Zugehörigkeit bis hin zu elitärem Denken verbunden ist. Wird der Begriff jedoch neutral unter wissenschaftlicher Perspektive als Begreifbarmachen eines Phänomens verstanden, kann die Identifizierung mit dem Label zugleich auch als heilsam erlebt werden, endlich Erklärungen für das eigene Erleben und Verhalten zu erhalten, sich im eigenen hochbegabungsbezogenen Denken bestärkt zu fühlen und sich im Alltag sogar selbstbewusster im Äußern der eigenen Gedanken und Überlegungen zu zeigen.

Auch im psychotherapeutischen Kontext ist es oftmals nicht vorhersagbar, wie eine Person auf den Hinweis reagiert, möglicherweise hochbegabt zu sein, oder wie der Austausch mit einer bereits IQ-getesteten Person über die eigene Hochbegabung erfolgt. Die Variationsbreite der Reaktionen reicht von neutral über erleichtert, überfordert, irritiert, stolz, freudig, bis hin zu genervt, die Hochbegabung herunterspielend oder sich unter Druck gesetzt fühlend. Je nachdem, welche Lernerfahrungen die Person gemacht hat, kann die eigene Hochbegabung als Teilselbstkonzept im innerpsychischen Kontext integriert sein und keine offenen Fragen aufwerfen. Die Person erlebt keinen »Bruch« zu oder im Austausch mit anderen, sie kann ihr Bedürfnis nach kognitivem Input beruflich wie privat erfüllen und sie bleibt im eigenen hochbegabungsspezifischen Erleben und Verhalten nirgends »hängen«. Dem entgegengesetzt kann jedoch auch eine andere Lerngeschichte vorliegen, bspw. wegen der Hochbegabung ausgegrenzt, unter Performanzdruck gesetzt oder kaum bis nie hinsichtlich des weit überdurchschnittlichen Potenzials gesehen worden zu sein. Daraus kann sich schließlich ergeben haben, bspw. die eigene Hochbegabung nicht zu mögen, sie nicht nach außen sichtbar erscheinen zu lassen oder das Thema weit von sich wegzuschieben. Ebenso können simplifizierende Annahmen über Hochbegabung übernommen worden sein (bspw. »Hochbegabung bedeutet einfach intelligenter zu sein, sonst nichts«), weshalb die Sinnhaftigkeit einer Auseinandersetzung mit der Hochbegabung nicht gesehen wird.

So oder so, oftmals ist für hochbegabte Menschen ein expliziter, offener Austausch über die eigene weit überdurchschnittliche Intelligenz und dem damit verbundenen Erleben und Verhalten im Alltag nicht in Gänze und in jedem Umfeld möglich. Hochbegabt sein bedeutet nüchtern ausgedrückt, zumindest im statistischen Sinne, einer Minorität anzugehören, haben doch nur ca. 2% der Bevölkerung einen IQ-Wert ≥ 130! Viele Hochbegabte schildern daher, sich in wesentlichen Aspekten des inneren Erlebens im Alltag nicht gesehen zu fühlen. Dabei ist ein Austausch und ein angemessenes Gespiegeltwerden relevant für den eigenen Identitätsentwicklungsprozess (Keupp, 2012).

Von einer psychologischen Perspektive aus betrachtet, lässt sich der Integrationsprozess eines Teilidentitätsaspekts in das Ganze als fluider Prozess beschreiben, hin zu einer »identity synthesis« (Meyer, 2003, S. 678). Übertragen auf Hochbegabte würde es bedeuten, auch das eigene hochbegabungsbezogene Erleben und Verhalten in das eigene Selbstkonzept zu integrieren, so dass sich die Person diesbezüglich ihrer selbst bewusst, authentisch erleben und zeigen kann. Also Antworten auf die möglicherweise vorhandenen Fragen zu finden, warum man sich so anders als die anderen erlebt, sich manchmal nicht verstanden fühlt, vielleicht auch nicht auf einer Wellenlänge mit anderen, während diese scheinbar leicht miteinander connecten, oder warum man wiederholt die Rückmeldung erhält, anstrengend, kompliziert oder »zu viel« zu sein. Je mehr sog. Inkongruenz, also Abweichung zwischen dem eigenen Erleben, eigenen Motiven/Zielen und dem nach außen gezeigten Verhalten (weil man sich vielleicht stark anpasst oder eigene Kompetenzen herunterreguliert) existiert, desto mehr Stress, Unzufriedenheit oder psychische Belastung entstehen. Dies hat bereits Grawe (2004) allgemeingültig in seinem Konsistenz-Modell beschrieben: Indem wir uns als Mensch konsistent erleben, im Einklang mit unseren Motiven und Bedürfnissen, bleiben wir psychisch gesund. Und dies lässt sich auch unter einer Hochbegabungsperspektive betrachten: Die Auseinandersetzung mit diesem Teilidentitätsaspekt scheint sich zu lohnen, denn je besser dieser im Gesamtselbstkonzept integriert ist, desto weniger Niedergeschlagenheit, Stress oder Einsamkeit und sogar mehr Freude, Selbstbewusstsein, Lebenszufriedenheit werden im Zusammenhang mit der eigenen Begabung erlebt (Baudson & Ziemes, 2016). Das ist doch ermutigend!

Wo lassen sich also Informationen rund um Hochbegabung finden? Einige der aktuell publizierten Ratgeber für hochbegabte Erwachsene beinhalten Darstellungen, die sich am Forschungsgegenstand anlehnen und einen guten Überblick bieten. Es lassen sich jedoch auch kaum konturierte, nicht-trennscharfe Ausführungen finden, insb. werden hochbegabte und hochsensible Menschen[3] in so manchen Büchern simultan angesprochen, als handelte es sich dabei um austauschbare Begriffe, so dass nach Ansicht der Autorin die Begriffe und die Konzepte verwässert werden. Bemüht man an dieser Stelle erneut Google für die Suche nach »Hochbegabte sind…« (Stand Februar 2025), so werden sogleich die Attribute »neurodivers«, »Autisten« und »hochsensibel« ergänzt. Dies spiegelt vielleicht auch einen »Trend« wider, der sich insb. auf den Social-Media-Plattformen finden lässt. Die Posts und Videos zu Hochbegabung, Autismus-Spektrum-Störung, ADHS oder Hochsensibilität nehmen in den letzten Jahren zu. Selbstredend beinhaltet dies einen sehr begrüßenswerten Effekt, werden diese Nischenthemen doch endlich betrachtet, finden hoffentlich als ein weiteres Phänomen neben vielen anderen Einzug in den Alltag und öffnen den Blick für die (Neuro-)Diversität unserer Zeit. Gleichzeitig stellt sich jedoch auch die Frage, wie qualitativ hochwertig diese Informationen sind. In einer aktuellen interessanten Untersuchung zum Thema »Reichweite und Genauigkeit der Informationen zu Autismus auf TikTok« konnte gezeigt werden, dass die meisten der untersuchten Informationsvideos zu Autismus inakkurate (41 %) und übergeneralisierte (32 %) Darstellungen sind und nur 27 % als akkurat klassifiziert wurden (Aragon-Guevara et al., 2023). Sowohl die übertriebenen als auch die korrekten Inhalte wurden vergleichbar häufig »geliked« und gesehen. Dabei stellten wohl nicht-autistische Alltagspersonen die meisten übertriebenen Videos (im Vergleich zu autistischen Personen) ein. Videos von im Gesundheitswesen tätigen Personen waren im Verhältnis am akkuratesten. Auch wenn – nach aktueller Recherche – keine Untersuchung über Informationsvideos zu Hochbegabung zu finden ist, soll an dieser Stelle doch dafür sensibilisiert werden, welche Informationsgrundlage herangezogen wird.

Um noch einmal an die oben gestellte Frage anzuknüpfen: Was soll nun aus den vielfältigen Informationen gemacht werden? Wie und worin

---

3 Hierbei wird oft nicht klar unterschieden, ob es sich bei der Beschreibung »hochsensibel« um ein rein deskriptives Attribut handelt oder ob das psychologische Konzept der Hochsensibilität (nach Aron & Aron) gemeint ist (▶ Kap. 4.3).

kann ich Sie unterstützen bzw. welchen »Mehrwert« soll dieses Buch bieten?

In der psychotherapeutischen Praxis hat sich gezeigt, dass hochbegabte Erwachsene gemäß dem hochbegabungsimmanenten Motiv nach vertiefter und komplexer Auseinandersetzung mit Themen oftmals eine eindeutige, verlässliche und individuell zugeschnittene Hilfestellung zur Reflexion und Problemlösung suchen. Patentrezepte oder schemenhafte Ratschläge sind missverständlich, beinhalten sie doch zu viele Freiheitsgrade, die Problemlage samt Lösungsvorschlag noch einmal aus dieser oder jener Perspektive anders zu betrachten. Vor diesem Hintergrund soll hochbegabten Erwachsenen in diesem Buch die Möglichkeit zur *konkreten und individuellen Auseinandersetzung* mit begabungsbezogenen Themen gegeben werden. Dabei wird auf das langjährige Erfahrungswissen in der therapeutischen Arbeit mit hochbegabten Erwachsenen in der Verhaltenstherapie zurückgegriffen. Ratsuchende sollen eine nachvollziehbare Anleitung für das Selbstmanagement erhalten.

Der *erste Teil* des Buches bietet eine klare und fundierte Darstellung des Hochbegabungskonzepts, der Bedeutung von IQ-Tests sowie der Unterscheidung zwischen Laientheorien und empirischen Befunden. Zudem werden Neurodivergenz, LGBTIQ* und Hochsensibilität überblicksartig vorgestellt – ist eine hochbegabte Person betroffen, weicht sie in einem weiteren Aspekt von einer Norm (zusätzlich zur Hochbegabung) ab. Im *zweiten Teil* des Buches wird von einer allgemeinen auf eine personenzentrierte Perspektive gewechselt. Hochbegabungsspezifisches Erleben und Verhalten werden als Ressourcen und Herausforderungen vorgestellt und damit verbundene Lernerfahrungen in der eigenen Biografie anhand ausgewählter Modelle verstehbar gemacht. Insbesondere die Bedeutung der Hochbegabung als Teil der eigenen Identität wird herausgearbeitet. Im *dritten Teil* des Buches wird eine Heuristik, ein Rahmenkonzept, für die Lösung möglicher vorhandener Probleme im Zusammenhang mit der Hochbegabung für das eigene Selbstmanagement vorgestellt. Natürlich kann dies *keine* psychotherapeutische Behandlung ersetzen. Sollten tieferliegende Beschwerden oder psychische Symptome vorliegen, ist es ratsam, dies bei einer Fachperson (bspw. Psychotherapeut oder Psychiater) abklären zu lassen[4]. Für den Fall, dass eine ambulante Psychotherapie wahrgenommen wird oder die Lesenden sich bereits in Behandlung befinden, schließt sich der *vierte Teil* des Buches mit Hinweisen an, wie das Thema Hochbegabung auch in die Therapie eingebracht werden könnte.

Mit diesem Buch sollen diejenigen hochbegabten Erwachsenen angesprochen werden, die sich mit der eigenen Begabung und/oder damit verbundenen Herausforderungen auseinandersetzen möchten. Es soll jedoch auch diejenigen einladen, die eine Psychotherapie beginnen oder sich bereits in Behandlung befinden und sich ein themenspezifisches Arbeitsbuch wünschen. Da wenige Psychotherapeuten mit dem Thema Hochbegabung vertraut sind oder eine darauf abgestimmte Therapie anbieten, soll ebenso ermutigt werden, die hochbegabungsspezifischen Inhalte offen in die therapeutischen Sitzungen einzubringen – hoffentlich bieten die Ausführungen in diesem Buch das passende Vokabular, um sich auszudrücken.

Es werden zudem Arbeitsmaterialien zur angeleiteten Reflexion beigefügt, um die jeweils vorgestellten Inhalte auf die eigenen Umstände, die eigenen Erfahrungen und das eigene Erleben übertragen zu können.

---

[4] Dieses Buch ist kein Ersatz für professionelle psychotherapeutische Hilfe bei psychischen Problemen. Es dient lediglich zur Unterstützung des Selbstmanagements. Obwohl sich die Arbeit mit den Übungen in der Praxis als hilfreich und effektiv erwiesen hat, erfolgt deren Anwendung in eigener Verantwortung. Der Verlag und die Autorin schließen jegliche Haftung für Gesundheits- und Personenschäden sowie Sach- und Vermögensschäden aus.

Anlass und Zielsetzung des Buchs: Worin kann ich Sie unterstützen?

Dabei sind die Arbeitsblätter im ersten und zweiten Buchteil als Angebot zu verstehen, die jeweils dargestellten Inhalte, sofern sie als relevant erscheinen, für die eigene Reflexion zu nutzen. Es wurde versucht, die Arbeitsmaterialien so zu gestalten, dass das Voranschreiten im Buch nicht zwingend mit der Bearbeitung aller vorherigen Arbeitsblätter einhergehen muss, sondern bei Bedarf erfolgen kann – was hoffentlich (hinreichend) gelungen ist.

Im dritten Teil des Buches erscheint es für die Bearbeitung eines hochbegabungsbezogenen Problems im Selbstmanagement zielführend, die dazugehörigen Arbeitsblätter der Reihe nach zu sichten und als angeleitete Hilfestellung zu bearbeiten. Diese wurden so gestaltet, dass die Inhalte über ein eigenes bloßes Überlegen hinausgehen und genügend Komplexität bieten, sich individuell und vertieft mit sich auseinandersetzen zu können. Sie sind darauf ausgelegt, bei sich zu verweilen, mit sich in einen positiven Veränderungsdialog zu treten und zu konkreten Übungen anzuregen – was hoffentlich ebenfalls (hinreichend) gelungen ist.

Teil I Hochbegabung verstehen

Ohne Begriffe und deren Bedeutungszusammenhänge zu definieren, lässt sich kaum zielgerichtet in eine selbstkritisch-konstruktive Auseinandersetzung übergehen. Gerade das Label »Hochbegabung« ist – wie eingangs erwähnt – polyvalent, so ist es vielleicht (vor sich und/oder anderen) akzeptabel, sich als sehr intelligent zu reflektieren, aber hoch-begabt kann als Attribut oftmals schwieriger ausgesprochen werden, denn was heißt schließlich »begabt sein« und dann auch noch »hoch«?!
  Nachfolgend soll deshalb das psychologische Konstrukt der Hochbegabung unter einer wissenschaftlich-deskriptiven Perspektive beleuchtet werden, um zu Beginn einen möglichst wertneutralen Überblick zu erhalten (▶ Kap. 1). Es wird reflektiert, inwieweit es sich im Erwachsenenalter lohnt, an einem IQ-Test teilzunehmen, welcher das Messinstrument darstellt, um eine Hochbegabung zu attestieren (▶ Kap. 2). Daran anschließend wird zwischen einer Laiensicht über Hochbegabte und Ergebnissen aus der Forschung differenziert, um vor allem mit Vorurteilen aufzuräumen (▶ Kap. 3). Zudem sollen einige Aspekte beleuchtet werden, durch die Personen – neben der Hochbegabung – in weiterer Hinsicht von einer »Norm« abweichen, und unter der Überschrift »Hochbegabung +« zusammengefasst werden (▶ Kap. 4).

1 Hochbegabung – was ist das eigentlich?

Was versteht die wissenschaftliche Psychologie unter Hochbegabung? Zuallererst handelt es sich um ein Konstrukt und keine direkt beobachtbare Entität, also wie »das Haus«, »der Arm« oder »der Wasserfall«, sondern lässt sich nur indirekt erschließen.

Folglich kann es jeweils aus unterschiedlichen Perspektiven definiert bzw. operationalisiert werden, d. h., es werden Kriterien festgelegt, anhand derer das Konstrukt beobachtbar bzw. messbar ist. Die Sichtweise ist zudem eingebettet in den jeweiligen gültigen, soziokulturellen Kontext, dem sog. Zeitgeist. Somit stellt Hochbegabung ein interessantes Konzept mit etlichen relevanten Einzelkomponenten dar.

1.1 Zentraler Faktor: Eine weit überdurchschnittliche Intelligenz

Unumstritten wird eine weit überdurchschnittlich ausgeprägte Intelligenz als zentraler Faktor bei der Definition von Hochbegabung angenommen (Preckel, 2010). Dabei ist das Konstrukt der Intelligenz aus psychologischer Perspektive ebenso vielfältig und interessant. Die Modelle dazu und ihrer Struktur haben eine lange Historie und reichen von einfachen Annahmen hin zu komplexen Anordnungen von Zusammenhängen (Rost & Sparfeldt, 2008).

> **Exkurs: Intelligenzstrukturmodelle**
>
> In der (Differenziellen) Psychologie wird zwischen nicht-hierarchischen und hierarchischen Modellen unterschieden.
> Der »Klassiker« aus erster Kategorie, der bis heute Gültigkeit hat, ist die Zwei-Faktoren-Theorie nach Spearman (1904). Dabei wird angenommen, dass die Intelligenzleistungen über verschiedene Aufgaben hinweg von einem allgemeinen (General-)Faktor, dem sog. g-Faktor, abhängig sind, so dass diese hoch miteinander korrelieren; neben diesem übergreifenden Potenzial sind jedoch weitere Fähigkeiten notwendig, um gänzlich die Anforderungen in spezifischen Aufgabenbereichen zu meistern (Kuhl et al., 2022). Diese spezifischen Faktoren, die sog. s-Faktoren, variieren also in Abhängigkeit von der jeweiligen Aufgabenstellung. Der g-Faktor hat sich dabei vielfach als bester Prädiktor für die Bewältigung des Alltags sowie für den Schul- und Berufserfolg erwiesen (Kuncel et al., 2004; Kramer, 2009).

1 Hochbegabung – was ist das eigentlich?

Ein »Klassiker« aus der Kategorie der hierarchischen Modelle ist das Modell der kristallinen und fluiden Intelligenz nach Cattell (1963). Hiernach wird die sog. fluide Intelligenz als angeborene Fähigkeit betrachtet, neuartige Probleme ohne gelerntes Vorwissen zu lösen, während die sog. kristalline Intelligenz als kumuliertes (Allgemein-) Wissen, also über die Lebensspanne erworben, definiert ist; für beide Komponenten lassen sich weitere spezifische Fähigkeiten finden, wobei eine übergeordnete allgemeine Intelligenz angenommen wird. Diese Komponenten finden sich bspw. auch im hierarchischen Drei-Schichten-Modell nach Carroll (1993): Übergeordnet steht die allgemeine Intelligenz, welche dem g-Faktor entspricht; die mittlere Ebene beinhaltet acht Komponenten der Intelligenz (u. a. die fluide und kristallisierte Intelligenz, aber auch allgemeine Gedächtnis- und Lernfähigkeiten, Wahrnehmungs- und geschwindigkeitsbasierte Fähigkeiten), die in der untersten Schicht weiter differenziert werden und den spezifischen Aufgabenanforderungen an die Intelligenzleistung entsprechen (Schweizer, 2006).

Neben diesen Modellen lassen sich auch heute noch Konzepte der sog. multiplen Intelligenzen (bspw. Modell nach Gardner, 1983) finden, welche die emotionale, soziale oder praktische Intelligenz einbeziehen. Vielfach werden diese Konzepte kritisch diskutiert, verwässern sie doch den Intelligenzbegriff, fußen zudem (bspw. das Modell nach Gardner) nicht auf empirischer Forschung und verleiten dazu, einzelne Fähigkeiten zu Intelligenzen zu deklarieren, so dass damit »fast jeder Mensch irgendwo hochintelligent« wäre (Rost, 2008, S. 106). Natürlich ist jeder Mensch in einem oder mehreren Bereichen begabt, fähig und zeigt vielleicht sogar bemerkenswerte Handlungen oder Leistungen – der Aspekt dieser kritisch betrachteten Inflation der Intelligenzen (Weber & Westmeyer, 2001) soll nicht ein elitäres Denken verstecken, sondern gerade aus kognitionspsychologischer Sicht zu einer präzisen Reflexion anregen, was denn nun unter Intelligenz (vor dem Hintergrund empirischer Forschung) zu verstehen ist.

Wie lassen sich nun die geistigen Kompetenzen, zusammengefasst als Intelligenz samt deren Teilfaktoren aus den Intelligenzstrukturmodellen, griffig beschreiben?

»Intelligenz ist eine sehr allgemeine geistige Fähigkeit, die unter anderem die Fähigkeit umfasst, schlusszufolgern, zu planen, Probleme zu lösen, abstrakt zu denken, komplexe Ideen zu erfassen, schnell zu lernen und aus Erfahrungen zu lernen. Es handelt sich dabei nicht nur um das Lernen aus Büchern, eine eng gefasste akademische Fähigkeit oder die Fähigkeit, Tests zu bestehen. Sie spiegelt vielmehr eine umfassendere und tiefer gehende Fähigkeit wider, unsere Umgebung zu verstehen – zu ›begreifen‹, ›Sinn zu machen‹ oder ›herauszufinden‹, was zu tun ist« (Gottfredson, 1997, S. 13, eigene Übersetzung).

Wird Intelligenz als zentraler Faktor für Hochbegabung herangezogen, kann diese eben nicht bloß auf eine Fähigkeit reduziert werden, Aufgaben in einem IQ-Test lösen zu können (vgl. den vielfach zitierten Satz von Edwin G. Boring (1886–1968): Intelligenz ist, was Intelligenztests messen (Stern & Neubauer, 2016)[5]). Gottfredson (1997) stellte in ihrer Definition, die nicht umsonst als Arbeitsdefinition in einem Artikel zum damaligen Stand der Forschung zugrundegelegt wurde, sehr klar heraus, dass Intelligenz eine tiefgreifendere Fähigkeit ist, die Umgebung zu verstehen und zu begreifen, sich und die Welt also wahrzunehmen und darin zu agieren. IQ-Testaufgaben stellen lediglich Operationalisierungen dessen dar, was es zu messen gilt: die Fähigkeit, schnell und komplex zu denken, Dinge zu begreifen und zu schlussfolgern. Dies lässt sich jedoch nicht nur isoliert für das Lösen von Testaufgaben betrachten, sondern macht sich immer und überall im Alltag bemerkbar, färbt demnach das Erleben und Verhalten.

---

5 Setzt man den Satz wieder in seinen ursprünglichen Kontext zurück, löst sich der vermeintliche Zirkelschluss auf und Boring stellt seine damalige Forderung heraus, die genauen Mechanismen der Tests zur Messung der kognitiven Leistungsfähigkeit weiter zu erforschen: »Intelligence is what the tests test. This is a narrow definition, but it is the only point of departure for a rigorous discussion of the tests. It would be better if the psychologists could have used some other and more technical term, since the ordinary connotation of intelligence is much broader« (Boring, 1923, zitiert nach Stern & Neubauer, 2016, S. 4).

Auch neurowissenschaftlich ist gut untersucht, wie sich Intelligenz im Gehirn »abbildet«[6]. Aktuell wird davon ausgegangen, dass sich Intelligenz vor allem durch netzwerktheoretische Ansätze im Sinne einer sog. hirnfunktionellen Konnektivität neuronaler Netzwerke beschreiben lässt (Hilger et al., 2017). Diese Konnektivität entspricht einer Small-World-Organisation des Gehirns, bestehend aus bestimmten Clusterbildungen (mit kurzen Pfadlängen) für eine effiziente Informationsverarbeitung und Verbindungen über große Entfernungen für eine hohe Kommunikationseffizienz (und somit hohe Verarbeitungsgeschwindigkeit) im gesamten Netzwerk zwischen verschiedenen Gehirnregionen (van den Heuvel et al., 2009).

Hohe Intelligenz hängt also vor allem damit zusammen, wie effizient die globalen Verbindungen im Gehirn organisiert sind und wie effizient Informationen aus verschiedenen Regionen integriert werden können. Demnach belegen auch die Neurowissenschaften, dass die tiefgreifende, schnelle und komplexe Informationsverarbeitung hochbegabter Menschen sich nicht nur auf isolierte Aufgaben im Alltag reduzieren lassen, sondern das Denken im Allgemeinen bestimmt.

1.2 IQ, what else? Was sonst noch in Modellen zur Hochbegabung enthalten ist

Wie eingangs erwähnt, ist Hochbegabung nun kein objektives Etwas, sondern ein Konstrukt, und muss definiert werden. Diese Konzeptualisierung, was Hochbegabung denn nun ist und wozu sie überhaupt beachtet, gemessen oder gefördert werden soll, lässt sich nicht unabhängig vom größeren sozialen, historischen und kulturellen Kontext, dem sog. Zeitgeist, verstehen.

---

6 Für interessierte Leser sei auf einen YouTube-Videobeitrag von #MensaGoes-Science zu diesem Thema hingewiesen: https://www.youtube.com/watch?v=YnJNQJ_gbHA (letzter Zugriff am 11.08.2024)

1.2.1 Hochbegabung unter der Perspektive des Zeitgeists

Um die Vielfalt an unterschiedlichen Operationalisierungen von Hochbegabung ordnen zu können, ist es hilfreich, die dahinterliegenden Paradigmen der Begabungsförderung im Wandel der Zeit zu betrachten (Dai & Chen, 2013; Lo & Porath, 2017):

Am Anfang stand das »Paradigma des hochbegabten Kindes« mit der Prämisse, Begabung sei als eine allgemeine Fähigkeit mit einem IQ-Test messbar. Der Fokus lag demnach auf der Person, wobei angenommen wurde, dass Hochbegabte qualitativ unterschiedliche Denkweisen, sozial-emotionale Charakteristika oder auch Bedürfnisse für Förderung hätten, so dass in überwiegend separaten Programmen gefördert wurde. Erst in den 1990er Jahren löste das »Paradigma der Talentwicklung« diese Perspektive ab: Die Identifikation der reinen IQ-basierten (Hoch-)Begabung reichte nicht mehr aus, vielmehr ging es um die Entwicklung von vielfältigen und domänspezifischen Begabungen durch entsprechende (inklusive) Förderung. Im aktuellen »Differenzierungsparadigma« verschiebt sich der Fokus schließlich auf die Individualität einer Person: Die entsprechende Umsetzung der Begabungsförderung beinhaltet demnach Flexibilität und vor allem die Passung zwischen Lernbedingungen und individuellen (Lern-)Bedürfnissen; hierbei wird kein gesonderter Unterricht mehr angenommen, sondern gefragt, wie die aktuellen Umweltbedingungen für jeden Schüler optimal gestaltet werden können, um Begabungen zu fördern und weiterzuentwickeln. Der Blick auf Hochbegabung hat sich also im Laufe der Zeit verändert, weg von einer rein allgemeinen, statischen Ansicht hin zum Fokus auf Entwicklung, Individualität und Kontextabhängigkeit (in Anlehnung an Lo & Porath, 2017, S. 350):

1 Hochbegabung – was ist das eigentlich?

Baudson (2022) fasste letztere Perspektive treffend zusammen, nämlich dass man »mit dem Status quo arbeitet und versucht, Menschen optimal in der Entfaltung ihrer vielfältigen Potenziale zu unterstützen, indem man ihnen gibt, was sie gerade brauchen [, ... und] dass alle Menschen sich entwickeln und wachsen wollen und dabei Unterstützung verdienen« (S. 27).

> Vielleicht hilft dies, um bereits an dieser Stelle des Buches erste Überlegungen anzustellen, welche Bedeutung die eigene Hochbegabung für einen selbst hat. Geht es darum, den Status mit Hilfe eines einmaligen IQ-Tests zugewiesen zu bekommen? Oder/Und geht es darum, was man in der Folge daraus macht, wenn denn schon eine Hochbegabung und damit ein hohes Leistungspotenzial zugrunde liegt? Oder/Und geht es darum, die eigenen individuellen Bedingungen herauszufinden, die benötigt werden, um sich vor dem Hintergrund der Begabung weiterzuentwickeln?
> Interessierte Lesende sind zu Arbeitsblatt 1.1 eingeladen.

> Es kann sehr spannend sein, sich mit diesen Fragen auseinanderzusetzen. Denn schließlich beeinflussen deren Antworten auch die Entscheidung, an einem IQ-Test teilzunehmen, aber auch, welches Modell oder welche Definition von Hochbegabung als für sich stimmig herangezogen wird.

1.2.2 Die bunte Vielfalt an Modellen zur Begabungsentwicklung

Auf der Suche nach aktuellen Modellen zu intellektueller Hochbegabung wird man zumeist in der Pädagogischen Psychologie fündig, welche sich als Teilgebiet der Psychologie vor allem mit Erziehungs-, Unterrichts- und Sozialisationsprozessen beschäftigt und damit den Fokus vornehmlich auf das Kinder- und Jugendalter richtet. Somit stellt sich in diesem Zusammenhang die Frage nach den Bedingungen, die für die Förderung hochbegabter Kinder eine Rolle spielen (Preckel & Vock, 2021). Die Modelle lassen sich in unterschiedliche Kategorien einteilen, nämlich nach der Art ihrer zugrundeliegenden Definition:

1 Hochbegabung – was ist das eigentlich?

Bei der sog. *Kompetenzdefinition* der Hochbegabung liegt der Fokus auf dem hohen Entwicklungspotenzial (unabhängig von einer gezeigten Leistung), welches über IQ-Tests operationalisiert wird; hingegen wird in den sog. *Performanzdefinitionen* Hochbegabung vornehmlich über eine konkret gezeigte außergewöhnliche Leistung gemessen (Preckel & Vock, 2021).

Sternberg und Zhang (1995) haben in ihrer »Pentagonal Implicit Theory of Giftedness« fünf Kriterien zur Beurteilung von Hochbegabung als außergewöhnliche Leistung formuliert: Diese Kriterien umfassen »excellence«, »rarity«, »productivity«, »demonstrability« und »value for the society«. Gerade letzteres Kriterium entspricht der sog. *sozialen Definition*, nämlich dass die Begabung auch der Gesellschaft nützen solle:

> »The individual who is Number 1 on the FBI's most wanted list might be superior in one or more dimensions, rare in his ability to perform certain malevolent acts, and able to demonstrate his skills upon demand. He may even be highly productive, if in a criminal way. But because what he is so good at is not valued by society at large, he is not likely to be labeled as gifted by the American populace. Still, it is quite possible that he would be labeled as gifted by a pack of thieves; the pentagonal theory allows that what is prized as a basis for giftedness

may differ from one culture or even subculture to another (Sternberg & Zhang, 1995, S. 90)«.

Hochbegabung wäre demnach eingebettet in einen sozialen Kontext und deren Bedeutung kann nach der sozialen Definition nicht unabhängig von diesem beurteilt werden.

> **Exkurs: Transformational giftedness**
>
> Sternberg (2017) macht darauf aufmerksam, dass es zur Zeit von Binet und Simon (1905)[7] oder Terman (1921)[8] absolut Sinn ergeben habe, den IQ-Wert als primäres Kriterium einzusetzen, um hochbegabte Kinder zu identifizieren. Unsere heutigen Modelle fußen jedoch noch auf diesen Anfängen, als die Fragestellung im Kontext der Gesellschaft eine ganz andere gewesen sei (Sternberg, 2017). Auch Ambrose (2016) beleuchtet die Bandbreite an Herausforderungen, die mit der heutigen Globalisierung einhergehen, und differenziert in »*macroproblems and macroopportunities*« (S. 15), wie bspw. Erschöpfung der Ressourcen, Klimawandel oder demokratische Erosion versus bspw. exponentielles Wissenswachstum oder kognitive Vielfalt. Vor diesem Hintergrund würden heute andere Fragen gestellt, nämlich wie (hoch-)begabte Menschen ihre Talente einsetzen und weiterentwickeln können, um die heutigen und zukünftigen Probleme der Welt meistern zu können (Sternberg, 2017).
>
> Es lassen sich aktuell hierzu alternative Hochbegabungsmodelle finden, wie bspw. das Drei-C-Konzept (Chowkase, 2022), in dem hochbegabtes Verhalten als Interaktion aus »competence in one's action«, »commitment to task« und »concern for others« definiert und insgesamt sieben Profile angenommen werden. Erst wenn Handlungskompetenz, Aufgabenverpflichtung und Sorge um andere zusammenkommen, spricht er von einem voll entwickelten Talent.

---

7 Entwickler des ersten Intelligenztests.
8 Lewis Terman startete 1921/1922 die erste wegweisende Längsschnittstudie mit Hochbegabten.

Auch Sternberg (2017) bezieht sich in seinem ACCEL-Modell (Active Concerned Citizenship and Ethical Leadership) darauf, hochbegabte Menschen zu fördern, damit diese bedeutsame, positive und dauerhafte Veränderung für sich *und* andere bewirken zu können. Mit diesem Modell – so Glăveanu und Kaufmann (2017) – würden entscheidende Schritte nach vorne getan, um das Forschungsfeld ins 21. Jahrhundert zu bringen. Sternberg fordere also, von der reinen Reduktion der Hochbegabung auf einen weit überdurchschnittlichen IQ abzukommen und stattdessen Menschen zu identifizieren, die sowohl hochbegabt *als auch* daran interessiert sind, ihre Begabungen für das Allgemeinwohl einzusetzen. Er unterteilt die Möglichkeiten, wie Hochbegabte sich entwickeln und ihre Begabungen nutzen, in vier Kategorien mit insgesamt neun Typen (▶ Tab. 1.1).

Tab. 1.1: Kategorien der Nutzung von Begabungen mit dazugehörigen Profiltypen (nach Sternberg, 2021, S. 3 ff.; eigene Übersetzung)

Art der Hochbegabung	Profiltyp	Definition
Nicht erkannte Hochbegabung	(1) Nicht erkannte Hochbegabung	Das Individuum wird trotz seiner Gaben nie als hochbegabt identifiziert und hat keine Möglichkeiten, sein Talent zu entwickeln.
Transaktionale Hochbegabung	Es wird erwartet, dass der Hochbegabte eine Leistung erbringt im Austausch gegen die Identifizierung als hochbegabt.	
	(2) Träge Hochbegabung	Das Individuum nutzt die Begabung nicht, obwohl als hochbegabt identifiziert (einseitige Transaktion).
	(3) Vollständig transaktionale Hochbegabung	Das Individuum gibt das zurück/zeigt Leistung, im Austausch dafür, als hochbegabt identifiziert zu sein.
Transformationale Hochbegabung	Das Individuum versucht positive, bedeutsame Veränderungen zu bewirken.	

Tab. 1.1: Kategorien der Nutzung von Begabungen mit dazugehörigen Profiltypen (nach Sternberg, 2021, S. 3 ff.; eigene Übersetzung) – Fortsetzung

Art der Hochbegabung	Profiltyp	Definition
	(4) Sich selbst transformierende Hochbegabung	Das Individuum transformiert sich.
	(5) Andere transformierende Hochbegabung	Das Individuum transformiert andere (aber nicht sich).
	(6) Vollständige transformationale Hochbegabung (für sich selbst und andere)	Das Individuum transformiert sich und andere (bspw. forscht erfolgreich an der Heilung von Krankheiten).
Pseudotransformationale Hochbegabung	Das Individuum täuscht Transformation vor, während es in Wirklichkeit nur danach strebt, sich selbst voranzubringen.	
	(7) Selbstdestruktive Hochbegabung	Das Individuum zerstört sich selbst, indem es versucht, sich selbst voranzubringen (bspw. passionierter Spieler verliert all sein Geld).
	(8) Destruktive Hochbegabung gegenüber anderen	Das Individuum zerstört andere, indem es versucht, sich selbst voranzubringen.
	(9) Vollständig pseudo-transformationale Hochbegabung	Das Individuum zerstört sich selbst und andere, indem es versucht, sich selbst voranzubringen.

> **Exkurs: Transformational giftedness – Fortsetzung**
>
> Diese alternative Sicht auf Hochbegabung und Hochbegabte kann sicherlich kontrovers diskutiert werden. Baudson (2017d) verglich in einem Onlinebeitrag die herkömmliche Sicht auf Hochbegabung mit

Sternbergs Perspektive folgendermaßen: »Im zweiten Fall hat das Individuum eine klare Bringschuld gegenüber der Gesellschaft, die von ihm erwartet, dass es sich für das Gemeinwohl einbringt«. Aus psychotherapeutischer Sicht könnte sich daraus ein (Leistungs-)Druck für die hochbegabte Person ergeben, welcher die positive Entwicklung wohl eher hemmen denn fördern würde. In einer Modellerweiterung zu ACCEL-S (S steht dabei für »society«) wird dies gewissermaßen aufgegriffen, denn die Gesellschaft solle vor allem ihrerseits einen Beitrag leisten, die Entwicklung von Hochbegabten zu fördern und nicht nur die »Leistung« zu empfangen: »ACCEL-S suggests how society could be integrated more within the model not just as a recipient of contributions from those who are gifted but also as the very engine of their development« (Glăveanu & Kaufmann, 2017, S. 228).

Sternberg und Kollegen (2021) betonen letztlich auch, hochbegabte Menschen darin zu unterstützen, einen Sinn im Leben, also etwas persönlich Bedeutungsvolles, zu finden, mit dem sie sich beschäftigen möchten; erst dann könne aus der »self-tranformational giftedness« die vollständige transformationale Hochbegabung hervorgehen: »Rather, such development is in helping the children find purpose and meaning in their lives and then making a positive, meaningful, and possibly enduring difference to others through the sense of purpose they have developed« (S. 7).

Zurück zu den »klassischen« Modellen und Konzeptualisierungen von Hochbegabung. Es findet sich noch die Einteilung in sog. *eindimensionale* vs. *mehrdimensionale* Definitionen. Während bei Ersteren die Reduktion von Hochbegabung auf eine weit überdurchschnittlich ausgeprägte Intelligenz zu finden ist, werden bei Letzteren weitaus mehr moderierende und formende Variablen angenommen, die es gerade im pädagogisch-psychologischen Kontext der Begabungsförderung zu berücksichtigen gilt (Müller-Oppliger, 2021). Hierbei werden vor allem nicht-kognitive Aspekte (bspw. Motivation oder Interessen) und Bedingungen der Lernumwelt (bspw. Rolle der Eltern, Lehrer, Peergroup) eingefügt.

Auch Konzepte aus anderen Forschungsrichtungen werden in diesen mehrdimensionalen Modellen einbezogen: So fließen Annahmen aus der *Expertiseforschung* ein, dass Leistungsexzellenz nur dann entstehen kann, wenn zielgerichtete langjährige Übung[9] umgesetzt wird, um damit Experte für einen bestimmten Bereich (bspw. Kunst, Wissenschaft, Musik,

---

9 Sicherlich ist die vielzitierte 10.000-Stunden-Übungsregel bekannt, nach derer eben erst nach 10.000 Stunden, in den Alltag übersetzt, nach etwa zehn Jahren, Expertise erreicht werden kann; allerdings sind nach empirischer Befundlage noch weitere Faktoren für den Expertiseerwerb notwendig, so dass diese Regel keine allgemeingültige Erklärung für Leistungsexzellenz darstellt (Macnamara et al., 2014).

Sport) zu werden (Preckel & Vock, 2021). Es finden sich darüber hinaus noch *systemtheoretische Modelle*, in denen bspw. angenommen wird, dass die Person mit ihrem Potenzial und ihren Handlungsmöglichkeiten im Wechselspiel mit soziokulturellen und gesellschaftlichen Anforderungen bzw. Einflüssen im Fokus steht (Müller-Oppliger, 2021).

In vielen multidimensionalen Modellen wird ferner *Kreativität* als Variable mit aufgenommen, ohne dabei das Konstrukt oder die Art des Zusammenhangs mit Hochbegabung bzw. Intelligenz präzise zu definieren (Rost et al., 2006). In der Literatur zur Kreativitätsforschung sind etliche Varianten beschrieben, wie sich Kreativität und intellektuelle Hochbegabung zueinander verhalten: als ein gemeinsames Konstrukt, als Teilmenge, als Überlappung oder als distinkte, also unterscheidbare Konstrukte (Preckel & Vock, 2021). Bedauerlicherweise werden Präzisierungen hinsichtlich beider Konstrukte nicht in den Modellen zu Hochbegabung angegeben.

Was ist nun die Quintessenz aus den vorliegenden vielfältigen Zugängen zur Hochbegabung?

Die (Hoch-)Begabung kann nicht auf »eine triviale und verallgemeinernde ›Formel für alle‹« reduziert werden (Müller-Oppliger, 2021, S. 218). Letztlich stellen Modelle Orientierungshilfen dar, um die Wechselwirkungen von intellektuellem Potenzial, förderlichen oder hemmenden Umwelt- und Personbedingungen darzustellen. Je nach Modell ergibt sich also eine unterschiedliche Sichtweise auf das Konstrukt Hochbegabung und beeinflusst entsprechend – vor allem für den schulischen, pädagogisch-psychologischen Kontext – die Gestaltung der Begabungsförderung. Preckel und Baudson (2013) konstatieren treffend: »So etwas wie eine angeborene Hochbegabung, die sich mit der Zeit von selbst entfaltet und dann bei einem Kind zu Exzellenz führt, scheint es nicht zu geben« (S. 24).

> Aus einer heutigen Erwachsenenperspektive ist der Blick zurück auf die schulischen Erfahrungen mit Begabungsförderung oder förderlichen/hemmenden Bedingungen vielleicht nicht relevant, ist es doch vergangen und nicht mehr rückwirkend beeinflussbar.

> Dennoch kann es für die eigene Reflexion nützlich sein, sich in der Rückschau zu betrachten, welche Erfahrungen gemacht wurden, welche Komponenten aus den Modellen welche Rolle spielten oder was vielleicht auch nicht umgesetzt wurde, bis heute noch schmerzt und gerade deshalb bei der zukünftigen Gestaltung des eigenen Lebenswegs individuell berücksichtigt werden sollte.
> Interessierte Lesende sind zu Arbeitsblatt 1.2 eingeladen.

1.2.3 Enttäuschung oder Hoffnung: Was lässt sich im Erwachsenenalter umsetzen?

Die diversen Hochbegabungsmodelle setzen vornehmlich beim Kindes- und Schulalter an, so dass die Reflexion der eigenen damaligen Bedingungen aus der Erwachsenenperspektive zu unterschiedlichen Ergebnissen führen kann.

Vielleicht standen die früheren Rahmenbedingungen gut und die Unterstützung war gegeben oder aber die Reflexion löst vielleicht eine Enttäuschung aus, bspw. hinsichtlich verpasster Chancen oder fehlender Förderung. Manchmal formulieren sog. *spät erkannte Hochbegabte*, die nicht bereits während der Schulzeit getestet worden sind, sogar einen Ärger, weshalb das eigene Potenzial nicht früher beachtet wurde. Zuweilen kann eine Art Sehnsucht übrigbleiben, diese oder jene Möglichkeit gerne gehabt zu haben. Vielleicht gab es auch mehrere Potenzialbereiche, wobei sich zum damaligen Zeitpunkt aufgrund verschiedener Umstände oder Beweggründe für einen Weg entschieden wurde und aus heutiger Perspektive noch Begabungsbereiche schlummern, die (wieder-)entdeckt werden wollen.

Nach Sichtung der unterschiedlichen Hochbegabungsmodelle soll deshalb an dieser Stelle das jüngst publizierte TAD-Rahmenmodell (Talent Development in Achievement Domains – A Psychological Framework) vorgestellt werden (Preckel et al., 2020), das aus psychologischer Sicht auch für die Reflexion aus der Perspektive des nun erwachsenen Hochbegabten geeignet erscheint, sich (noch einmal) der eigenen Begabungsentwicklung zuzuwenden (▶ Abb. 1.1).

1 Hochbegabung – was ist das eigentlich?

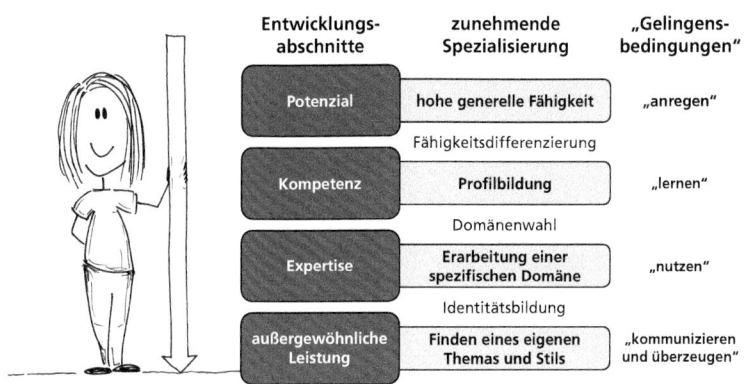

Abb. 1.1: Illustrierter Auszug aus dem TAD-Rahmenmodell (angelehnt an Preckel, 2021)

Das Rahmenmodell wurde zur Beschreibung von Begabung und Leistung unter einer Talententwicklungsperspektive erstellt. Anhand des Modells sollen vor allem für die Forschung und die Förderung konkrete Ansatzpunkte abgeleitet werden können, die erreichbar, überprüfbar bzw. operationalisierbar sind. Der Blick wird hierbei vornehmlich auf die Person gerichtet, während Umwelt- und/oder genetische Bedingungen bewusst beiseitegestellt wurden, um eben die Komplexität auf eine sinnhafte Weise wieder zu reduzieren. Begabung wird als etwas Dynamisches betrachtet, was sich in jedem Entwicklungsabschnitt ändert. Demnach wird Talententwicklung als ein Prozess mit zunehmender Spezialisierung angenommen, so dass am Ende ggf. außergewöhnliche Leistungen domänbezogen erbracht werden können (und sehr selten über mehrere Domänen hinweg) (Preckel, 2021; Preckel et al., 2020):

Potenzial

Zu Beginn bringt die Person *hohe generelle Fähigkeiten* mit, aber auch individuelle Ausprägungen verschiedener psychologischer Merkmale, so dass sie sich einem bestimmten Interessensbereich zuwendet und ihre allgemeinen Denkfähigkeiten in Abhängigkeit von Lerngelegenheiten investiert, um sich spezifischeres Wissen und Fertigkeiten anzueignen. Es entsteht eine natürliche Passung zwischen Eigenschaften der Person und den Anforderungen einer Domäne (bspw. räumliche oder sprachliche Fähigkeiten, künstlerische Begabungen etc.). Mit zunehmendem Alter werden die Umwelten immer heterogener und die Person entscheidet zunehmend selbst, sich in dem jeweiligen Bereich Wissen und Fertigkeiten anzueignen (bspw. eine Ausbildung zu beginnen) und ist weniger abhängig von vorhandenen Lerngelegenheiten. Es kommt somit zu einer *Fähigkeitsdifferenzierung*. Diese wird auch von Merkmalen der Person selbst beeinflusst, nämlich wann und wie eine Person Zeit und Anstrengung investiert (von Stumm & Ackerman, 2013); bspw. spielt Offenheit für neue Erfahrungen oder die Freude am Denken (need for cognition nach Cacioppo & Petty, 1982[10]) eine entscheidende Rolle, wieviel Lernbereitschaft und Aufmerksamkeit für die Anforderungen einer Domäne aufgebracht werden.

Kompetenz

Der Entwicklungsabschnitt der Kompetenz umfasst systematisch erworbenes Wissen und entwickelte Fertigkeiten; es kommt zu einer zunehmenden *Profilbildung*. Es wird nun systematisches Üben (z. T. unter Anleitung) benötigt, um sich weiterzuentwickeln. Diese Profilbildung als Voraussetzung für die *Auswahl einer bestimmten Domäne* ist dabei nicht unabhängig vom Begabungsprofil zu betrachten. Gerade mit höherer Intelligenz sind ausgeprägte Intelligenzprofile wahrscheinlicher, d. h., Personen mit hoher Intelligenz haben zumeist Stärken in bestimmten Begabungsbereichen (bspw. numerische, verbale, figural-räumliche Fähigkeiten, Arbeitsgedächtnis, Verarbeitungsgeschwindigkeit), während andere Bereiche geringer ausgeprägt sind (Breit et al., 2020). Somit passt die Domänwahl zumeist zum Begabungsprofil und damit zu den Interessen und Werten einer Person (vgl. Ziegler et al., 2012).

Wichtig ist, »Intelligenzhöhe und -profil nicht unabhängig vom Rest der Persönlichkeit zu sehen, denn Fähigkeits- und Persönlichkeitsentwicklung gehen Hand in Hand« (Preckel, 2021, S. 280).

---

10 Dieses Konzept wird an späterer Stelle noch einmal aufgegriffen (▶ Kap. 3.2).

Expertise

Nachdem sich für *eine bestimmte Domäne* entschieden und diese *erarbeitet* wurde, Zeit und Ressourcen in Ausbildung und Übung investiert und sich umfassendes, domänspezifisches Wissen samt Fertigkeiten angeeignet wurden, können diese nun für sehr gute Leistungen in diesem Bereich intelligent und kreativ genutzt werden. Dabei sind in diesem Abschnitt weitere personenbezogene Merkmale gefragt, nämlich selbstregulative Fähigkeiten wie Zielsetzung, Planung, Willenskraft, Durchsetzungsfähigkeit, soziale Kompetenz etc. Auch das Zusammenspiel von Persönlichkeit und Fähigkeit über das (leistungsbezogene) Selbstkonzept ist relevant: Wurde bspw. eine Aufgabe erfolgreich in der Domäne gelöst und Anerkennung dafür erhalten, wirkt sich das positiv auf das weitere Handeln aus. Zentral ist, dass »die Identifikation mit der eigenen Domäne – oder anders ausgedrückt: die Aufnahme der Domäne als Teil des Selbst – die Talententwicklung unterstützt« (Preckel, 2021, S. 280). Somit kommt es zu einer zunehmenden *Identitätsbildung*.

Außergewöhnliche Leistung

Wird das aufgabenbezogene und persönliche Engagement über einen langen Zeitraum aufrechterhalten, mit aufkommenden Widrigkeiten umgegangen und psychische Stärke aufgebracht, können außergewöhnliche Leistungen erbracht werden, die über das reine Expertentum hinausgehen. Es geht darum, einen *eigenen Stil zu finden* und eigene Ideen an andere heranzutragen, andere mitzureißen und den eigenen Domänbereich sogar nachhaltig positiv zu beeinflussen[11]. Nach den Annahmen des Modells nimmt die tatsächliche Anzahl an Personen mit jedem Entwicklungsabschnitt ab, d. h., nicht jeder durchläuft den Prozess hin zur Vollbringung außergewöhnlicher Leistungen.

---

11 Preckel (2021) spricht in diesem Zusammenhang von »transformierenden« Leistungen (S. 277), was an die obigen Ausführungen zu transformational giftedness (s. Exkurs in ▶ Kap. 1.2.2) anknüpfen würde.

Der Fokus in diesem Modell liegt also darauf, wie eine Talententwicklung aus einer pädagogisch-psychologischen Sicht positiv beeinflusst werden kann, damit Expertise und hervorragende Leistungen gezeigt werden können.

Was bedeutet es nun für den heute erwachsenen Hochbegabten, wenn er sich entsprechend seinen Fähigkeiten, Interessen und Möglichkeiten einem Gebiet zuwendet, Zeit und Aufwand investiert, um sich (beruflich/privat) in diesem persönlich bedeutungsvollen Bereich weiterzuentwickeln und ausleben zu können?

Bereits Holland (1962) hatte in seiner Theorie formuliert, dass Menschen, die sich die für sie passende Arbeitsumwelt entsprechend ihren Fähigkeiten und Interessen suchen, zufriedener und erfolgreicher im Beruf sind; er spricht von einer sog. Kongruenz zwischen Persönlichkeit und Umwelt. Inkongruenz hingegen führt eher zu beruflichen Wechseln (Holland & Gottfredson, 1976). Holahan und andere (1999) konnten für Hochbegabte zeigen, dass diese eine höhere Berufszufriedenheit angaben, wenn sie ihre intellektuellen Fähigkeiten in ihrem Beruf ausleben konnten. Da es kaum Forschung zur beruflichen Situation oder Berufszufriedenheit von Hochbegabten gibt, ist das Pilotprojekt von Schlegler und anderen (2018) sehr begrüßenswert, in dem Bildungsbiografien, berufliche Positionen und Berufszufriedenheit näher untersucht und die Ergebnisse von stereotypen Annahmen abgegrenzt wurden (wie bspw. die Annahme, Hochbegabte hätten soziale Defizite und seien demnach auch im beruflichen Kontext problematisch). Auch wenn die Ergebnisse der Studie nicht verallgemeinernd auf die Gesamtgruppe der Hochbegabten übertragen (die spezifische Stichprobe bestand aus 277 Mensa-Mitgliedern[12]) und keine Vergleiche mit durchschnittlich Begabten (aufgrund einer fehlenden Vergleichsstichprobe) gezogen werden können, sollen dennoch an dieser Stelle die wichtigsten Befunde kurz dargestellt werden:

- *Hohe Bildung:* 94,22 % der Teilnehmenden hatten eine Hochschulzugangsberechtigung (vs. 29,47 % im deutschen Durchschnitt); 33,4 % der Teilnehmenden hatten einen Universitätsabschluss (vs. 9,08 % der deutschen Bevölkerung); 10,4 % waren promoviert (vs. 1,12 %).

---

12 Der Hochbegabtenverein Mensa in Deutschland e.V. (MinD) (▶ Kap. 8.3)

- *Nicht-lineare Bildungsbiografien:* 54,79 % der Teilnehmenden schlossen mit zwei oder mehr Ausbildungen ab (vs. lineare Bildungsbiografie: eine Ausbildung oder zwei Studienabschlüsse (Bachelor, Master)); 14,8 % schlossen ein drittes Studium ab.
- *Reguläre Beschäftigungsverhältnisse:* 93,91 % der männlichen Teilnehmenden arbeiteten in Vollzeit (vs. 88,97 % des Bundesdurchschnitts) und 67,46 % der weiblichen Teilnehmenden (vs. 50,25 %); 17 % der Teilnehmenden waren selbständig tätig (vs. 10,33 % der Erwerbstätigen im Bundesdurchschnitt); Annahmen, dass Hochbegabte öfter den Arbeitgeber wechselten, ließen sich nicht belegen; 26 % der Teilnehmenden hatten eine Führungsposition (vs. 11,72 % Führungskräftequote in Deutschland), wobei sich hier keine signifikanten Geschlechtsunterschiede zeigten, oder anders ausgedrückt: hochbegabte Frauen sind häufiger in Führungspositionen tätig als im weiblichen Bundesdurchschnitt (47,2 % vs. 28,8 %).
- *Berufszufriedenheit:* die Teilnehmenden zeigten eine durch- bis überdurchschnittliche Berufszufriedenheit, wobei insbesondere die Zufriedenheit mit der Tätigkeit an sich den stärksten Einfluss auf die allgemeine Berufszufriedenheit hatte, was auf eine Aufgabenorientiertheit Hochbegabter hinweisen könnte.

Wird angenommen, dass die Zufriedenheit mit der Aufgabe, der Tätigkeit an sich, dann den stärksten Einfluss auf die allgemeine Berufszufriedenheit hat, wenn es bedeutet, die hochbegabte Person kann bei der Bewältigung der beruflichen Aufgaben ihre Interessen und Fähigkeiten ausleben und sich dabei kongruent erleben, würde es an die Ergebnisse von Holahan und andere (1999) anknüpfen. Auch in einem Review konnte jüngst gezeigt werden, »that gifted individuals are more satisfied in their jobs if they take a high degree of responsibility for the assigned tasks, can organize their activities freely and independently, and have good social contacts in the professional context« (Schlegler, 2022, S. 17). Die Arbeitszufriedenheit wird demnach am stärksten von Autonomie und Verantwortung im Beruf beeinflusst, was an das Ergebnis anschließt, dass Hochbegabte eine überdurchschnittliche Gestaltungsmotivation im beruflichen Kontext (im Vergleich zur Führungsmotivation per se) zeigen,

d. h. gestalterischen Einfluss auf Arbeitsprozesse nehmen und eigene Ideen verwirklichen wollen (Hossiep et al., 2013).

Resümierend kann festgehalten werden, dass der Bereich Arbeit/Beruf einen wichtigen Bestandteil der Lebenszufriedenheit für Hochbegabte darstellt, der mit höherer Zufriedenheit einhergeht, wenn die Aufgaben den eigenen Fähigkeiten entsprechen (Schlegler, 2022). Die Talententwicklung, die Bildung von Expertise und das Zeigen von außergewöhnlichen Leistungen im Beruf in Abhängigkeit vom eigenen Begabungsprofil bilden einen entscheidenden Teil des Selbstkonzepts und sind nicht unabhängig von der Persönlichkeitsentwicklung zu sehen (s. TAD-Modell). Aus psychologischer Sicht erscheint es also für hochbegabte Personen in jedem Alter lohnend, sich diesem wesentlichen Bereich des Selbst zuzuwenden.

Exkurs: Underachievement

Bisher wurde der positive Zusammenhang zwischen hoher Intelligenz und Leistung bei der Darstellung der unterschiedlichen Modelle zur Begabungsentwicklung fokussiert; dieser ist auch tatsächlich durch empirische Forschung vielfach belegt (▶ Kap. 3.2).

Allerdings gibt es im schulischen Kontext auch sog. *Underachiever* (Minderleistende), die zwar hochbegabt sind, dieses Potenzial jedoch nicht in Gänze umsetzen können. Von Underachievement spricht man also dann, wenn die »Leistungsperformanz unter einem zu erwartenden Leistungspotenzial in Bezug auf eine bestimmte Leistungsdimension« bleibt (Greiten, 2021, S. 546). Eine einheitliche Definition für Underachievement fehlt zumeist, da Angaben differieren, wie lange zeitlich anhaltend oder wie bereichsübergreifend das Phänomen sein muss, um von Minderleistung sprechen zu können (Reis & McCoach, 2000). Zudem liegen unterschiedliche Berechnungsmethoden vor, wie Minderleistung im Vergleich zum IQ (also dem angenommenen Potenzial) erfasst werden kann, so dass Zahlen zur Häufigkeit voneinander abweichen und kaum vergleichbar sind (bspw. 12 % der hochbegabten Schüler sind Underachiever (Rost, 2009) vs. 25 % (Ziegler & Stöger, 2003)).

Richtet sich der Fokus auf die Betroffenen selbst, ist leicht nachvollziehbar, dass sich daraus – mit dem Beginn bereits in der Grundschule – psychische Belastungen und Leidensdruck entwickeln können. Dabei findet sich eine Vielzahl an individuellen, familiären und schulischen Faktoren, die in einem komplexen Wirkungsgeschehen eine Rolle spielen (Greiten, 2021; Sparfeldt et al., 2006; White et al., 2018):

- *individuelle Faktoren:* geringe Lern-/Arbeitstechniken, geringe Lernmotivation, geringes Selbstwirksamkeitserleben, negative Einstellungen, niedriges Selbstwertgefühl/-konzept, Furcht vor Erfolg/Misserfolg, Leistungsängstlichkeit, dysfunktionaler Perfektionismus etc.

- *familiäre Faktoren:* Konflikte, Erwartungsdruck, mangelnde Rollenmodelle, Verantwortungszuschreibung, Rivalitäten innerhalb der Familie etc.
- *schulische Faktoren:* soziale Beziehungen zu Peers oder den Lehrern, Lehrervorurteile, starre Curricula, Klassenklima etc.

Wieczerkowski und Prado (1993) gehen davon aus, dass die Frustration der kognitiven Bedürfnisse/Wissbegierde (need for cognition ▶ Kap. 3.2) langfristig zu Enttäuschung und damit zu emotionalen, sozialen, kognitiven, motivationalen und Verhaltensproblemen führt. Dabei werden in der Forschung zwei Entwicklungspfade angenommen, die zur zunehmenden Enttäuschung und damit zum Underachievement führen (Snyder & Linnenbrink-Garcia, 2013):

- Im »maladaptive competence beliefs pathway« entwickeln Kinder, die früh als hochbegabt identifiziert und mit hohen Erwartungen seitens der Eltern konfrontiert sind, eine dysfunktionale Einstellung gegenüber ihren eigenen Fähigkeiten, was in der Folge zu Angst vor Scheitern und dem Rückgang der Selbstwirksamkeit (Vertrauen in die eigene Wirksamkeit) sowie der Leistungsmotivation bis hin zum Underachievement führen kann.
- Beim »declining value beliefs pathway« starten die hochbegabten Kinder mit einer unauffälligen Einstellung gegenüber ihren eigenen Fähigkeiten (das »Label« Hochbegabung hat folglich keine negative Auswirkung oder wurde nicht vergeben). Allerdings kann eine Unterforderung dazu führen, dass der Wert einer Leistung noch geringer eingeschätzt wird und die Leistungsmotivation weiter abnimmt, was schließlich im Underachievement münden kann.

Darüber hinaus zeigen hochbegabte Underachiever auch vermehrt ein sog. *fixed mindset:* Es wird angenommen, dass Hochbegabung/Intelligenz eine stabile Eigenschaft sei, welche sich nicht verändert, und dass sehr gute Leistungen nicht von entsprechender Förderung/Talententwicklung abhängig wären (»If I am smart, I will always be smart and should not have to work hard to experience success« (Mofield & Parker Peters, 2019, S. 125)). Im Vergleich dazu wirkt ein sog. *growth mindset* positiv darauf ein, um Fehler als Chance und Anstrengung als wesentlich für die Weiterentwicklung zu sehen (Mofield & Parker Peters, 2019).

Gerade hochbegabte Erwachsene, die rückblickend in der Schule als sog. Underachiever einzuordnen wären, können im Hier und Jetzt mit verpassten Chancen hadern, da bspw. kein entsprechend hoher Schulabschluss erworben oder kein Studium begonnen wurde, und sie somit auch im Berufsleben den Eindruck haben können, ihre »PS nicht auf die Straße« zu bekommen. Aber Achtung, das soll nicht bedeuten, dass es für jeden Hochbegabten notwendig wäre, überragende Abschlüsse zu erwerben oder hervorragende berufliche Leistungen zu zeigen. Der Blick soll an dieser Stelle weiterhin auf die oben genannte *Kongruenz* zwischen Persönlichkeit, Potenzial und Umweltanforderungen gelegt werden, was mit einer (Berufs-)Zufriedenheit einhergeht und als wesentlicher Teil des Selbstkonzepts mit der eigenen Identitätsentwicklung verbunden ist (s. TAD-Modell).

Dies kann immer nur aus der eigenen, individuellen Sicht beurteilt werden!

Gleichwohl auch im TAD-Modell der Talententwicklungsprozess beginnend im Kindesalter konzipiert ist, lassen sich die Entwicklungsabschnitte durchaus noch einmal aus der Erwachsenenperspektive reflektieren. Selbstredend geht ein heute erwachsener Hochbegabter nicht mit derselben »Unbedarftheit« und Offenheit an Interessensgebiete wie zu Kindertagen heran, hat sich doch bereits eine Art Profilbildung und Identitätsbildung über die Lebensabschnitte und die Lern-, Ausbildungs- und Berufssituationen herauskristallisiert. Nicht alle Türen stehen (noch) offen. Hingegen unterliegen Erwachsene heute nicht mehr denselben Limitierungen wie vielleicht früher als Kind, können heute doch die Umgebungsbedingungen vor dem Hintergrund größerer Freiheitsgrade beeinflusst werden. Somit stehen vielleicht doch noch mehr respektive andere Türen offen als gedacht.

An dieser Stelle soll deshalb der Versuch unternommen werden, Auszüge aus dem TAD-Modell für den eigenen Reflexionsprozess aus der

Erwachsenenperspektive zu übertragen. Es kann für diejenigen geeignet erscheinen, die Chancen und Interessenbereiche liegen gelassen haben bzw. liegen lassen mussten und bis heute damit unzufrieden sind. Ebenso kann es denjenigen nützen, die sich mit dem heutigen Wissen um das eigene Hochbegabungsprofil bewusst entsprechend eigener (Begabungs-)Stärken und Interessen zielgerichtet (neu) ausrichten möchten. Und letztlich kann es auch für diejenigen interessant sein, die in ihrem Werdegang den Stufen der Talententwicklung »gefolgt« sind und – mit dem heutigen Wissen um die eigene Hochbegabung – eine Art von Ermutigung erhalten, weitere Schritte zu initiieren, um von der Kompetenz zur Expertise oder von der Expertise zur außergewöhnlichen Leistung voranzuschreiten.

Interessierte Lesende sind zu Arbeitsblatt 1.3 eingeladen.

2 Wozu lohnt sich ein IQ-Test im Erwachsenenalter?

Nicht jede hochbegabte Person wurde während der Schulzeit mittels eines IQ-Tests als solche erkannt und hat sozusagen das »Label« erhalten. Es gibt eine sehr spannende Untersuchung von Fels (1999), der sich gefragt hat, was denn aus den vielfältigen, in den 1980er Jahren begonnenen Programmen[13] zur Identifizierung und Förderung hochbegabter Kinder in Deutschland geworden ist. Er (Jg. 1966) berichtet in seinem Vorwort von seinen eigenen Erfahrungen im Mathematikunterricht mit unterschiedlichen Lehrern, welche einerseits das selbständige Erarbeiten kreativer Lösungen ermöglichten und andererseits stumpfes Lernen von Vorgaben erwarteten. Letzteres beinhalte für ihn einen sog. »heimlichen« Lehrplan, welcher gerade für die Persönlichkeitsentfaltung hochbegabter Kinder negativ wirke:

> »Denn das bewußte [sic] Zurückstellen ihrer besonderen Interessen und Fähigkeiten, die auch jenseits üblicher Unterrichtsinhalte liegen, um ihnen den vermeintlich einzig richtigen Lösungsweg zu zeigen, ignoriert ihre Bedürfnisse so grundlegend, daß [sic] sie nicht nur den ›richtigen‹ Lösungsweg des offiziellen Lehrplans lernen, sondern auch, daß [sic] nur jenes Interesse legitim sei, welches dieser Lehrplan vorsieht. Der heimliche Lehrplan würde also besonders Be-

---

13 Interessierte Lesende sind auf den geschichtlichen Abriss der Identifizierung und Förderung Hochbegabter in Deutschland (Fels, 1999) hingewiesen. Die Förderung besonders Begabter wurde in Deutschland nach dem Zweiten Weltkrieg weiterhin mit den Eliteschulen des Nationalsozialismus in Verbindung gebracht, so dass es lange Zeit nicht gelang, an die reformpädagogische Tradition vor dem Krieg anzuknüpfen. Fels (1999) zitierte Weinschenk (1979), der gefragt habe, »ob hochbegabte Kinder und Jugendliche eine ›bundesdeutsche Unperson‹ darstellten, denen eine angemessene Förderung vorenthalten werden dürfe« (S. 67). Erst mit Beginn in den 1980er Jahren erhielt die schulische Hochbegabtenförderung einen Aufschwung (Fels, 1999).

gabten vor allem Anpassung an schulisches Denken und dessen Grenzen vermitteln, und ›divergente Hochbegabung‹ in ›konvergente Hochbegabung‹ verwandeln« (Fels, 1999, S. 15).

In seiner Untersuchung konnte Fels (1999) schließlich aufdecken, dass es selbst in den 1990er Jahren nicht in allen Bundesländern[14] eine psychologisch-schulpädagogische Beratungsstelle für Hochbegabte gab. Bei der Referendariatsausbildung der Grundschul- und Gymnasiallehrkräfte war das Thema Hochbegabung kein expliziter Bestandteil. Selbst bei Fortbildungsangeboten für Lehrer war es in etlichen Bundesländern nicht oder nur vereinzelt inkludiert. Es wird zudem auf die damals leider noch vorherrschende Vorstellung verwiesen, dass Hochbegabte sich selbst zu helfen wüssten, ohne dass eine Identifizierung oder Förderung nötig wäre. Erfreulicherweise werden heute (Stand Februar 2025) in der Übersicht des Karg-Fachportals[15] für Hochbegabung insgesamt 96 Beratungsstellen aufgeführt.

Nach dieser historischen Betrachtung ist also davon auszugehen, dass viele heute Erwachsene aus den Jahrgängen bis in die beginnenden 1990er Jahre nicht wissen, dass sie hochbegabt sind. Viele setzen sich – oftmals das allererste Mal – im Erwachsenenalter mit dem Verdacht auf eine vorliegende Hochbegabung auseinander, erwägen an einem IQ-Test teilzunehmen und stellen sich die Frage, wozu sich denn ein IQ-Test lohne?

Die Antwort auf diese Frage ist immer unter Berücksichtigung des individuellen Lebenskontextes zu beantworten: Was ist also *meine* stimmige Antwort auf diese Frage? Denn schließlich geht es als Erwachsener weniger darum, mit dem IQ-Testergebnis ein Aufnahmekriterium für eine besondere Förderung zu erfüllen, sondern eher um die persönliche Bedeutung des schwarz-auf-weiß geführten Nachweises.

Manche hochbegabte Erwachsene geben an, es schon immer auf eine gewisse Weise geahnt/gewusst zu haben, vielleicht weil bereits andere Familienmitglieder hochbegabt getestet sind oder sich Hinweise im

---

14 Nur in acht (!) deutschen Städten gab es zum damaligen Zeitpunkt spezialisierte Beratungsangebote: Rostock, Schwerin, Hamburg, Hannover, Braunschweig, Holzminden, Jena, Chemnitz und Stuttgart (Fels, 1999).
15 https://www.fachportal-hochbegabung.de/beratungsstellen/

Schul- und Ausbildungskontext gehäuft haben, so dass es vielleicht nicht mehr notwendig erscheint, das konkrete Testergebnis zu kennen. Für manche hingegen wäre das nachgewiesene Ergebnis ein essenzieller Baustein, endlich eine Erklärung für das eigene, von anderen oft abweichende Erleben zu haben oder sich in den eigenen Empfindungen bestärkt(er) zu fühlen, um sich weniger anzupassen oder in den Kompetenzen herunter zu regulieren. Die Bandbreite an individuellen Beweggründen ist, aus der Erfahrung mit hochbegabten Erwachsenen in der therapeutischen Praxis, vielfältig.

Interessierte Lesende sind zu Arbeitsblatt 2.1 eingeladen.

Auch die emotionalen Reaktionen auf das Testergebnis lassen sich auf der Klaviatur der Gefühle einordnen, wobei Harvey Sallin (2016) in einem Onlinebeitrag diesen Auseinandersetzungsprozess mit der neu entdeckten Hochbegabung in sieben Stufen beschreibt:

»DENIAL – ›There's no way I could be gifted!‹
EXCITEMENT – ›This explains so *much* of my life!‹
ANGER – ›*Why* didn't anyone tell me this before?‹ and ›Why don't others care *now*?‹
BARGAINING / DEPRESSION / PANIC – ›Can I give it back?‹…›OMG I can't give it back!'
ACCEPTANCE – ›Ok, this is how I am. How am I going to use it to my advantage?‹
REBUILDING – ›I'm doing the work to rebuild myself based on who I am.‹
CREATIVITY – ›What else can I create from my unique self?‹«

Das IQ-Testergebnis kann also große Wogen schlagen, viele »Saiten« im eigenen Erleben zum Schwingen bringen und den eigenen Identitätsentwicklungsprozess anstoßen. Dementsprechend kann nur die Person selbst entscheiden, ob eine Intelligenztestung zum gegebenen Zeitpunkt als zielführend für die eigene Entwicklung eingeschätzt wird.

In der Begabungsdiagnostik stellen sog. Intelligenzstrukturtests das Mittel der Wahl dar, um ein breites Spektrum an kognitiven Teilfertigkeiten und damit ein individuelles Begabungsprofil erfassen zu können (Preckel & Vock, 2021). Wie bereits in ▶ Kap. 1.2.3 erwähnt, hat bei Weitem nicht jeder Hochbegabte ein ausgeglichenes Begabungsprofil, d. h., oftmals sind nicht alle kognitiven Teilfertigkeiten gleichermaßen auf höchstem Niveau ausgeprägt. Entsprechend der oben dargestellten hierarchischen Intelligenzstrukturmodelle (▶ Kap. 1.1) wird der g-Faktor als übergreifender Intelligenzfaktor angenommen, unter dem sich die spezifischen Faktoren anordnen lassen, welche wiederum mit Subtests operationalisiert und messbar gemacht werden (angelehnt an Deary et al., 2010):

Exkurs: Begabungsprofil

Spearman wies 1904 die Existenz des g-Faktors durch die positiven Korrelationen zwischen Intelligenztests nach (Blum & Holling, 2017). Die verschiedenen Subtests einer Intelligenztestbatterie laden jedoch unterschiedlich auf g, d. h., das Ergebnis in diesen Subtests ist nicht nur vom g-Faktor, sondern auch von den spezifischen Fertigkeiten, den s-Faktoren, abhängig (Deary et al., 2010). Lange Zeit wurde angenommen, dass dies gleichermaßen für die gesamte Reichweite der intellektuellen Fähigkeiten gelte und damit die Korrelationen zwischen Subtests bei weit überdurchschnittlich Begabten ebenso wie bei durchschnittlich oder Minderbegabten ungefähr gleich sein würden (Detterman & Daniel, 1989). Vergleicht man Hochbegabte mit nicht

Hochbegabten hinsichtlich der g-Ladungen in Subtests, weichen diese beiden Gruppen am stärksten bei denjenigen Tests voneinander ab, welche g am wenigsten messen und folglich mehr von nicht-g-Faktoren abhängen (Jensen, 2003): Eine Zunahme an g steigert nicht den »Ertrag« (Spearman's Gesetz vom abnehmenden Ertragszuwachs).

Deshalb sollte bei der Diagnostik eine Testbatterie eingesetzt werden, die ein breites Spektrum an kognitiven Fähigkeiten abdeckt, da die Gesamtpunktzahlen im IQ-Test bei Hochbegabten erheblich weniger »g-belastet« und stärker durch nicht-g-Faktoren beeinflusst sind (Jensen, 2003). Es wird folglich angenommen, dass Hochbegabte weniger abhängig von ihrer allgemeinen intellektuellen Fähigkeit und ihre kognitiven Kompetenzen differenzierter sind (Blum & Holling, 2017). Zuweilen findet sich noch immer die irrige Annahme, dass bei einem Hochbegabten jeder beliebige Subtest als austauschbare Maßzahl für die allgemeine Intelligenz herangezogen werden kann, wobei vernachlässigt wird, dass a) eben nicht jeder Subtest gleich hoch auf g lädt, b) die g-Sättigung mit zunehmender Intelligenz abnimmt und c) Hochbegabte in der Regel keine ausgeglichenen Fähigkeitsprofile aufweisen (Lohman et al., 2008).

Damit alle diese spezifischen Informationen bei einer Testung nicht verloren gehen, ist es empfehlenswert, Verfahren einzusetzen, die ausreichend differenzieren und valide Aussagen zum Begabungsprofil hinsichtlich individueller Stärken treffen (Preckel, 2010). Wird der IQ-Test im Einzelsetting in einer begabungsdiagnostischen Praxis durchgeführt, wird der Psychologe geeignete Tests[16] auswählen, die erstens mehrdimensional messen, um damit Aussagen zum Begabungsprofil treffen zu können, und zweitens für den höheren IQ-Bereich aktuell normiert sind, um sogenannte Deckeneffekte und Auswirkungen des Flynn-Effektes zu vermeiden[17].

---

16 Im Fachportal Hochbegabung der Karg-Stiftung stehen umfassende Testrezensionen zu allen aktuellen Verfahren zur Verfügung: https://www.fachportal-hochbegabung.de/intelligenz-tests/ (letzter Zugriff am 29.03.2025).

17 Bei einem Deckeneffekt würden zu wenige schwierige Aufgaben vorliegen, so dass deshalb fälschlich hohe IQ-Werte erreicht werden würden (Preckel, 2010).

Für die Auswertung der Testergebnisse wird die sog. Standardnormalverteilung der Intelligenz zugrunde gelegt.

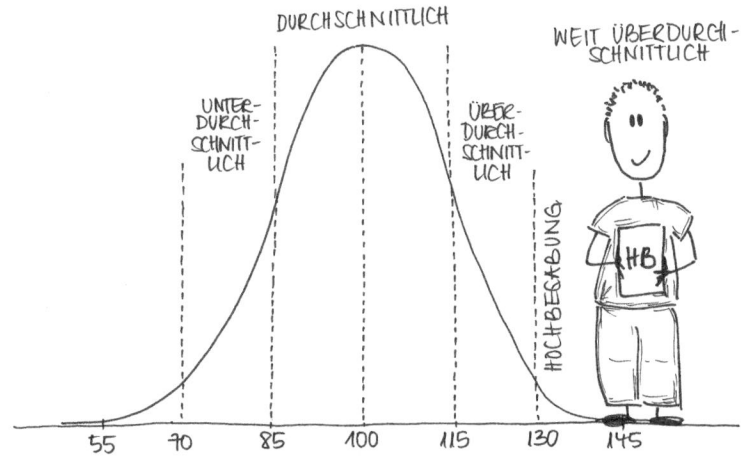

Die IQ-Wert-Skala hat einen Mittelwert von 100 und eine Standardabweichung von 15, d. h., Hochbegabung beginnt bei dieser Normierung bei einem IQ-Wert von ≥ 130. Legt man die Normierung des sog. Prozentrangs zugrunde, bedeutet es, dass ein Hochbegabter intelligenter als ca. 98 % der Bevölkerung ist (oder andersherum: nur ca. 2 % der Bevölkerung sind hochbegabt). Nach Studienlage unterscheiden sich Hochbegabte von durchschnittlich Begabten hinsichtlich ihrer kognitiven Fähigkeiten *graduell* (Rost, 2010)[18]. Auch Preckel und Vock (2021) betonen in ihrem umfassenden Fachbuch zu Hochbegabung: »ab einem IQ von 130 beginnt keine neue Welt« (S. 154). Leider finden sich vielfältige Bezeichnungen, um der reinen, »nüchternen«, teststatistischen cut-off-Set-

---

Würden zudem die immergleichen Normen bei einer Testung zugrunde gelegt, würde eine Überschätzung des IQs resultieren (Flynn, 1999).

18 Darstellungen von einer *qualitativ* anderen Art von Intelligenz bei Hochbegabten in so manchen Ratgeberbüchern lassen sich also empirisch nicht belegen.

zung einen Namen zu geben, wie bspw. als besondere, höchste, exzellente, herausragende Begabung oder hochbefähigt, höchstbefähigt, hochleistungsdisponiert etc. (Rost, 2010)[19].

> **Exkurs: Selbsteinschätzung (Bin ich hochbegabt?)**
>
> Viele Hochbegabte berichten, dass sie aufgrund der Selbsteinschätzung doch auf gar keinen Fall hochbegabt sein zu können, zögern, an einem IQ-Test teilzunehmen. Einige berichten auch von einer Angst, dann womöglich schwarz-auf-weiß zu sehen, dass sie vermeintlich weit von der IQ-Grenze entfernt scoren, so dass im Nachgang das potenziell Antwort gebende Erklärungsmodell doch nicht herangezogen werden kann oder sie es als anmaßend bis narzisstisch empfinden würden, zuvor von einer Hochbegabung ausgegangen zu sein.
>
> Empirische Untersuchungen haben ergeben, dass sich bei der Selbsteinschätzung eine Asymmetrie zeigt: Personen mit niedrigen kognitiven Fähigkeiten überschätzen sich, während Höherbegabte ihre Fähigkeiten eher unterschätzen (Kruger & Dunning, 2002). Ackerman und andere (2002) fanden zudem Belege, dass Selbsteinschätzungen von Geschlechtsstereotypen beeinflusst sind (d. h., Frauen gaben ein stärkeres Selbstkonzept für sprachliche Domänen an, Männer hingegen in den mathematischen/naturwissenschaftlichen Domänen) und dass bspw. Teilnehmende aus naturwissenschaftlichen Studiengängen ihre Fähigkeiten genauer einschätzten im Vergleich zu Befragten aus dem wirtschaftswissenschaftlichen Bereich. Bei einer Selbstnominierung als hochbegabt ist zusammengefasst die Fähigkeit maßgeblich,

---

[19] Im Vergleich dazu findet sich in vielen Ratgeberbüchern die sprachliche Abgrenzung »Normalbegabte« vs. »Hochbegabte«, was – nach Ansicht der Autorin – ebenso fälschlich impliziert, dass die Begabung der Hochbegabten eben nicht »normal« wäre und damit Stereotype über eine qualitativ unterschiedliche Intelligenz von Hochbegabten im Vergleich zu durchschnittlich Begabten aufrechterhält. Brackmann (2012) betitelt ihren fundierten Ratgeber daher nicht umsonst mit »Ganz normal hochbegabt«, um Hochbegabung zu entpathologisieren.

> eigene Leistungen und Fähigkeiten angemessen bewerten zu können (Preckel & Vock, 2021).

Vielleicht lässt sich abschließend die in der Kapitelüberschrift gestellte Frage ermutigend beantworten: Finden sich Hinweise auf das Vorliegen einer Hochbegabung (vielleicht weil man viele Übereinstimmungen in Beschreibungen von Hochbegabten findet oder etliche Menschen im Umfeld entsprechende Rückmeldungen gegeben haben) *und* liegt es im eigenen Interesse, zu verifizieren, ob es zutrifft (eben weil dadurch persönlich relevante Fragen beantwortet werden können), dann sollte nicht zu sehr gezweifelt werden, wenn das bloße Selbstempfinden sagt »Ich hochbegabt?! – das kann nicht sein!«. Nur Mut!

3 Mit Vorurteilen über Hochbegabte aufräumen

Bedauerlicherweise werden noch immer etliche stereotype Annahmen über Hochbegabte im Alltag tradiert: »Wer wenig über ein Phänomen weiß, gründet seine Entscheidungen auf seinem alltäglichen Wissen, das mit der wissenschaftlichen Befundlage mehr oder weniger gut übereinstimmen kann« (Baudson, 2021, S. 119). Dieses Alltagswissen ist jedoch zumeist wenig explizit, intentional gelernt, sondern eher implizit, also beiläufig, erworben. Dennoch beeinflusst auch implizit Gelerntes das Verhalten (Mazur, 2006), d. h., Menschen verhalten sich entsprechend den übernommenen, stereotypen Annahmen gegenüber Hochbegabten. Aber auch hochbegabte Personen selbst können in den verschiedenen Sozialisationskontexten Vorurteile implizit übernommen haben, was wiederum beeinflusst, inwieweit die eigene Hochbegabung als Teilselbstkonzept angenommen wird (▶ Kap. 6.2).

3.1 Laientheorien: Was denken Menschen über Hochbegabte?

Im Vergleich zu den oben dargestellten sog. *expliziten Theorien* (▶ Kap. 1) mit definierten Variablen auf Basis von theoretischen Modellen stellen die sog. *Laientheorien* alltägliche, ungeprüfte Annahmen dar. Diese Laiensicht unterliegt zumeist der Vorstellung von einer »Outgroup«, i. S. einer Gruppe, die nicht zur eigenen »Ingroup« gehört (Baudson, 2021). Stern und Neubauer (2016) drückten es drastisch aus: Hochbegabte werden »manchmal fast als Aliens gesehen, die wenn nicht Böses, so doch Unberechenbares im Schilde führen« (S. 11).

Für die Einordnung der Laientheorien kann das sog. Stereotype Content Model herangezogen werden, das diejenigen Dimensionen beinhaltet, anhand derer Menschen klassischerweise andere wahrnehmen und beurteilen, nämlich nach der individuellen Kompetenz (agency/competence) und der individuellen Zugewandtheit/Wärme (communion/warmth) (Abele & Wojciszke, 2007; Fiske et al., 2007). Nachdem die weit überdurchschnittliche Intelligenz bzw. Kompetenz bei der Beurteilung Hochbegabter unumstritten angenommen wird, kann es also nur eine Abweichung in der Beurteilung der communion-Dimension geben (Baudson, 2017b/2021): Die beiden daraus resultierenden Annahmen wären die sog. *Disharmonie- vs. Harmoniehypothese*, die bereits in der Einleitung des Buches kurz aufgegriffen wurden.

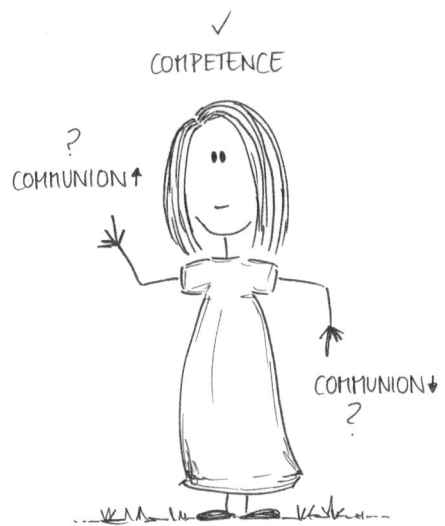

Baudson (2016) hat mit einer repräsentativen deutschlandweiten Stichprobe (N = 1029) genau diese Fragestellung untersucht: Was denken die

Menschen über Hochbegabte in Deutschland? Sie hat hierbei folgende fünf Items beurteilen lassen (S. 4, eigene Übersetzung):

- *Höheres Potenzial:* Hochbegabte Menschen haben ein höheres intellektuelles Potenzial als Menschen mit durchschnittlichen Fähigkeiten.
- *Höhere Leistung:* Hochbegabte Menschen erreichen höhere Leistungen als Personen mit durchschnittlichen Fähigkeiten (bspw. bessere Noten, höhere Bildungsabschlüsse).
- *Generelle Überlegenheit:* Hochbegabte Menschen sind durchschnittlich begabten Personen auch in Bereichen überlegen, die nicht direkt mit intellektuellen Fähigkeiten zusammenhängen.
- *Emotionale Probleme:* Hochbegabte Menschen haben eher emotionale Probleme als durchschnittliche begabte Personen.
- *Soziale Schwierigkeiten:* Hochbegabte Menschen sind in sozialen Interaktionen schwieriger als durchschnittlich begabte Personen.

Es konnten schließlich zwei Antwortprofile identifiziert werden (Baudson, 2016): Lediglich ein Drittel der Probanden schätzten Hochbegabte hinsichtlich des Potenzials sowie der Leistung höher ein als durchschnittlich Begabte, nahmen keine ausgeprägte generelle Überlegenheit an und attestierten hochbegabten Menschen keine vermehrten sozialen und emotionalen Probleme. Die anderen zwei Drittel der Probanden glichen in ihren Einschätzungen hinsichtlich des Potenzials, der Leistung sowie der nicht angenommenen generellen Überlegenheit der ersten Antwortgruppe, schätzten jedoch, dass Hochbegabte im Vergleich zu durchschnittlich Begabten mehr soziale und emotionale Probleme hätten[20]. Zusammengefasst finden sich in Laientheorien also auch noch heute Hinweise für die Disharmoniehypothese.

---

20 Das Stereotyp des problembehafteten Hochbegabten im sozialen und emotionalen Bereich lässt sich auch bei Eltern (Friedl & Hoyer, 2014) und bei Lehrkräften (Baudson & Preckel, 2016) finden; insbesondere männliche Schüler werden oft fehleingeschätzt (Preckel et al., 2015).

3.2 Empirische Befunde über Hochbegabte

Leider ist das Themenfeld der Hochbegabung noch immer nicht ausreichend in seiner Breite untersucht: 80 % der deutsch- und englischsprachigen Publikationen zwischen 1980 und 2014 beziehen sich bspw. auf hochbegabte Schüler, so dass Fachliteratur zu hochbegabten Erwachsenen (und die damit verbundenen Lebensbereiche wie Beruf, Freizeit, Beziehungen) spärlich zu finden ist (Dai et al., 2011; Preckel & Krampen, 2016). Dennoch soll an dieser Stelle versucht werden, eine Übersicht zu aktuellen Forschungsergebnissen hinsichtlich wesentlicher Merkmale zu geben.

Leistungsbezogene Merkmale

Auch wenn nicht angenommen werden kann, dass jeder Hochbegabte ein Einser-Schüler ist und vice versa, so lässt sich doch ableiten, dass im Durchschnitt Hochbegabte[21] bessere Noten erzielen und schulisch sowie beruflich erfolgreicher abschneiden (Roth et al., 2015; Schlegler, 2022). Die auch in diesem Zusammenhang oftmals zitierte sog. »Schwellenhypothese« zum Zusammenhang zwischen Intelligenz und Leistung, nach der sich ab einer bestimmten Schwelle noch höhere Intelligenz nicht noch positiver auf die Leistungsentwicklung auswirke (was bedeuten würde, Hoch- und Höchstbegabte würden sich nicht mehr unterscheiden), wird durch Studienergebnisse widerlegt (Preckel & Vock, 2021). Natürlich kann sich Leistung auf höchstem Niveau nur unter bestimmten Bedingungen entfalten, wie bspw. in einer unterstützenden sozialen Umwelt, mit entsprechendem Durchsetzungsvermögen oder Selbstvertrauen (▶ Kap. 1.2).

Empirische Befunde zeigen: Hochbegabte *mit* überdurchschnittlichen Leistungen haben…

---

21 Wobei an dieser Stelle Untersuchungen zu Underachievement (▶ Kap. 1.2.3) nicht mit einbezogen werden.

- … ein erhöhtes Selbstwirksamkeitserleben und erhöhte Gewissenhaftigkeit (Schneider & Preckel, 2017);
- … ein deutlich positives leistungsbezogenes Selbstkonzept im Vergleich zu durchschnittlich Begabten (Lee et al., 2012);
- … positivere leistungsbezogene Kognitionen, wie bspw. hinsichtlich der Einschätzung eigener Fähigkeiten oder der Kontrolle über schulische Leistungen (Schütz, 2009);
- … im Unterschied zu durchschnittlich Begabten zwar keine erhöhte Leistungsmotivation (Schütz, 2009), jedoch eine höhere schulische Leistungsbereitschaft bzw. -fähigkeit, vor allem bei hohem Interesse am Lerninhalt (Wirthwein et al., 2019).

Zusammenfassend lässt sich festhalten, dass sich die in den Laientheorien angenommene höhere Leistung und das höhere Potenzial auch nach empirischer Befundlage belegen lässt.

Sozial-emotionale Merkmale

Einen differenzierten und umfassenden Überblick geben Neihart und andere (2021) in ihrem Herausgeberwerk zur sozialen und emotionalen Entwicklung hochbegabter Kinder. Kurz zusammengefasst: Auffälligkeiten im sozial-emotionalen Bereich (und damit die Disharmoniehypothese) lassen sich *nicht* belegen!

Hochbegabte Kinder zeigen zudem eine positive Wahrnehmung ihrer sozialen Kompetenzen und interpersonelle Fertigkeiten (Lee et al., 2012). Stapf (2010b) berichtete, dass diese auch als reifer und freundlicher eingeschätzt werden und zudem Konflikte häufiger verbal lösten. In der Marburger Hochbegabtenstudie[22] zeigten sich hinsichtlich der Anzahl von Freunden, Zugehörigkeit zu einer Clique und die Existenz eines guten Freundes keine Unterschiede zwischen Hoch- und durchschnittlich Begabten (Schilling, 2009). Hierbei wurde auch die Kontaktbereitschaft

---

22 Das Marburger Hochbegabtenprojekt ist neben der Terman-Studie (s. Fußnote 8) und der Study of Mathematically Precocious Youth (SMPY) eine der wegweisenden Längsschnittuntersuchungen von Hochbegabten (Preckel & Vock, 2021).

untersucht, wobei die Hochbegabtengruppe angab, wie wichtig es sei, Freunde zu haben, aber nicht zu viele. Es wird diskutiert, dass Hochbegabte ein reiferes Freundschaftskonzept haben und mehr Wert auf tiefgreifenden, qualitativ hochwertigen Austausch legen; demnach gelingt das zeitliche und emotionale Engagement bei weniger tragfähigen Beziehungen besser (Schilling, 2009). Außerdem zeigten sich Hochbegabte ebenso empathisch und perspektivenübernahmefähig wie die Vergleichsgruppe (Freund-Braier, 2009).

Persönlichkeitspsychologische Merkmale

Gerade hinsichtlich dieses Merkmalsbereichs zeigen sich – nach Ansicht und persönlichen Erfahrungen der Autorin – in der Laiensicht oftmals die meisten unüberprüften, stereotypen Annahmen; auch in vielen Ratgeberbüchern (und bedauerlicherweise auch in so manchen Fachbüchern) finden sich Aussagen wie »Alle Hochbegabten sind...« oder es werden (Persönlichkeits-)Typologien aufgestellt, jedoch ohne dabei einen Beleg anzuführen. Deshalb soll gerade dieser Bereich differenziert betrachtet werden.

Für die Einschätzung der Persönlichkeit wird in der Psychologie klassischerweise das sog. *Big-Five-Modell* herangezogen, dessen fünf Faktoren (Extraversion, Neurotizismus bzw. emotionale Labilität, Verträglichkeit, Gewissenhaftigkeit und Offenheit für neue Erfahrungen) vielfach untersucht wurden und bis heute ihre Gültigkeit haben (vgl. Laux, 2008). Unterscheiden sich nun hochbegabte Menschen von durchschnittlich Begabten hinsichtlich zentraler Persönlichkeitsdimensionen?

Tatsächlich konnte eine höhere *Offenheit für neue Erfahrungen* belegt werden (▶ Kap. 1.2.3); zudem zeigte sich eine zum Teil geringere Ausprägung bei *Neurotizismus*, also anders ausgedrückt, eine tendenziell höhere emotionale Stabilität, wohingegen sich für *Gewissenhaftigkeit*, *Extraversion* und *Verträglichkeit* keine allgemeingültigen Unterschiede aufführen lassen (Limont et al., 2014; Wirthwein et al., 2019). Fries und andere (2022) erweiterten das Fünf-Faktoren-Modell um einen sechsten Faktor »Aufrichtigkeit/Fairness« (zum HEXACO-Modell) und konnten belegen, dass dieser Faktor bei der untersuchten Stichprobe, bestehend aus Mensamitgliedern aus Österreich, Deutschland, Ungarn, Schweiz und England, höher ausgeprägt war als bei den hinzugezogenen Vergleichsstichproben[23].

Weiters ist das Motiv »*need for cognition* (NFC)« (Cacioppo & Petty, 1982) an dieser Stelle mit anzuführen, welches dem Persönlichkeitsfaktor »Offenheit« konzeptionell ähnlich erscheint (Fleischhauer et al., 2010): »NFC refers to dispositional differences in cognitive motivation, as it is thought to reflect stable individual differences in the intrinsic motivation to engage in and enjoy effortful cognitive endeavors« (S. 82). Es finden sich auch Belege, dass NFC positiv mit dem sog. »*need for affect*« korreliert (Maio & Esses, 2001), also wie sehr eine Person sich emotionalen Situationen annähert, so dass nicht starr zwischen »feelers« und »thinkers« unterschieden werden könne. Insgesamt zeigte sich, dass NFC positiv mit Intelligenz, insbesondere dem logischen Denken als wichtige Facette der sog. fluiden Intelligenz (▶ Kap. 1.1) zusammenhängt (Fleischhauer et al., 2010).

Zuletzt soll noch ein differenzierter Blick auf die Persönlichkeitseigenschaft des *Perfektionismus* geworfen werden, wird dieses Merkmal doch an vielen Stellen unweigerlich mit Hochbegabung verbunden dargestellt: »Perfectionism is the most noteworthy personality characteristic associated with giftedness« (Silverman, 2007, S. 236). Landläufig ist Perfektionismus zudem negativ konnotiert, was zur Folge haben kann, dass diese »negative Eigenschaft« hochbegabten Menschen unüberprüft unterstellt wird oder ihnen geraten wird, weniger hohe Ansprüche zu haben. Dabei wird übersehen, dass Perfektionismus ein mehrdimensionales Konstrukt ist und in eine adaptive und eine maladaptive Form unterteilt werden kann (Frost et al., 1993). Letztere geht vor allem mit übermäßigen Sorgen, Angst vor Fehlern, Zweifeln an den eigenen Fähigkeiten sowie der Wahrnehmung, wie sehr eigene Standards von den tatsächlichen Leistungen noch abweichen, einher, was auch mit Misserfolg, Prokrastination oder Burnout in Verbindung gebracht wird (Stricker et al., 2020). Es gibt aber auch noch eine funktionale, positive Form des Perfektionismus, welche Standards und hohe Erwartungen an sich beinhaltet, die jedoch

---

23 Vielleicht ist hier ein Beleg für das von Hochbegabten oftmals beschriebene hohe Gerechtigkeitsempfinden zu finden (▶ Kap. 5.1).

anspornend wirken und mit Gewissenhaftigkeit, psychischer Anpassung, akademischer Leistung und Zufriedenheit verbunden sind (Stricker et al., 2020). Hochbegabte unterscheiden sich hinsichtlich des maladaptiven Perfektionismus nicht von durchschnittlich begabten Personen und zeigen im adaptiven Perfektionismus leicht erhöhte Werte (Stricker et al., 2020; Ogurlu, 2020).

Zusammenfassend kann festgehalten werden, dass Hochbegabte in wesentlichen persönlichkeitspsychologischen Merkmalen nicht von durchschnittlich begabten Menschen abweichen; insbesondere kann der viel zitierte dysfunktionale Perfektionismus nicht als hochbegabungsspezifisches Merkmal angenommen werden (Preckel & Vock, 2021). Lediglich für Offenheit, dem Bedürfnis nach kognitiver Herausforderung (als NFC) und positiv wirkende, hohe Ansprüche konnten höhere Ausprägungen gefunden werden[24].

Gesundheitsbezogene Merkmale

Obwohl das Stereotyp des »verrückten Genies« eine so lange Historie aufzuweisen hat, lassen sich wenige empirische Studien zu psychischen Störungen bei Hochbegabten finden (Dai et al., 2011). Viele Untersuchungen unterliegen zudem noch nennenswerten Einschränkungen, bspw. werden nicht immer einheitliche Definitionen von Hochbegabung verwendet, es fehlen Vergleichsstichproben oder es werden unterschiedliche Messinstrumente für die Erfassung psychischer Störungen verwendet (Martin et al., 2010). In einem aktuellen Review wird am Ende resümiert: »Overall, the results leave no room for an unambiguous answer to this question, since some studies have revealed an association whereas others have not« (Tasca et al., 2024). Auch wenn in der Literatur Widersprüchliches zu finden ist, kann zumindest durch aktuelle Untersu-

---

24 Dementsprechend wäre der übliche Rat an Hochbegabte, doch weniger hohe perfektionistische Ansprüche zu haben, vor dem Hintergrund der intellektuellen Fähigkeiten, der Offenheit für Neues, dem Bedürfnis nach kognitiver »challenge« und dem Ansporn, es wirklich gut machen zu wollen, quasi einer Aufforderung gleich, die eigenen hochbegabungsimmanenten Merkmale und Motive zu verleugnen!

chungsergebnisse zusammenfassend angenommen werden, dass Hochbegabte genauso anfällig bzw. nicht anfällig für psychische Erkrankungen sind wie durchschnittlich Begabte (Duplenne et al., 2024; Martin et al., 2010; Williams et al., 2022). Es finden sich sogar Belege dafür, dass Hochbegabte insgesamt mehr adaptive Copingstrategien (bspw. hohes Selbstbewusstsein sowie soziale Skills) aufweisen (Francis et al., 2016).

> **Exkurs: Hyper Brain/Hyper Body Theory**
>
> In diesem Zusammenhang finden sich in etlichen Ratgeberbüchern auch Hinweise, dass bei Hochbegabten vermehrt Allergien und/oder Autoimmunerkrankungen aufträten. Vielfach wird die Studie von Karpinski und anderen (2018) angeführt, in welcher sich die Autoren auf die erhöhte Reagibilität des zentralen Nervensystems im Rahmen einer angenommenen Übererregbarkeit (sog. *Overexcitability*[25]) bei Hochbegabten beziehen. Hierbei würden alle Hochbegabten auf normale Reize physisch wie psychisch intensiver reagieren, was zu chronischem Stress und physiologisch zu einer Aktivierung des sympathischen Nervensystems führe, was wiederum eine Immundysregulation nach sich ziehe. Die Autoren geben an, dass die Kombination von hoher Intelligenz und verschiedenen Allergien »is not only a common stereotype, it is also verified in the scientific literature« (S. 9). Hierbei beziehen sie sich jedoch auf drei Untersuchungen aus den Jahren 1966, 1985 und 1986 und erwähnen nicht, dass sich – nach eigener Recherche – keine weitere aktuelle Publikation finden lässt. Kritisch anzumerken ist, dass in ihrer Studie lediglich Angaben in der Selbstauskunft (statt fachlich gestellte Diagnosedaten) herangezogen wurden, um die erhöhten Auftretensraten von Allergien, Asthma und Autoimmunerkrankungen zu zeigen. Die Autoren stellen schließlich ihre Hyper Brain/Hyper Body Theory vor, in welcher ein Zusammenhang zwischen hoher Intelligenz und »Worrying« aufgezeigt wird, was zu Stress und psychischen wie physischen Störungen führe. Zwar lässt sich belegen, dass intelligentere Menschen ein erhöhtes Auftreten von sich

---

25 Das Konzept der Overexcitability wird in ▶ Kap. 4.3 noch einmal aufgegriffen.

> wiederholenden Gedanken (im Sinne von Sorgen, Planen, Verarbeiten, Nachdenken, Grübeln) haben (Segerstrom et al., 2017). Diese sind jedoch sowohl mit positiven wie auch negativen psychischen Zuständen und einer erhöhten Bandbreite an regulatorischen Strategien verbunden, so dass die psychische wie physische Gesundheit begünstigt werde (Segerstrom et al., 2017). Auch in einer aktuellen Untersuchung (samt Vergleichsstichproben) lässt sich für erwachsene Hochbegabte feststellen, dass nur erhöhte Prävalenzen für *einige* Allergien, bspw. Nahrungsmittel, jedoch nicht für Heuschnupfen oder Asthma nachgewiesen werden konnten (Williams et al., 2022), was somit einer generellen Immundysregulation widerspricht[26].

Auch wenn kein erhöhtes Risiko für psychische Störungen für Hochbegabte belegt werden konnte, häufen sich dennoch Hinweise auf psychische Fehldiagnosen bei hochbegabten Kindern und Erwachsenen, da hochbegabungsspezifische Merkmale als pathologisch fehlinterpretiert werden (Zirbes-Domke & Liebert-Cop, 2018). Webb und andere (2020) führen in ihrem ausführlichen Buch über Doppel- und Fehldiagnosen bei Hochbegabten die landesweite SENG[27]-Umfrage in den USA an, in welcher sich die Überdiagnostizierung etlicher psychischer Störungen bei hochbegabten Kindern im Vergleich zu Kindern im Allgemeinen gezeigt hat. In den Studien von Heil (2021a/b) gaben 26 % bzw. 8,62 % der

---

26 Am Beginn der Corona-Pandemie wurde die Diskussion um Hyper Brain/Hyper Body von Hull und anderen (2021) wieder aufgegriffen. Sie beziehen sich u. a. auf die Ergebnisse von Karpinski und anderen (2018) und beschreiben eine potenzielle psychoneuroimmunologische Vulnerabilität bei hochbegabten Kindern, insbesondere PIMS (pediatric inflammatory multisystem syndrome) als Folge einer SARS-CoV-2-Infektion zu entwickeln. Dieses Erkrankungsbild hat am Beginn der Pandemie in der Berichterstattung für Schlagzeilen gesorgt. Sie sehen Hinweise auf einen möglichen Zusammenhang zwischen hohem IQ und einer Immundysregulation nach Virusinfektionen und möchten zu weiterer Forschung anregen. Aktuell erschien im Fachmagazin Nature eine Studie, nach der die schwere Entzündungsreaktion PIMS bei Kindern wohl mit der Reaktivierung eines anderen Virus, dem Epstein-Barr-Virus, zusammenhängt (Goetzke et al., 2025).
27 Non-Profit-Organisation Supporting Emotional Needs of the Gifted (SENG).

deutschen Mensa-Teilnehmenden mit Therapieerfahrung in der Selbstauskunft an, eine Fehldiagnose erhalten zu haben, welche später wieder revidiert worden sei.

In diesem Zusammenhang kann – nach Ansicht der Autorin – auch auf den Sprachgebrauch geachtet werden: Wird eine Hochbegabung »diagnostiziert« statt attestiert, gemessen oder festgestellt, impliziert es doch, dass Hochbegabung als Diagnose erscheint und demnach in die Klassifikation der psychischen Störungen fällt – dabei findet sich (im Vergleich zur Intelligenzminderung) Hochbegabung (zu Recht) *nicht* in den (aktuellen wie früheren) Klassifikationssystemen für psychische Störungen (bspw. ICD-10/ICD-11, DSM-5).

Fazit: Empirische Befunde belegen ein ausgeglichenes Bild über Hochbegabte und widerlegen die stereotypen Laienannahmen: »this dichotomous vision of giftedness (i.e., »mad genius« vs. »perfect individual«) is not adequate with scientific literature« (Duplenne et al., 2024, S. 75).

Teil I Hochbegabung verstehen

Es lässt sich einheitlich feststellen, dass die Persönlichkeits-, Begabungs- und Leistungsprofile Hochbegabter heterogener sind als gedacht. *Die typische »Hochbegabungspersönlichkeit« gibt es nicht!* *Die typische »hochbegabte Person« gibt es auch nicht!*

In der Auseinandersetzung mit dem eigenen hochbegabten Sein ist es zielführend, einmal selbst zu überlegen, welche Vorurteile im Laufe der eigenen Biografie hinsichtlich Hochbegabung/Hochbegabten implizit gelernt wurden. Wie haben Familienmitglieder, Mitschüler, Lehrer oder Freunde über Hochbegabte gesprochen oder sich gegenüber Hochbegabten verhalten? Welches Bild wurde über Mediendarstellungen vermittelt? Welche Stereotype haben sich vielleicht selbst in einem verankert? Die Bedeutung dieser impliziten Überzeugungen und Annahmen wird an späterer Stelle vertieft (▶ Kap. 6.2).

Interessierte Lesende sind zu Arbeitsblatt 3.1 eingeladen.

4 Hochbegabung + ... In mehrfacher Hinsicht nicht durchschnittlich

Im Folgenden werden Merkmalsbereiche überblicksartig vorgestellt, die bei einigen hochbegabten Personen zusätzlich eine Rolle spielen können. Auch diese werden unter wissenschaftlich-fundierter Perspektive beleuchtet und differenziert, um nicht Aspekte davon (wie bspw. Hochsensibilität, autistische Züge oder Aufmerksamkeitsprobleme) unreflektiert zur Hochbegabung dazuzuzählen.

> Treffen ein oder mehrere Merkmale – neben der reinen Hochbegabung – zu, ist das eigene Erleben in mehrfacher Hinsicht eben nicht »durchschnittlich«. Dementsprechend prägen auch diese Merkmale die jeweiligen biografischen Erfahrungen und erscheinen, falls vorhanden, für die weitere eigene Reflexion relevant.
> Interessierte Lesende sind am Ende des Kapitels zu Arbeitsblatt 4.1 eingeladen.

4.1 Neurodivergenz: Autismus-Spektrum-Störung, ADHS und andere

Der Begriff Neurodiversität scheint in letzter Zeit immer populärer zu werden (vgl. Spektrum der Wissenschaft Kompakt, 2023), so tauchen doch vermehrt Onlinebeiträge oder Videoposts zu diesem Thema auf (vgl. Aragon-Guevara et al., 2023). Wie schon im einleitenden Kapitel des Buches geschrieben, »spuckt« Google bei der Eingabe »Hochbegabte sind…« Vorschläge aus, die da lauten »neurodivers«, »Autisten«, »unordentlich«, was bedeuten würde, dass wohl jede hochbegabte Person auch autistische und ADHS-Züge hat?!

Der Beginn der sog. Neurodiversitäts-Bewegung lässt sich auf die 1990er Jahre datieren; diese wurde von autistischen Menschen für mehr

Akzeptanz in der Gesellschaft initiiert (Jaarsma & Welin, 2012). Das »klassische« medizinische Krankheitsparadigma wird unter diesem Blick um eine Diversitätsperspektive erweitert (Armstrong, 2015), nämlich dass eine neuronale Verschaltung im Gehirn, die nicht dem Typischen entspricht, nicht gleich krank bedeutet. Während es also in diesem Sprachgebrauch sog. *neurotypische* Menschen gibt, deren neurologische Entwicklung normentsprechend verläuft, gibt es auch sog. *neurodivergente* Menschen, deren neurologische Entwicklung außerhalb eines typisch zu erwartenden Bereichs liegt (Pellicano & den Houting, 2022)[28]. Der Begriff der Neurodiversität wurde erstmals von Judy Singer in ihrer Bachelorarbeit eingeführt, welche den Titel trug »Odd people in. The birth of community amongst people on autistic spectrum. A personal exploration of a new social movement based on neurological diversity« (Singer, 2017). Neurobiologische Unterschiede werden demnach als natürliche menschliche Disposition wahrgenommen, im Sinne einer Varianz mit jeweiligen Stärken und Schwächen (Armstrong, 2015). Dabei werden Diagnosen nicht verleugnet, vielmehr soll dem Individuum als Ganzes in seiner Varianz begegnet werden. Aktuell werden mehrere neurologische Entwicklungsbedingungen unter Neurodivergenz zusammengefasst, bspw. Autismus-Spektrum-Störung (ASS), Aufmerksamkeitsdefizit-/Hyperaktivitätsstörung (ADHS), Legasthenie[29], Dyskalkulie[30] und weitere (Baron-Cohen, 2017)[31].

In der englischsprachigen Literatur werden Personen, die in zweifacher Hinsicht »außergewöhnlich« sind, als sog. *twice exceptional (2e)* bezeichnet. Sie weisen sowohl eine weit überdurchschnittliche kognitive Fähigkeit durch die vorliegende Hochbegabung als auch eine oder mehrere Beeinträchtigungen auf, bspw. beim Lesen, Schreiben, Lernen, Verstehen sozialer Interaktionen oder bei der der Aufmerksamkeitsfokussierung,

---

28 Der Begriff *neurodivers* ist demnach ein Sammelbegriff für eine Gruppe von neurodivergenten und neurotypischen Menschen (Pellicano & den Houting, 2022).
29 Lese- und Rechtschreibschreibstörung
30 Rechenstörung
31 Mittlerweile sind eine Vielzahl an (fachlichen) Ratgeberbüchern zu den jeweiligen Störungen erschienen. Für einen vertiefenden Einblick wird auf entsprechende Werke verwiesen.

eben durch eine gleichzeitig vorhandene Diagnose aus dem neurodivergenten Spektrum (Baum & Schader, 2021; Neihart, 2008). Bedauerlicherweise gibt es jedoch heute noch Fachpersonen, die eine simultane Beeinträchtigung *und* eine Hochbegabung als inkompatibel ansehen (Reis et al., 2014). Da oft einheitliche Definitionen für 2e fehlen bzw. unterschiedliche Definitionen von Hochbegabung angelegt werden, finden sich in der Literatur an manchen Stellen noch Argumente, dass bspw. Hochbegabung und ADHS kaum zusammen auftreten können; so resümiert Stapf (2010a), dass der ADS-Typus bei Hochbegabten auszuschließen wäre, »da für herausragende Leistungen immer die Fähigkeit vorhanden sein muss, die Aufmerksamkeit zu fokussieren und aufrechtzuerhalten« (S. 315). Somit würde eine einseitige Performanzdefinition (▶ Kap. 1.2) zugrunde gelegt und insgesamt angenommen, dass die Diagnose ADHS bei Hochbegabten unangebracht und irreführend erscheinen würde. Gyseler (2021) fasst hingegen die aktuelle Datenlage realistisch zusammen, dass nämlich ca. 5 % der Hochbegabten von ADHS betroffen sind. ADHS und ASS teilen sich sogar einen Teil der genetischen Varianz, so dass sie auch gehäuft zusammen auftreten (Schöttle et al., 2019); in diesem Fall würde man dann wohl von einer »multi-exceptionality« sprechen.

Obwohl die Gruppe der 2e-Personen zwar mehr in den wissenschaftlichen Fokus rückt, mangelt es noch immer an umfassenden empirischen Daten (Foley Nicpon et al., 2011). Gelbar und andere (2021) fanden in einem systematischen Review über hochbegabte Autisten zwischen 1996 und 2019 insgesamt 32 Studien, welche die Einschlusskriterien erfüllten. Von diesen beinhalteten nur 62,5 % statistische Daten, der Rest umfasste Fallstudien oder war deskriptiv ausgerichtet. Die meisten aktuellen Untersuchungen zu 2e beziehen sich auf Verhaltensmuster, Copingstrategien oder die damit verbundenen emotionalen und sozialen Charakteristika von 2e-Schülern (Neihart, 2008). Dabei sind Jungen in den Studien disproportional überrepräsentiert (Assouline & Whiteman, 2011). Somit bleiben auch heute noch viele Fragen zu dieser besonderen Gruppe offen.

»Twice exceptional individuals evidence exceptional ability and disability, which results in a unique set of circumstances. Their exceptional ability may dominate, hiding their disability; their disability may dominate, hiding their exceptional ability; each

may mask the other so that neither is recognized or addressed« (Baldwin et al., 2015, S. 212).

Aufgrund dieses komplexen Zusammenspiels werden oftmals entweder die Hochbegabung oder aber die Neurodivergenz nicht frühzeitig entdeckt, weshalb viele Betroffene erst im Erwachsenenalter beginnen, sich damit auseinanderzusetzen. Dabei wäre es nach Studienlage zielführend, gerade bei den – paradox anmutenden – Kombinationen von Fähigkeiten und Beeinträchtigungen mit oftmals gegenläufigen Bedürfnissen (bspw. nach kognitivem Input vs. Reizreduktion), die betroffenen Kinder frühzeitig zu identifizieren und zu fördern (Baum & Schader, 2021; Reis et al., 2014). Ein falscher Schluss wäre auch, dass die bestehende Hochbegabung die Beeinträchtigungen einfach ausgleichen würde: Bspw. kann für hochbegabte Kinder mit ADHS ein ähnliches Muster an psychischen Belastungen wie bei durchschnittlich begabten ADHS-Betroffenen belegt werden (Antshel et al., 2009). Die Betrachtung beider Komponenten ist daher notwendig, was folgendes Zitat eines 2e-Schülers plastisch ausdrückt: »Mentally I'm probably 2 or 3 years ahead of most kids my age, but socially I'm probably 2 or 3 years behind. So I'm stuck in this sort of weird time-warp thing where I'm at the same time younger and older than kids my age« (Baum et al., 2014, S. 320). Aufgrund dieser Asynchronizität zwischen dem, was sie besser als andere können, und dem, was sie schlechter können, sind Betroffene zum Teil (stark) psychisch belastet; diese Dualität und deren Auswirkung sind oft nicht leicht zu akzeptieren (Foley Nicpon et al., 2011; Reis et al., 2014).

> Etliche 2e-Erwachsene berichten (in der therapeutischen Arbeit), nachdem die Hochbegabung festgestellt wurde, dass es sich anfühlen würde, als ob ein weiteres, wesentliches »Puzzleteil« fehle, um sich selbst gänzlich verstehen zu können. Zumeist findet sich die Person eben nicht ganz in der Beschreibung des einen oder des anderen wieder oder fühlt sich von anderen Hochbegabten oder anderen Menschen mit derselben Diagnose nicht in Gänze verstanden. Auch die biografischen Lernerfahrungen mit dieser Dualität werden von »nur« Hochbegabten eben nicht gleichermaßen erlebt.

Auch wenn eine entsprechende Diagnose im Kindes-/Jugendalter nicht gestellt worden ist, kann es bei einem Verdacht im Erwachsenenalter noch sinnvoll sein, eine entsprechende Anlaufstelle für Diagnostik/ Beratung aufzusuchen. In vielen Städten existieren mittlerweile spezialisierte Fachambulanzen/-zentren, auch wenn die Wartezeiten aufgrund nur weniger Anlaufstellen oftmals lang sind (van Elst, 2019).

4.2 LGBTIQ: Diversität in Geschlechtsidentität, Gender und sexueller Orientierung

In der populärwissenschaftlichen Literatur werden Geschlechtsdifferenzen zuweilen überspitzt dargestellt; diese sollten jedoch mit Bedacht betrachtet werden, denn häufig ähneln sich die Geschlechter mehr als sie sich unterscheiden (vgl. Hyde, 2005). Auch für die allgemeine Intelligenz können keine bedeutsamen Geschlechtsunterschiede nachgewiesen werden (Endepohls-Ulpe, 2012). Betrachtet man die Gruppe der Hochbegabten, stellt sich die Frage, inwieweit sich hier Männer und Frauen am oberen Rand der Kompetenzskala unterscheiden: Einige Ergebnisse weisen darauf hin, dass Jungen sowohl am oberen als auch am unteren Rand der Kompetenzskala über- und folglich im mittleren Begabungsbereich unterrepräsentiert sind; jedoch werden in den letzten Jahrzehnten die Unterschiede im weit überdurchschnittlichen IQ-Bereich kleiner und die Geschlechtsunterschiede scheinen hierbei von soziokulturellen Faktoren abhängig zu sein (Bergold et al., 2017). Da Mädchen/Frauen Wettbewerbssituationen eher ablehnen und durch mehr Gründlichkeit und Genauigkeit bei zeitbegrenzten Aufgaben tendenziell schlechter abschneiden, werden wohl Geschlechtsunterschiede je nach Art des gewählten IQ-Tests gefunden (Endepohls-Ulpe, 2012) – diese Abhängigkeit von den jeweiligen Bewertungskriterien konnte auch in einer Metastudie gezeigt werden (Peterson, 2013). Zudem sind Frauen in den sog. MINT-

Disziplinen[32] noch immer unterrepräsentiert (Su & Rounds, 2015). (Hochbegabte) Mädchen und Frauen scheinen hinsichtlich ihrer Identität und ihrer Selbstwahrnehmung mehr von sozialen Aspekten geleitet, bspw. Verbundenheit mit anderen (Endepohls-Ulpe, 2012): Dies kann einerseits dazu führen, dass sie sich mehr an Peers anpassen und ihr Leistungspotenzial nicht ausschöpfen, aber auch eine Erklärung dafür sein, dass sich Frauen andere Tätigkeitsfelder als MINT suchen, um die sozialen Ziele und Werte ausleben zu können (Diekman et al., 2010; Su & Rounds, 2015). Auch Quaiser-Pohl (2012) zeigte für Deutschland auf, dass die Wahl des Studienfachs stark geschlechterstereotypisiert erfolgt. Außerdem lassen sich weibliche Rollenmodelle für MINT-Fächer noch immer spärlich finden (Heilemann et al., 2012). Gerade durch die *Geschlechterrollen* können sich Spannungsfelder ergeben: Es finden sich Hinweise, dass sich hochbegabte Mädchen in ihrer Entwicklung eingeengt fühlen, d. h., sie erleben einen Konflikt zwischen sozialem Eingebundensein und der Entfaltung ihres intellektuellen Potenzials (Reis & Sullivan, 2009). Und hochbegabte Jungen zeigen durch das Einnehmen der Genderrolle, um sich als »ein typischer Junge« zu verhalten, zuweilen schlechtere Leistungen im Vergleich zu ihrem Leistungspotenzial (Kerr & Multon, 2015).

Während also Geschlechtsunterschiede bei Hochbegabten häufiger untersucht sind, wird der *Genderaspekt* oder die *sexuelle Identität* oft nur geringfügig bis gar nicht beleuchtet (Hutcheson & Tieso, 2014). Dabei ist ebenso relevant, welche Genderrolle bei welcher sexuellen Orientierung oder Geschlechtsidentität eingenommen wird und wie traditionell, d. h. heteronormativ[33], diese ist (Diekman et al., 2010).

In der heutigen Zeit weichen die traditionellen geschlechtsspezifischen Kategorien allgemein immer weiter auf (Miller et al., 2009). In Bezug auf Hochbegabte finden sich in der Literatur Hinweise, dass Jugendliche sich

---

32 MINT bezeichnet als Akronym Mathematik, Informatik, Naturwissenschaften und Technik.
33 »Heteronormativität beschreibt die (weitgehend) unreflektierte gesellschaftliche Norm des ausschließlich gegengeschlechtlichen Begehrens (Heterosexualität), die als naturgegeben angesehen wird« (Landeshauptstadt München, Glossar, 2021, S. 5).

weniger »klassisch« an vorgegebene soziale Normen anpassen und mehr Diversität akzeptieren als ihre Peers (Wexelbaum & Hoover, 2014). Aufgrund der spärlichen Studienlage lassen sich allerdings keine aussagekräftigen belegbaren Zahlen aufführen, wieviel Prozent der Hochbegabten LGBTIQ[34] sind (Lo et al., 2022). Zumeist werden Positionspapiere von Institutionen, Meinungsäußerungen auf Blogs, Literaturreviews oder Einzelfallstudien publiziert (Hutcheson & Tieso, 2014). Walch und andere (2020) untersuchten für den LGBTIQ-Bereich gezielt, inwieweit sich die Forschungsinhalte und -designs über die letzten Jahre veränderten: Trotz Zunahme an Untersuchungen in absoluten Zahlen (jedoch nicht prozentual) gibt es weiterhin fast ausschließlich nichtexperimentelle deskriptive oder beobachtende Forschung mit kleinen Stichproben und unzureichenden Angaben über deren Charakteristika. Zudem beziehen sich die meisten Studien mit Hochbegabten – nach eingehender Recherche – auf lesbische, schwule, bisexuelle, trans- und queere Menschen, so dass die Ergebnisse nicht unreflektiert auf intergeschlechtliche hochbegabte Menschen übertragen werden können[35].

Gegenstand der Untersuchungen sind vor allem Themen wie Identitätsfindung und -entwicklung, die Beziehungen zu den Peers, die Auswirkungen der sozialen Unterstützung (von Seiten der Eltern, Lehrer oder Peers) und inwieweit eine Hochbegabung einen positiven, also protektiven Effekt, auf die Bewältigung der emotionalen Anforderungen in Folge der komplexen Identitätsfindung oder bei bestehenden Ausgrenzungs-/Mobbingerfahrungen hat (Dunne, 2023; Hutcheson & Tieso, 2014). Es finden sich zwar Hinweise, dass hochbegabte LGBTQ-Personen verschiedene hilfreiche soziale Copingstrategien anwenden, um mit den Herausforderungen umzugehen und sich differenzierter mit der eigenen Identität auseinandersetzen, allerdings gibt es auch Belege, dass sie sich genauso isoliert oder stigmatisiert fühlen wie durchschnittlich begabte

---

34 Abkürzung für Lesben, Schwule, Bisexuelle, trans-, inter- und queere Menschen; dabei steht der oftmals hinzugefügte sog. Genderstern (LGBTIQ*) für die Vielzahl an Möglichkeiten für sexuelle und geschlechtliche Identitäten (Landeshauptstadt München, Glossar, 2021).

35 Die folgenden beschriebenen Studienergebnisse beziehen sich also nicht immer auf LGBTIQ-Personen, so dass explizit nur die Gruppe benannt wird, die untersucht wurde (bspw. nur LGB oder LGBTQ etc.).

LGBTQ-Personen und ebenso den Herausforderungen des coming-out-Prozesses begegnen müssen (Lo et al., 2022; Tuite et al., 2021). Hochbegabte LGBTQ-Personen »may feel torn between balancing various aspects of their identity« (Dunne, 2023, S. 60). Vielfach wird daher betont, dass ein unterstützendes soziales Umfeld für diese Personengruppe so wichtig erscheint[36]: Sie erlebt in zweifacher Hinsicht Herausforderungen hinsichtlich der Identitätsentwicklung, nämlich inwiefern sich, in welchem Ausmaß, in welchem Kontext authentisch gezeigt oder (im Sinne eines Maskings) angepasst werden soll, wobei gerade ein zu viel von Letzterem Auswirkungen auf die psychische Gesundheit haben kann (vgl. Dunne, 2023).

Auch der Hochbegabtenverein Mensa (▶ Kap. 8.3) bietet in sog. Special Interest Groups (SIGs) Austausch und Treffen für LGBTIQ-Personen an.

4.3 Hochsensibilität: Intensität der Reizwahrnehmung und -verarbeitung

In vielen populärwissenschaftlichen Beschreibungen über hochbegabte Menschen findet sich auch das Attribut »hochsensibel«. Dabei scheint dies zum einen deskriptiv verwendet zu werden, bspw. um zu verdeutlichen, dass Hochbegabte feinfühlig, detailliert und tiefgründig Dinge wahrnehmen bzw. sich damit auseinandersetzen. Zum anderen findet sich der Begriff auch im Sinne des psychologischen Konzepts der Hochsensibilität/

---

36 An späterer Stelle im Buch wird gerade die Relevanz des Identitätsentwicklungsprozesses bei Hochbegabten aufgegriffen und ein Modell der Entwicklungsstufen vorgestellt (▶ Kap. 6.2). Für hochbegabte LGBT-Personen wurden sogar abweichende Identitätsentwicklungsstufen postuliert (Sedillo, 2022), was noch einmal die Relevanz eines unterstützenden Umfeldes, welches ähnliche Erfahrungen sammelt, betont.

Hochsensitivität[37] (nach Aron & Aron, 1997). Zudem erscheinen Bücher, die Hochbegabte und Hochsensible gleichermaßen ansprechen und damit – nach Ansicht der Autorin – vermitteln, dass beide Phänomene austauschbar oder miteinander unweigerlich verbunden seien und nicht zuletzt, dass hochbegabte Menschen und hochsensible Menschen dasselbe erleben würden (dabei erleben sie allenfalls in manchen Aspekten das gleiche!).

Exkurs: Differenzierung nötig

In vielen gemeinsamen Darstellungen zu Hochbegabten *und* Hochsensiblen wird das jeweilige Erleben so stark abstrahiert, dass – in Unabhängigkeit des zugrundeliegenden Merkmals – vermeintlich dasselbe übrigbleibt, nämlich das »Anderssein«. Folgt man dieser Argumentation und wird »nur« das Sich-anders-fühlen fokussiert, müssten eigentlich Bücher für jedwede Gruppe von Menschen erscheinen, die in einem oder mehreren Merkmalen von der Majorität abweichen und sich somit anders fühlen. Nach Ansicht der Autorin ist dies auf einer konkreteren, handlungsrelevanteren Ebene jedoch *nicht* in Unabhängigkeit vom zugrundeliegenden Merkmal zu betrachten, d. h., eine autistische Person fühlt sich anders »anders« als eine hochbegabte Person, als eine Person mit diagnostizierter Borderline-Störung, als eine queere Person, als eine hörbeeinträchtigte Person, als eine hochsensible Person und so fort. Demnach würden die daraus abgeleiteten Hilfestellungen im Umgang mit dem Gefühl, anders zu sein, auch auf einer allgemeinen Ebene verbleiben und den spezifischen Aspekten jedoch nicht Rechnung tragen. Darüber hinaus würde mit der Betonung des vermeintlichen gemeinsamen Nenners, des »Andersseins«, (zu) sehr das scheinbar Trennende zwischen sich und einer Majorität betont, statt einfach nur das eigene spezifische Erleben und Verhalten zu erkunden – denn schließlich ist das die Lebensaufgabe hinsichtlich der Identitätsentwicklung eines *jeden* Menschen, sich in der eigenen

---

37 In manchen Beiträgen wird das ursprünglich englische Konzept mit Hochsensibilität übersetzt, in anderen mit Hochsensitivität. Im Folgenden wird erstere Formulierung verwendet.

Individualität kennenzulernen und sich *gleichzeitig* einer sozialen Gruppe zugehörig fühlen (Greve & Thomsen, 2019).

Deshalb geht es auch im Folgenden nicht nur um eine bloße Umschreibung von Hochsensibilität, sondern das Konzept wird unter einer wissenschaftlichen Perspektive dargestellt.

Noch immer scheint Hochsensibilität durch eine Vielzahl an esoterisch-spirituellen Ratgeberbüchern als etwas Unwissenschaftliches abgestempelt zu werden; tatsächlich existieren mittlerweile zahlreiche wissenschaftliche Befunde, die klar belegen, dass Hochsensibilität ein eigenes Temperamentsmerkmal (in Unabhängigkeit von früher angenommenen Überschneidungsbereichen mit anderen Konzepten, bspw. Introversion, Neurotizismus etc.) darstellt (Krampe & van Randenborgh, 2023). Menschen mit Hochsensibilität weisen eine Besonderheit in der Wahrnehmung und Verarbeitung von Reizen auf: Umweltreize werden intensiver wahrgenommen, wirken also auf diese Menschen intensiver und führen demnach zu einer intensiveren physiologischen, aber auch emotionalen Reaktion sowie zu einer tiefgreifenden kognitiven Verarbeitung, d. h. mehr Aufmerksamkeit und Elaboration der Wahrnehmungen (Aron et al., 2012; Krampe & van Randenborgh, 2023). Die in vielen Büchern zu findende Abkürzung »HSP« steht dabei für »highly sensitive person« und das Temperamentsmerkmal wird dabei als »sensory processing sensitivity (SPS)« beschrieben, was ursprünglich von Aron und Aron (1997) geprägt und eingeführt wurde.

Die Besonderheiten in der Reizwahrnehmung und -verarbeitung lassen sich wie folgt zusammenfassen (Aron, 2014; Aron et al., 2012; Krampe & van Randenborgh, 2023):

- *Übererregung:* HSP erleben schneller einen Zustand der Überstimulation durch Reize mit einem hohem Aktivierungsgrad im Gehirn; bspw. resultiert durch laute Geräusche, grelle Lichter etc. eine psychophysiologische Anspannung, welche mit Stresserleben, Nervosität, Abnahme der kognitiven Kapazität und Erschöpfung einhergeht.

- *Ästhetische Sensitivität und Wahrnehmung von Feinheiten:* HSP sind offen für verschiedene Künste, lassen sich dadurch tief berühren, achten auf feine Details und subtile Aspekte in bspw. Musik, Poesie etc.
- *Hohe Emotionalität:* HSP werden von Erfahrungen, Ereignissen und Reizen intensiv emotional berührt und reagieren dadurch einerseits sehr kritikempfindlich, andererseits aber auch mit hoher Empathie; die hohe Emotionalität ist zudem mit tiefgründigen Gedanken bis hin zu Grübeln verbunden.
- *Verhaltenshemmung:* HSP benötigen Zeit und kognitive Kapazität für die Verarbeitung der intensiv wahrgenommenen Reize, so dass es häufig in unbekannten Situationen zu einer Verhaltenshemmung führt; es ist weniger eine Schüchternheit oder Angst, sondern resultiert aus der Überfrachtung mit Reizen.

Die Angaben zur Auftretenshäufigkeit variieren zwischen 15–20 % (Aron, 2014) oder 20–31 % (Herzberg et al., 2022), wobei übergreifend angenommen werden kann, dass ca. 20 % der Gesamtbevölkerung hochsensibel sind (Krampe & van Randenborgh, 2023). Interessant ist, dass Männer und Frauen gleich häufig betroffen sind und innerhalb des Merkmals drei Sensibilitätsgruppen gefunden werden konnten (20–23 % Hochsensibilität, 41–47 % moderate Sensibilität, 25–35 % geringe Sensibilität) (Aron et al., 2012; Krampe & van Randenborgh, 2023). Hochsensibilität ist per se nichts Pathologisches: Studien belegen entweder einen positiven Effekt auf die Lebenszufriedenheit, insbesondere bei vorhandener Selbstakzeptanz der emotionalen und physiologischen Reaktionen, oder negative Effekte im Sinne von erhöhter Stressbelastung, geringerer Zufriedenheit oder mehr Ängstlichkeit im Zusammenhang mit ungünstigen Umweltbedingungen (Krampe & van Randenborgh, 2023).

Was lässt sich nun zu Hochsensibilität bei Hochbegabten sagen? »In conclusion, large-scale empirical studies on the relationship between giftedness and SPS are rather scarce, and findings are mixed or not comparable because of different definitions or operationalizations« (Samsen-Bronsveld et al., 2024, S. 193). Es lassen sich in der Tat wenige Studien finden, die den Zusammenhang näher untersuchen: bspw.

- Samsen-Bronsveld und andere (2024) konnten keine signifikanten Unterschiede zwischen hochbegabten (= weit überdurchschnittlichen) Kindern und Kindern mit über-, durch- und unterdurchschnittlichen kognitiven Fähigkeiten hinsichtlich des Ausmaßes der Hochsensibilität feststellen.
- De Gucht und andere (2023) fanden heraus, dass hochbegabte Erwachsene (im Vergleich zu einer Kontrollgruppe) niedriger auf den negativen Dimensionen der Hochsensibilität und höher auf den positiven Dimensionen scoren, brachten dies jedoch in Verbindung mit der nachgewiesenen niedrigeren Ausprägung für emotionale Labilität (Neurotizismus) und der höheren Ausprägung für Offenheit (▶ Kap. 3.2).

Demnach ist es verwunderlich, wie häufig Beiträge für hochsensible, hochbegabte Menschen gleichermaßen erscheinen, denn eine aussagekräftige Zahl, wie viele Hochbegabte denn nun hochsensibel sind, scheint es – nach eingehender Recherche – nicht zu geben. Damit lässt sich nur die allgemeine Angabe von 20 % der Gesamtbevölkerung zugrunde legen.

»Our findings raise the question of why heightened sensitivity is often mentioned as a characteristic of giftedness [...]. The link comes primarily from observational and anecdotal evidence in which gifted individuals are described as more sensitive and from empirical studies of OEs [overexcitabilities] in gifted individuals [...]. This may be the bias for the proclaimed assumption about giftedness and SPS« (Samsen-Bronsveld et al., 2024, S. 198).

Der in diesem Zitat genannte Bias, der aus empirischen Untersuchungen zu der sog. *Overexcitability (OE)* resultiert, soll im Folgenden noch kurz beleuchtet werden.

Gerade in englischsprachigen Veröffentlichungen zum Thema Hochsensibilität oder Intensität wird das Konzept der OE (anstatt HSP in deutschsprachigen Beiträgen) herangezogen (bspw. Daniels & Piechowski, 2008). OE wird dabei im Deutschen oft mit »erhöhter Sensibilität« oder »Übererregbarkeit« übersetzt und weist damit sprachlich Ähnlichkeiten zum HSP-Konzept auf. Dabei ist die OE ein Teilkonzept der Theorie der Positiven Desintegration, die 1964 von Dabrowski entwickelt wurde und eine Theorie der Persönlichkeitsentwicklung im Allgemeinen darstellt (Dabrowski, 2016). Hierbei wird in vielen Beiträgen oftmals angenommen, dass *jeder* Hochbegabte auch eine erhöhte OE besitzt und sogar, dass Hochbegabung und OE gleichgesetzt wird, was zu Recht kritisiert wird, denn OE ist kein atheoretisches Konstrukt, sondern eingebettet in eine Theorie (Mendaglio, 2010).

> **Exkurs: Theorie der Positiven Desintegration (Dabrowski)**
>
> Der Entwicklungsprozess einer Person wird als positive Desintegration angenommen, durch die eine niedrigere Persönlichkeitsstruktur durch eine höhere ersetzt wird (Ackerman, 2009). Durch ein hohes Entwicklungspotenzial, d. h. die angeborenen konstitutionellen Merkmale und Möglichkeiten einer Person (insb. OE), kann sich eine Person mit den Einflüssen der sozialen Umwelt auseinandersetzen, allerdings nur, wenn diese Gegebenheiten (Ereignisse etc.) nicht einfach hingenommen werden, sondern wenn sich die Person motiviert damit auseinandersetzt (Ackerman, 2009; Mendaglio, 2010). Damit stellt diese Motivation, diese Bereitschaft, das »sine qua non of the developmental process« dar (Mendaglio & Tillier, 2006, S. 80). Dabrowski nimmt an, dass dieser Faktor nicht bei jedem Menschen vorhanden ist und dass sich die Menschen in ihrem Ausmaß der OEs unterscheiden (Ackerman, 2009). Emotionen, Konflikte, Krisen sind demnach notwendig für das innere Wachstum, lösen sie schließlich den Bruch in der bisherigen psychischen Organisation aus – »wie Menschen ihre Welt und sich selbst konstruieren« (Mendaglio, 2010, S. 187). Nach fünf Stufen der Entwicklung, wenn sie denn erreicht werden, erlebt der Mensch keine inneren Konflikte mehr, lebt authentisch und übernimmt Verantwortung für sich und andere (Ackerman, 2009). Zusammenfassend ist die Entwicklung im Sinne von Dabrowski »ein Fortschreiten vom Leben als ›egozentrischer Roboter‹ hin zum altruistisch autonomen Leben« (Mendaglio, 2010, S. 186) (▶ Kap. 1.2.2).

Für eine fortgeschrittene Entwicklung ist nach Dabrowski das Vorhandensein der OE unabdingbar; dabei reagieren einige Menschen mit starker Intensität auf externale und internale Reize, was auf eine erhöhte Erregbarkeit des zentralen Nervensystems zurückgehe (Mendaglio, 2010). Diese Übererregbarkeit äußert sich in fünf Formen (▶ Tab. 4.1):

Tab. 4.1: Die fünf Formen der Overexcitability nach Dabrowski (Stark, 2024, S. 39). Beschreibung nach Mendaglio (2010) und Piechowski & Wells (2021).

Bezeichnung	Beschreibung
psychomotorisch	Äußert sich in einem Überschuss an Energie, in Bewegungsdrang, Impulsivität, schnellem Sprechen, aber auch nervösen Angewohnheiten; es entspricht einer erhöhten Energie im neuromuskulären System.
sensorisch	Zeigt sich durch besondere Freude an sinnlichen und ästhetischen Eindrücken, wie bspw. durch das Berühren von Objekten/Texturen, das Hören von Musik/Tönen oder das Schmecken von Essen; es kann aber auch mit unangenehmen Gefühlen einhergehen.
imaginativ	Äußert sich in starker Vorstellungskraft, Assoziation von Bildern, Denken in Metaphern oder klarer Visualisierung; es kann sich auch in detaillierten (Alb-)Träumen oder Angst vor dem Unbekannten manifestieren und ist mit einer niedrigen Toleranz für Langeweile verbunden.
intellektuell	Zeichnet sich durch eine hohe kognitive Aktivität aus, dem Drang, Fragen zu stellen, Dingen auf den Grund zu gehen, Beschäftigung mit Problemen, Wissensdurst oder Neugier.
emotional	Zeigt sich in intensiven Gefühlen, beinhaltet die Kapazität für intensive Beziehungen zu anderen oder Objekten/Orten, aber auch Sorge um andere, Mit- und Verantwortungsgefühl; es kann sich bspw. auch in Depression, einem hohen Sicherheitsbedürfnis oder Schüchternheit äußern.

Hochbegabung ist dabei nicht gleichzusetzen mit dem Vorhandensein aller fünf Formen der OE: Dabrowski äußerte selbst, dass hohe Intelligenz zwar notwendig, jedoch nicht hinreichend für das Erreichen höherer Entwicklungsstufen sei (Mendaglio, 2010). Dennoch erleben Hochbegabte oft ein höheres Energielevel oder setzen sich mit der Welt intensiver auseinander (Piechowski & Wells, 2021). Es lassen sich hierfür etliche Studien finden, in denen eindeutige Unterschiede für alle OEs gefunden wurden (Ackerman, 1997), während andere Studien lediglich Unterschiede in manchen OEs belegen (Mendaglio, 2010). Rost und andere (2014) wiesen jedoch darauf hin, dass bei vielen Studien oftmals kleine Stichproben, fehlende Kontrollgruppen oder variierende Hochbegabungsdefinitionen zu finden sind, weshalb die Ergebnisse nicht verallgemeinert werden können. In einer Metastudie (Winkler & Voight, 2016) konnte zwar gezeigt werden, dass hochbegabte Schüler in allen fünf Formen der OE im Vergleich zu durchschnittlich Begabten leicht höhere Werte erzielten, die Annahme, dass sich die Hochbegabten durch die OE qualitativ von anderen unterscheiden, sollte jedoch kritisch betrachtet werden. Eine von der dahinterliegenden Theorie losgelöste Erfassung der OEs würde aus einem komplexen mehrdimensionalen ein bloßes »austauschbares« Konstrukt wie andere psychologische Variablen machen (vgl. Medaglio, 2010). Zudem bedarf es deutlich mehr Forschung, um Overexcitability von Hochsensibilität zu unterscheiden (Rinn et al., 2018).

> Um den Kreis zu schließen, erleben Hochbegabte eine Art von intensiver, tiefgründiger Reizwahrnehmung und -verarbeitung, sind jedoch nicht alle hochsensibel (nach Aron & Aron).
> Ist bei einer hochbegabten Person auch eine Hochsensibilität gegeben, beeinflusst diese zusätzlich das Erleben und Verhalten der Person. Wie die jeweils vorhandenen Ressourcen und die jeweiligen Herausforderungen miteinander wechselwirken, ist bisher leider zu wenig untersucht. Erfahrungsberichte hochbegabter, hochsensibler Erwachsener (in der therapeutischen Arbeit) lassen vermuten, dass sich vornehmlich das emotionale Erleben hinsichtlich der Reizwahrnehmung und Verarbeitung intensiviert, (soziale) Reize aufgrund der Feinheiten, Details und Komplexität zuweilen mit Anstrengungserleben verbunden sind (trotz des mit der Hochbegabung verbundenen need for cognition) und das Bedürfnis nach reizarmen/-freien Zeiten im »off« erhöht scheint.
> Als Anlaufstelle kann das Netzwerk Hochbegabung und Hochsensibilität »SensIQue« (▶ Kap. 8.3) genannt werden, das Mitgliedern aus

Deutschland, Österreich und der Schweiz ermöglicht, in Kontakt und Austausch zu kommen.

Teil II Hochbegabung als Teil des Selbstkonzepts

Wie in ▶ Teil I gezeigt wurde, unterscheiden sich Hochbegabte weder qualitativ von durchschnittlich Begabten noch stellen sie eine spezifische Gruppe von Menschen mit abweichenden Persönlichkeitsmerkmalen dar. Aufgrund ihrer Begabung erleben sie sich allerdings auf eine bestimmte Weise und machen Lernerfahrungen, die von durchschnittlich Begabten nicht gleichermaßen geteilt werden. Denn »die Reaktion Dritter auf eine solche Begabung und die Herausforderungen, die ihre Begabung mit sich bringt, können die Entwicklung von Kindern zu Erwachsenen stark beeinflussen« (Freeman, 2010, S. 85). In der Regel sind die meisten – wenn nicht fast alle – Menschen in der unmittelbaren sozialen Umgebung eben nicht hochbegabt. Wird das hochbegabungsspezifische Erleben nicht gleichermaßen geteilt, kann es schließlich zu der von Hochbegabten geschilderten Wahrnehmung führen, anders zu sein oder nicht verstanden zu werden.

Im Folgenden werden zunächst hochbegabungsspezifisches Erleben und Verhalten (▶ Kap. 5) sowohl als Ressourcen als auch Herausforderungen dargestellt. Zudem wird in diesem Zusammenhang in einem Exkurs auf Höchstbegabte (im Vergleich zu Hochbegabten) eingegangen. Am Ende des Kapitels wird das Gefühl des Andersseins differenziert beleuchtet. Anschließend werden spezifische Lernerfahrungen herausgearbeitet, die hochbegabte Menschen vor dem Hintergrund ihrer Begabung über die Lebensspanne hinweg sammeln können, und aufgezeigt, welche Rolle die Hochbegabung als Teilaspekt der eigenen Identität spielt (▶ Kap. 6).

5 Hochbegabungsbezogenes Erleben und Verhalten

Brackmann (2012) hat dies vereinfacht zusammengefasst als »*mehr von allem:* mehr denken, mehr fühlen und mehr wahrnehmen« (S. 19). Um die verschiedenen Facetten des Denkens und die damit verbundenen Aspekte sortiert darstellen zu können, wurde eine Einteilung in fünf Themenkomplexe vorgenommen[38] (▶ Abb. 5.1).

Die aufgeführten Aspekte sind sicherlich nicht trennscharf und exakt voneinander abzugrenzen; ebenso sind diese nicht bei jedem hochbegabten Menschen gleich stark ausgeprägt. Wie weiter oben beschrieben, sind die bereits in der Kindheit vorhandenen kognitiven Begabungsprofile ein sehr guter Prädiktor für die berufliche Entwicklung bzw. die weitere Schwerpunktsetzung im Leben. Es ist folglich anzunehmen, dass hochbegabte Erwachsene bestimmte Facetten entsprechend ihren Stärken im Laufe des Lebens unter bestimmten Umweltbedingungen mehr ausgelebt haben als diejenigen, die ihnen nicht besonders liegen. Selbstredend können auch hemmende Bedingungen in der Biografie vorgeherrscht haben, die das authentische Zeigen des hochbegabungsbezogenen Erlebens und Verhaltens eingeschränkt ermöglicht haben.

So oder so ergibt sich für jeden Hochbegabten ein eigenes begabungsbezogenes Ressourcenprofil.

---

38 Dabei wurde sich an aktuellen Ratgeberbüchern (bspw. Brackmann, 2012; Fietze, 2019; Fleiß, 2009; García, 2015; Schwiebert, 2015), aber auch Fachbüchern (bspw. Brackmann, 2020b; Stark, 2024; Webb, 2017/2020) sowie Artikel (bspw. Heil, 2018/2021a/b; Niehues, 2021) orientiert, um eine entsprechende Zusammenschau fundiert vorstellen zu können. Für eine ausführliche Darstellung bspw. mittels Fallbeispielen sei auf die entsprechenden Ratgeberbücher verwiesen.

Teil II Hochbegabung als Teil des Selbstkonzepts

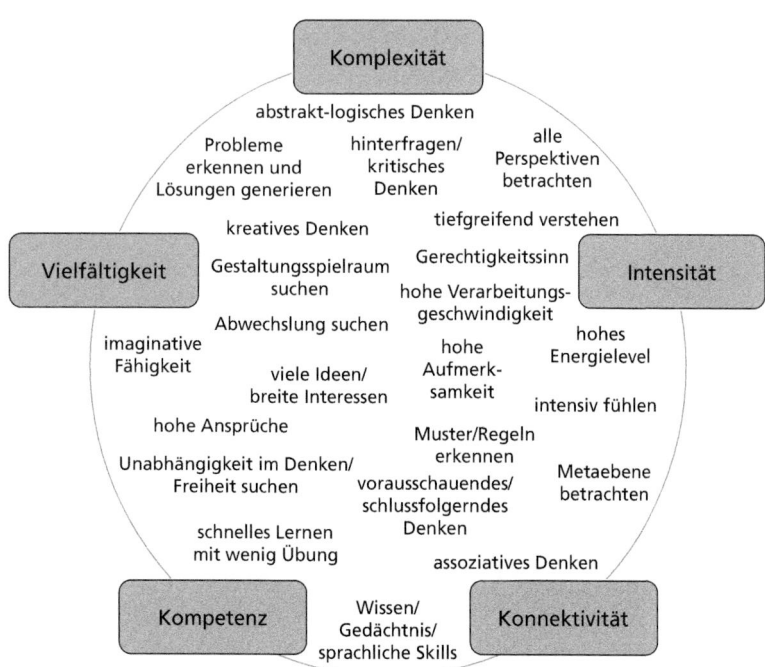

Abb. 5.1: Übersicht hochbegabungsbezogenen Erlebens und Verhaltens (angelehnt an Stark, 2024)

5 Hochbegabungsbezogenes Erleben und Verhalten

5.1 Ressourcen

Komplexität

Das Denken ist aufgrund der kognitiven Ressourcen komplex und vielschichtig. Viele, wenn nicht sogar alle Hochbegabten,»denken immerzu« – es wird als etwas Natürliches, Automatisches beschrieben:»Es ist mein zentraler Operationsmodus … Tatsächlich habe ich keine anderen Optionen als laufend zu denken, genauso, wie ich nicht mit dem Atmen aufhören kann« (Heil, 2021b, S. 9). In der Komplexität steckt vor allem auch das logisch-analytische Denken:

> »Das Erfassen von natürlichen Zusammenhängen läuft mehr oder weniger als Automatismus. Ursachenforschung, um Logik, Kern und Verlauf von Situationen zu erfassen, beflügelt meinen Geist, denn ohne dass das Wesen einer Pro-

blematik verstanden ist, muss diese zwangsläufig wiederkehren, bis sie erkannt ist« (Heil, 2021a, S. 18).

Das logisch-analytische zusammen mit dem vielschichtigen Denken bedeutet auch, dass zumeist die Sachverhalte aus diversen Perspektiven betrachtet werden, ist das Denken eben nicht ein-, sondern mehrdimensional. Folglich besteht eine hohe Perspektivenübernahmekompetenz, die Sichtweise und Argumente eines Gegenübers aus dessen Blick zu betrachten, zu reflektieren und abzuwägen. Auch im Austausch mit anderen berichten viele Hochbegabte, dass es »notwendig« ist, ein Problem aus den diversen Perspektiven betrachtet zu haben, um sicher zu gehen, dass die Lösung auch wirklich präzise und gut überlegt ist (»Ich verstehe das als ›alles hinterfragen‹ und von verschiedenen Perspektiven sehen. Das mache ich tatsächlich dauernd« (Heil, 2021a, S.16)). Häufig berichten Hochbegabte auch von einem kritischen Blick, sie entdecken Ungereimtheiten und Probleme in ihrer Umgebung sehr schnell, kommen also nicht umhin, sie wahrzunehmen:

> »Da ich Dinge sehr schnell weit durchdenke und sehr lösungsorientiert bin, erkenne ich potentielle Probleme oder Schwierigkeiten bereits sehr früh. Ich empfinde es als wichtig[,] diese dann auch anzunehmen und anzusprechen. Das tue ich nicht[,] um etwas schlecht zu machen oder zu verhindern, sondern um bewusste Entscheidungen und entsprechende Vorbereitungen treffen zu können« (Heil, 2021b, S. 15).

Nicht selten wird diese Kompetenz im beruflichen Bereich sehr wertgeschätzt, ermöglicht sie doch auch, Abläufe zu optimieren und Lösungen voranzubringen (»In der Arbeit profitiere ich davon, weil ich mögliche Probleme voraussagen und so von vornherein versuchen kann[,] sie zu eliminieren« (Heil, 2021a, S. 16). Diese Lust am Probleme lösen und Freude am herausfordernden Denken zu haben, wurde bereits als need for cognition beleuchtet (▶ Kap 1.2.3 und ▶ Kap. 3.2), und zeigt sich bei Hochbegabten in vielen Alltagsbereichen. Das problemlösende und kritische Denken hängt auch mit der Auseinandersetzung mit existenziellen Themen zusammen. Viele beschäftigen sich mit Weltproblemen, Grundsatzfragen oder philosophischen Themen und stellen sich selbst schwierige Fragen, »etwa über den Sinn und Zweck ihres eigenen Daseins und des Lebens der Menschen in ihrem Umfeld« (Webb, 2020, S. 22).

Gerade in diesem Zusammenhang lässt sich auch das zumeist stark ausgeprägte Gerechtigkeitsempfinden einordnen (▶ Kap. 3.2).

Intensität

Das problemdurchdringende Denken geht auch mit einer Intensität einher, möchten Hochbegabte eben Sachverhalte tiefgreifend verstehen, was eine Art von »Dichtigkeit« sowohl im Denken als auch in Gesprächen herstellen kann.

Eine hochbegabte Person berichtete einmal, dass sie Gespräche mit anderen Hochbegabten deshalb so schätze, weil von Beginn an mit den tiefgreifenden Themen begonnen werde, man sich nach drei Stunden so richtig warmgelaufen habe und endlich bei der intensiven Auseinandersetzung miteinander angekommen sei. Dies könne dann über Stunden gehen.

Wie in ▶ Kap. 4.3 dargestellt, ist Hochbegabung nicht mit Overexcitability (OE) gleichzusetzen. Dennoch zeigen Hochbegabte in der Regel ein hohes Energielevel. Bei manchen ist dies dauerhaft vorhanden, bei anderen tritt es »ausschließlich in Phasen mit einer interessanten, intellektuell anspruchsvollen Tätigkeit« (Heil, 2021a, S. 37) auf. Oft wird es als »sehr hohe Drehzahl« (Heil, 2021a, S. 51) bezeichnet und ist mit einem hohen Pensum verbunden, welches an alltäglichen oder beruflichen Aufgaben bewältigt wird. Zudem scheint es mit einer hohen intrinsischen Motivation und Aufmerksamkeit verknüpft:

> »Die hohe Motivation hilft bei der raschen Aneignung von neuem Wissen/ neuen Fertigkeiten. Es ist für mich dann wie eine Droge (so gesehen ein starker innerer Antrieb), so schnell und so viel themenbezogenes Wissen aufzunehmen, [sic] wie möglich. Meine Gedanken kreisen dann meist nur noch um dieses Thema und, wenn ich konzentriert daran arbeite, kann ich schon mal die Welt um mich herum vergessen« (Heil, 2021b, S. 25 f.).

In diesem Zusammenhang trägt auch die hohe Verarbeitungsgeschwindigkeit bei, dass viele Reize in kurzer Zeit erfasst werden und dadurch eine Intensität in der Situation entsteht. Viele erleben bspw. Gespräche mit anderen Hochbegabten äußerst anregend, da sie sich nicht einbremsen müssen und diese Intensität geteilt werden kann. Es ist, als ob Hochbegabte »da oben im Kopf einen Ferrari« (Heil, 2021b, S. 10) hätten. Zumeist fühlen sie auch Emotionen intensiv und können Sinnesreize oder Details fein und ausgeprägt wahrnehmen. Durch diese intensive Feinfühligkeit spüren viele auch in sozialen Situationen die »Zwischentöne« einer Unterhaltung: »Ich bemerke in der Regel sehr schnell, wie es Menschen in meiner Umgebung geht und kann dann auf sie eingehen« (Heil, 2021b, S. 23). Dementsprechend berichten Hochbegabte zumeist von einer intensiven und umfassenden Emotionalität, so dass sie auf andere sehr begeisternd und inspirierend wirken können, wenn sie davon erzählen (Webb, 2017).

Konnektivität

Durch das logisch-analytische und komplexe Denken scheinen Hochbegabte auch besonders gut und schnell Zusammenhänge, Muster und Regeln zu erkennen.

> »Ich suche fast immer nach Mustern oder abstrakten Regeln, die etwas beschreiben. Details interessieren mich wenig, da sie, wenn man das Muster gefunden hat, abgeleitet werden können. Mir scheint es so, als ob man durch das Erkennen von Mustern abstrakte Probleme lösen kann, an denen viele Leute scheitern. Aber auch kleine Probleme lassen sich schnell ›in eine Schublade stecken‹ und abhaken« (Heil, 2021a, S. 23).

Dies ist auch mit dem Denken auf der Metaebene verbunden: »Ich liebe dieses Springen, hin und her und out of the box, sehr detailliert, auf der Suche nach der Meta-Ebene und bis in die tiefsten Tiefen« (Heil, 2021b, S. 17). Hochbegabte erfassen eben sehr leicht die dahinterliegenden Prinzipien und können somit Bezüge zu anderen Aspekten herstellen; demnach erscheint das Denken oft bezogen, bspw. auf etwas Grundsätzliches, ein Prinzip etc., was das Vordergründige erklärt. Dies ermöglicht oftmals auch ein assoziatives, verbindendes Denken. Hochbegabte können durch das Abstrahieren leicht zwischen Themen wechseln und Assoziationen herstellen. Viele berichten dabei von einem visuell-räumlichen Denkstil (im Vergleich zum akustisch-sequenziellen Denkstil, welcher als Denken in Begriffen übersetzt werden kann (Webb, 2017)).

»Ich sage immer, ich bilde ›Netze‹: erste grobe, dann feinere, stelle zunächst Verbindungen her, die ein großes Ganzes bilden, und dann schließe ich allmählich immer mehr Lücken, füge das ein, was fehlt, bis das ›Netz‹ sozusagen ›Stoff‹ geworden ist. Dadurch habe ich von Anfang an das Erleben, den Überblick zu haben, finde mich zurecht, auch wenn ich zunächst nur ein paar Informationen habe« (Heil, 2021a, S. 35).

Hochbegabte versuchen demnach einen logischen Überblick herzustellen, was das vorausschauende, schlussfolgernde Denken erleichtert. Sie denken voraus, leiten die nächsten Schritte ab und – vor dem Hintergrund des schnellen Denkens – sind sie oftmals deutlich weiter als ihr Umfeld: »Aufgrund jenes schnellen Denkens beende ich quasi den Gedanken meines Gesprächspartners, bevor er den Satz noch fertiggesprochen hat und antworte mit meiner Überlegung dazu« (Heil, 2021b, S. 10).

Kompetenz

Hochbegabten gelingt es häufig, akzeleriert, also beschleunigt, zu Lernen; sie eignen sich Inhalte von Interesse zumeist schnell und leicht an und benötigen oftmals weniger Übungszeit, um Kompetenz aufzubauen: »Meist sind mir Tätigkeiten schon bei der erstmaligen Ausführung ohne Vorkenntnisse logisch oder ich habe das nur mal nebenbei gesehen oder mich kurz damit beschäftigt« (Heil, 2021a, S. 46). Besonders relevant erscheint dies, wenn sie sich Inhalte selbst erarbeiten müssen (im Vergleich zum Auswendiglernen). Folglich zeigen Hochbegabte zumeist ein hohes Maß an Allgemein- und Fachwissen und können bei vielen Themen spielerisch mitreden.

Ein hochbegabter Vater berichtete von seinem (ebenfalls hochbegabten) Sohn, der nach dem Abitur noch nicht wisse, was er studieren wolle. Allerdings interessiere er sich schon immer stark für Chemie, habe den Vater erst heute Morgen beim Frühstück in eine Diskussion verwickelt, was alles besonders an H_2O wäre, und liebe es, sich außerdem mit Supraleitern zu beschäftigen, vielleicht solle er doch Physik studieren. Natürlich habe der Vater mitdiskutiert, obwohl er selbst Geisteswissenschaftler sei, mit Naturwissenschaften beschäftige er sich sehr gerne in seiner Freizeit.

Zudem zeigen Hochbegabte deutlich ausgeprägte sprachliche Kompetenzen: »Ich lerne neue Sprachen sehr schnell, da ich schnell die Struktur der Sprache verstehe. Auch fallen mir das Formulieren von Texten oder das Lektorieren von Texten unglaublich leicht, sie glätten sich praktisch vor meinen Augen, wenn ich sie bearbeite« (Heil, 2021a, S. 27). Meist damit verbunden ist ein besonderer Sinn für Wortspiele, Ironie oder Mehrdeutigkeiten von Wörtern/Ausdrücken, was oftmals auch in einem spitzfindigen Humor mündet. Ebenso haben Hochbegabte ein sehr gutes Gedächtnis, was sich jedoch zumeist individuell für verschiedene Bereiche, bspw. Gespräche, Zahlen, Daten, Fakten oder emotionale Inhalte, zeigen kann und nicht immer übergreifend sein muss. Oftmals wird dies auch als ein »selektives Gedächtnis« (Heil, 2021a, S. 40) erlebt und bezieht sich vor allem auf Dinge von Interesse[39]. Durch die hohe Kompetenz sind oftmals auch natürlicherweise hohe, perfektionistische Ansprüche (▶ Kap. 3.2) verbunden, was vor allem als positiver Ansporn und mit Freude erlebt wird. Zudem denken Hochbegabte eigenständig, setzen sich also mit Inhalten selbstständig auseinander, erwerben Wissen und Kompetenzen intrinsisch motiviert und benötigen daher meist auch eine gewisse Freiheit für die eigene Entwicklung. Besonders die »Freiheit und Unabhängigkeit im Denken ohne Beschränkungen durch Konventionen« (Heil, 2021a, S. 19) spielt dabei für viele eine große Rolle.

Vielfältigkeit

Die meisten Hochbegabte haben zudem vielfältige und sehr breite Interessen: »Oft kann ich mich für ein mir völlig neues Wissensgebiet begeistern, nur weil ich gerade in der Buchhandlung ein schön gestaltetes Buch

---

39 Für Fans der TV-Serie »Sherlock« mit Benedict Cumberbatch sei auf seine Aussage hingewiesen, dass er viel Gebrabbel filtern müsse und Mrs. Hudson »semipermanent stumm geschalten« habe (Staffel 3, Folge 3).

darüber entdecke – oder einen interessant gemachten Film auf YouTube« (Heil, 2021a, S. 33). Dabei spielt sicherlich die Suche nach Abwechslung eine Rolle, sich immer wieder für Neues zu interessieren. Oftmals wird auch in diesem Zusammenhang die Motivation genannt, verstehen zu wollen, wie etwas funktioniert. Viele Hochbegabte sind zudem sehr kreativ, nicht nur im künstlerischen, handwerklichen Bereich, sondern auch einfach »nur« im Alltag oder bei Problemlösungen:

> »Ich habe auch immer gerne nach anderen Wegen gesucht, normale Dinge zu tun. Oder wenn mir gerade langweilig war (an der Bushaltestelle etc.)[,] habe ich überlegt, wie man ›normale‹ Dinge auch noch sehen könnte… und so weiter. Ich liebe es auch, Dinge umzufunktionieren und für alles noch irgendeine Verwendung zu finden« (Heil, 2021a, S. 50).

Oftmals werden auch hohe imaginative Fähigkeiten beschrieben, sich die Welt sehr gut und konkret in Bildern vorstellen zu können, aber auch regelrecht in Tagträumen abzutauchen bis hin zu imaginativen Welten, Gesprächen, Fortsetzungen von Filmen etc. In diesem Zusammenhang ist auch von einer hohen Gestaltungsmotivation auszugehen (▶ Kap. 1.2.3). Viele Hochbegabte suchen diese auch im beruflichen Bereich, gerade um Visionen und Ideen umzusetzen, etwas Neues zu kreieren, und berichten oftmals von Freude am konzeptionellen Arbeiten. Insgesamt benötigen Hochbegabte eben viel Herausforderung, damit »ihr Geist mit ausreichend ›Futter‹ versorgt wird« (Schwiebert, 2015, S. 71).

> Für die eigene Reflexion kann es mitunter sehr interessant sein, das persönliche Ressourcenprofil kennenzulernen. Die geschilderten Aspekte sind bei jedem Hochbegabten mehr oder weniger vorhanden, manche davon zeigen sich vielleicht in einer etwas anderen Facette. Manche (zumeist bei weitem nicht alle) Aspekte prägen das eigene Erleben *mehr* als andere und sind *mehr* mit dem eigenen Selbstempfinden verbunden. Gerade diese Aspekte gilt es als Ressourcen wahrzunehmen und zu prüfen, was davon im privaten und beruflichen Alltag wie gut »ausgelebt« werden kann – denn diese Authentizität ist ein wesentlicher Baustein für Zufriedenheitserleben.
> Interessierte Lesende sind zu Arbeitsblatt 5.1 eingeladen.

5.2 Herausforderungen

Viele Ratgeberbücher tragen Titel, welche die Extreme, die Hochbegabten zugeschrieben werden, darstellen und oftmals den großen, übergreifenden, vermeintlich damit verbundenen Leidensdruck verdeutlichen. Ferner verleiten manche Beschreibungen zu einer defizitorientierten – und damit sehr einseitigen – Sichtweise von Hochbegabung. Oder um die Worte Garcías (2015) zu verwenden, ist »die Hochbegabung nicht an allem schuld« (S. 93). Sowohl in Studien mit höchstbegabten als auch mit hochbegabten Erwachsenen hat sich gezeigt, dass die begabungsbezogenen Erlebens- und Verhaltensweisen überwiegend als Ressource und deutlich geringer als Belastung wahrgenommen werden; allerdings erlebt ein Drittel der Probanden häufig Schwierigkeiten wegen der Hochbegabung (Blut, 2020; Heil, 2022). Dennoch ist der übertriebenen Darstellung von Problemen von Hochbegabten in manchen Ratgeberbüchern mit Vorsicht zu begegnen.

Angelehnt an die obige Einteilung der Ressourcenseite, sollen nun mögliche Herausforderungen vorgestellt werden (▶ Abb. 5.2).

Webb (2017) vergleicht das intensive und komplexe Denken, Fühlen und Handeln Hochbegabter, sozusagen ihr Erleben an sich, mit einem Blick durch ein Elektronenmikroskop. Dies erscheint als wunderbar wertneutrale Metapher: Im Kontrast zu einem durchschnittlichen Lichtmikroskop mit einer Auflösung von 300 nm (0,0003 mm) erreicht ein Elektronenmikroskop die Auflösung bis auf 0,1 nm (Stöcker & Krüger, 2019)! Je nach Situation und Kontext können Hochbegabte Herausforderungen im Sinne des Wörtchens »zu« erleben.

Zu kompliziert bei einfachen Dingen denken / zu viel (be)denken

Wahrscheinlich kennt jeder Hochbegabte zuweilen, einfach »zu viel« nachzudenken oder die Gedanken nicht abschalten zu können.

> Schnell und komplex denken zu können[,] bedeutet einerseits, viele Facetten eines Themenkomplexes gleichzeitig betrachten zu können, andererseits aber

5 Hochbegabungsbezogenes Erleben und Verhalten

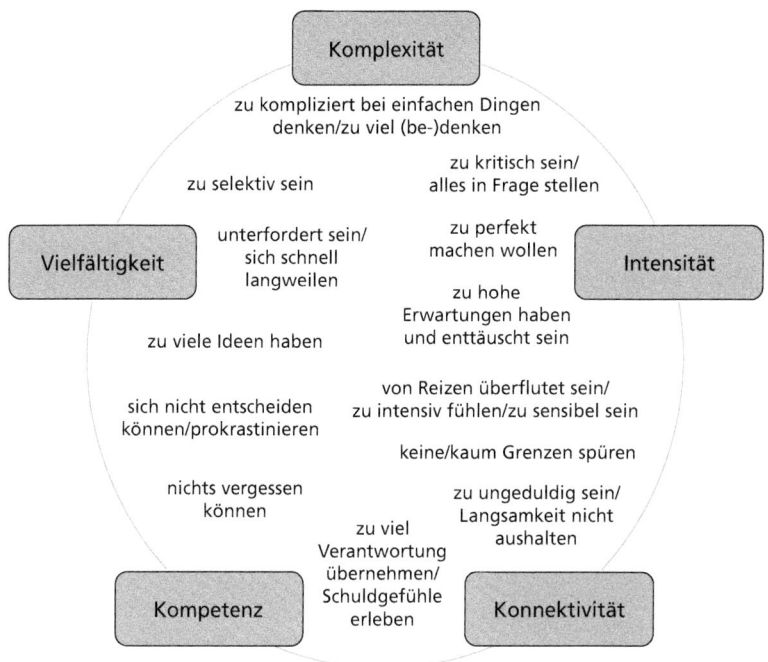

Abb. 5.2: Übersicht hochbegabungsbezogener Herausforderungen (aus Stark, 2024, S. 75)

auch das Risiko, Komplexität da zu vermuten und mit viel Energie zu verfolgen, wo gar keine ist oder zumindest nicht nach der Aufgabenstellung vorgesehen ist – einfachste Lösungen anzubieten[,] fällt mir schwer« (Heil, 2021a, S. 11).

Demnach können auch Entscheidungsschwierigkeiten bei einfachen Alltagsaufgaben resultieren, wenn zu viel abgewogen wird.

Zu kritisch sein / alles in Frage stellen

Wird der Fokus zu sehr auf das Problematische gerichtet und zu kritisch hinterfragt, kann dies im Übermaß auch belastend erlebt werden:

»Da mein Denken selten zur Ruhe kommt und alles einer kritischen Prüfung unterzogen wird, fehlt mir oft die ›Leichtigkeit des Seins‹. Andere in meinem privaten Umfeld fühlen sich durch meine Art schnell kritisiert, was ich in der Regel gar nicht beabsichtigt habe, das führt manchmal zu unschönen Situationen, und ich fühle mich falsch verstanden« (Heil, 2021a, S.16).

Zu perfekt machen wollen

Viele Hochbegabte stellen auch zeitweise extreme Ansprüche an sich, verbunden mit einem Ideal und hohen Kosten in der Realität: »Bis weit ins Erwachsenenalter hinein bin ich daher oft an simplen Aufgaben regelrecht verzweifelt, weil ich immer gleich vor Augen hatte, wie die Durchführung oder das Ergebnis ›eigentlich‹, im Idealfall, aussehen müsste« (Heil, 2021a, S.37). Manchmal fehlt die Differenzierung, wann der eigene Energieaufwand für ein »perfektes« Ergebnis wichtig ist und wann ein »einfaches« Ergebnis völlig genügt.

Zu hohe Erwartungen haben und enttäuscht sein

Zuweilen werden auch zu hohe Erwartungen an die Außenwelt gestellt; diese werden oft gar nicht bewusst formuliert, sondern entspringen eher dem Wunsch, endlich jemanden zum Austausch auf Augenhöhe, zum »Anlehnen«, als Mentor etc. beruflich wie privat zu finden. Werden die Erwartungen nicht erfüllt, drohen Enttäuschungen: »Heute habe ich aufgehört, die eierlegende Wollmilchsau in einer Person finden zu wollen« (Heil, 2021b, S. 50).

Von Reizen überflutet sein / zu intensiv fühlen / zu sensibel sein

Gerade dieser Aspekt scheint sehr unterschiedlich von Hochbegabten erlebt zu werden, je nach zugrundliegender Hochsensibilität oder Overexcitability (▶ Kap. 4.3). Manche schildern leichter von Sinnesreizen überflutet zu werden, manchen erleben das in Bezug auf Gefühle: »Es ist, als fehle mir bezüglich Emotionen anderer ein Filter – sie dringen gefühlt zu 100 Prozent zu mir durch. Negative Emotionen anderer können mich in hohem Maße stressen, weil sie bei mir häufig das Verantwortungsgefühl triggern« (Heil, 2021a, S.32). Beide Varianten kosten Energie, um damit umzugehen.

Keine / kaum Grenzen spüren

Manchmal schildern Hochbegabte auch, sich zu überfordern oder zu viel zuzumuten und die eigenen (Belastungs-)Grenzen zu spät wahrzunehmen: »Wenn ich etwas durchziehen möchte, habe ich auch die Power dafür. Jedoch besteht dabei die Gefahr, den eigenen Akku ganz auszusaugen« (Heil, 2021a, S. 51). Auf der anderen Seite berichten Hochbegabte auch davon, sich nach einer »Grenze« zu sehnen, da sie diese noch nicht im Denken oder persönlichen Entfalten ausreizen haben können.

Zu ungeduldig sein / Langsamkeit nicht aushalten

Gerade das schnelle und komplexe Denken kann mit der Herausforderung verbunden sein, zu ungeduldig, aber auch frustriert ob der Langsamkeit anderer zu sein: »Die meiste Zeit fahre ich einen Ferrari in der Spielstraße, der selbst im ersten Gang noch zu schnell ist und ich daher mit angezogener Handbremse, stinkend und quietschend vor mich hin krieche« (Heil, 2021a, S. 11). Als Paradebeispiel wird von hochbegabten Erwachsenen oft das klassische Teammeeting[40] im Job angeführt.

Zu viel Verantwortung übernehmen / Schuldgefühle erleben

Manchmal erleben Hochbegabte ein starkes Verantwortungsgefühl: »Die Fähigkeit, mögliche Folgen zu antizipieren, prädestiniert sie, zu interve-

---

[40] Für den interessierten Leser sei hier auf den humorvollen Beitrag »Montagsmeeting – das große Gähnen« in der Mensa-Zeitschrift Mind-Mag (Heft 142) hingewiesen: https://www.mensa.de/about/mind-Magazin/#mind-magazin-142/1/ (letzter Zugriff am 30.03.2025)

nieren und Lösungen zu finden. Im Freundeskreis, in der Nachbarschaft oder im beruflichen Umfeld sind sie hilfsbereit, vermitteln und mischen sich ein« (Fietze, 2019, S. 205). Dies kann auch im Zusammenhang mit dem hohen Gerechtigkeitserleben stehen, ausgleichend zu wirken oder anderen zu helfen.

Nichts vergessen können

Durch das sehr gute Gedächtnis auf der einen Seite kann es auch zur entsprechenden Herausforderung auf der anderen Seite kommen, wenn Dinge dauerhaft abgespeichert bleiben und nicht vergessen werden:

> »Da mich vor allem Menschen interessieren, merke ich mir ihre Worte und ihr Verhalten in unterschiedlichen Situationen. Der Nachteil ist, dass ich nicht vergessen kann und dass mir sofort auffällt, wenn jemand widersprüchlich redet oder handelt,[sic] (auch wenn zwischen der erinnerten Situation und heute viele Jahre liegen). Ich weiß natürlich, dass sich Menschen entwickeln, trotzdem beeinträchtigt meine Erinnerung manchmal meine Bereitschaft, jemandem zu glauben« (Heil, 2021a, S. 41).

Sich nicht entscheiden können / prokrastinieren

Auch dieser Aspekt kann sich vielfältig bei Hochbegabten äußern. Manche schildern, aufgrund des kritischen, komplexen Denkens, eben zu viel zu denken (s. o.) und damit »einfache« Entscheidungen nicht treffen zu können. Andere hingegen zögern bei Entscheidungen, weil einfach zu viele Interesse vorhanden sind: »Ich fand schon immer ziemlich vieles in der Welt interessant und hatte daher Schwierigkeiten bei der Studienwahl« (Heil, 2021a, S. 33).

Zu viele Ideen haben

Gerade die ausgeprägten Interessensvielfalt kann auch mit einer Belastung einhergehen, eben weil die Zeit einfach nicht ausreicht, um sich gänzlich allen Ideen und Interessensgebieten ausführlich widmen zu können.

»Im Kopf entstehen viele Projekte gleichzeitig, die ich für eine Reihenfolge der Umsetzung bewerten muss. Oft entstehen dabei schon wieder neue Ideen. Ich möchte so gerne alles machen, was mich interessiert, was aber weder finanziell noch organisatorisch machbar ist für mich« (Heil, 2021b, S. 14).

Zuweilen erleben es Hochbegabte auch als herausfordernd, passende Gesprächspartner für die diversen Interessen zu finden.

Unterfordert sein / sich schnell langweilen

Wahrscheinlich kennen alle Hochbegabten das Erleben, von einem Inhalt gelangweilt zu sein, sobald dieser verstanden wurde. Aber auch der berühmte Smalltalk kann merkbar viel Energie rauben: »Mir fallen einfache (im Sinne von inhaltsarme) Gespräche oft schwer,[sic] und ich empfinde sie als anstrengend. […] Auch wenn in Gesprächen Themen erneut (gegenüber einem früheren Gespräch) erzählt werden, langweilt es mich« (Heil, 2021b, S. 46). Im beruflichen Kontext kann dies sogar zu einem Boreout[41] führen: Unterforderung und Langeweile bei Routineaufgaben werden meist als das Belastendste erlebt.

Zu selektiv sein

Hochbegabte erleben es zuweilen als sehr anstrengend, sich für Dinge außerhalb des Fokus des eigenen Interesses zu begeistern. Auch wird eher die persönliche (intrinsisch motivierte) »challenge« geschätzt, denn äußere Anreize:

> »Wenn eine hohe innere Motivation vorhanden ist oder aus der Tätigkeit hervorgeht, dann empfinde ich das als extrem leistungsfördernd. Andererseits ist

---

41 Boreout wird als gegensätzlicher Zustand zu Burnout definiert, der vornehmlich durch Unter-, statt Überstimulation hervorgerufen wird und ein Ergebnis chronischer Langeweile darstellt; insbesondere Hochbegabte sind gefährdet, bei anhaltender Unterforderung einen derartigen Zustand zu entwickeln (Fiedler & Nauta, 2020). Für den interessierten Leser sei hier auch auf den Beitrag »Gefangen in der Hölle der Langeweile« in der Mensa-Zeitschrift Mind-Mag (Heft 142) hingewiesen: https://www.mensa.de/about/mind-Magazin/#mind-magazin-142/1/ (letzter Zugriff am 30.03.2025).

das Fehlen einer inneren Motivation und nur das Vorhandensein von Anreizen von außen sehr stark bremsend. Dann kann mich das sogar komplett davon abhalten[,] etwas zu tun. Ein inneres Interesse an einer Tätigkeit selbst ist für viele Tätigkeiten eine absolute Voraussetzung für eine Beschäftigung damit oder eine Durchführung der Sache« (Heil, 2021b, S. 26).

Dies kann vor allem im beruflichen Kontext als sehr belastend erlebt werden.

Während also das hochbegabungsspezifische Erleben und Verhalten (s. o.) als personimmanent, identitätsstiftend und übergreifend beschrieben wird (»Das macht mich aus, so bin ich«), kommen die damit verbundenen Herausforderungen nicht in jeder Situation und in jedem Kontext vor. Das Erleben der Herausforderungen scheint demnach stärker vom Setting, dem (sozialen oder beruflichen) Umfeld und somit von der »Passung« abhängig zu sein. Die Reflexion der persönlichen hochbegabungsspezifischen Herausforderungen sollte deshalb kontextbezogen und differenziert erfolgen, um die persönlichen Stolpersteine identifizieren zu können[42].

Interessierte Lesende sind zu Arbeitsblatt 5.2 eingeladen.

---

42 In Ergänzung kann auch das Kartenset »Hochbegabung« für die eigene Reflexion herangezogen werden, in dem »typische« Herausforderungen für Hochbegabte auf Karten bildhaft dargestellt werden (Dreković & Nauta, 2023).

5.3 Exkurs: Höchstbegabung

Gemäß der Normalverteilung der Intelligenz (▶ Kap. 2) beginnt Hochbegabung ab der zweiten Standardabweichung vom Mittelwert (= 100), d. h. größer gleich 100 + 15 + 15. Weicht der IQ um mehr als drei Standardabweichung ab (IQ ≥ 145), spricht man von Höchstbegabung. Zuweilen findet sich in der Literatur für die Abweichung ab der vierten Standardabweichung (IQ ≥ 160) die Bezeichnung der Extrembegabung (vgl. Brackmann, 2020a).

Zugegebenermaßen sind Annahmen zu Höchstbegabten empirisch schwer zu untersuchen; zum einen braucht es geeignete IQ-Tests, die in diesem oberen IQ-Bereich valide differenzieren, und zum anderen sind ausreichend große Stichproben naturgemäß nur schwer zu erreichen (Preckel & Vock, 2021). In einer australischen Untersuchung wurden extrembegabte Kinder (IQ ≥ 160) hinsichtlich ihrer frühkindlichen Entwicklung, familiärer Faktoren, Freizeitverhalten, Förderung, Underachievement, sozial-emotionale und moralische Entwicklung mittels Fragebogen, Interviews oder Tagebuchaufzeichnungen der Eltern im Jahr 1993 und zusätzlich nach zehn Jahren noch einmal befragt (Gross, 2004). Diese Kinder zeigten von Beginn an einen erheblichen Entwicklungsfortschritt:

> »In her earlier years she was like a humming bird, darting about joyously, seeking information from every source she could find. She spoke her first word at 5 months of age, was talking in sentences before her first birthday, and was walking around by herself at 10 months. Jade was assessed on the Stanford-Binet at the age of 5 years 2 months and obtained a mental age of 9 years 0 months…; a ratio IQ calculation places her IQ at 174« (Gross, 2004, S. 14).

Der Entwicklungsfortschritt zeigt sich in der neurosensorisch-motorischen Reifung, so dass sich Motorik, Sprache, Augen-/motorische Koordination, Aufmerksamkeitsfähigkeit und Verarbeitungsgeschwindigkeit fortgeschritten bzw. erhöht zeigen (Vaivre-Douret, 2011); bspw. beginnen durchschnittlich begabte Kinder mit ca. zwölf Monaten zu sprechen, hochbegabte Kinder ca. zwei Monate früher und höchstbegabte Kinder bereits mit ca. neun Monaten (Gross, 1999). Heil (2022) verglich 65 hochbegabte mit 65 höchstbegabten erwachsenen Mensa-Mitgliedern aus Deutschland in einer umfangreichen Studie miteinander. Auch hier zeigten die deskriptiven Daten eine leicht beschleunigte kognitive und schulische Entwicklung der höchstbegabten Teilnehmenden: Diese konnten früher sprechen, lesen und rechnen, wurden früher eingeschult, übersprangen häufiger eine Klasse und schlossen etwas früher die Schulzeit ab.

Heil (2022) hat in ihrer Untersuchung außerdem die hoch- (IQ-Mittelwert = 135.29) und höchstbegabten (IQ-Mittelwert = 147.94) Teilnehmenden hinsichtlich der Ausprägung in begabungsbezogenen Merkmalen verglichen. Somit kann die interessante Frage beantwortet werden, inwieweit sich beide Gruppen vielleicht sogar unterscheiden. Es zeigte sich erwartungsgemäß, dass die Höchstbegabten bei den meisten begabungsbezogenen Erlebens- und Verhaltensmerkmalen einen höheren Wert angaben (▶ Abb. 5.3).

5 Hochbegabungsbezogenes Erleben und Verhalten

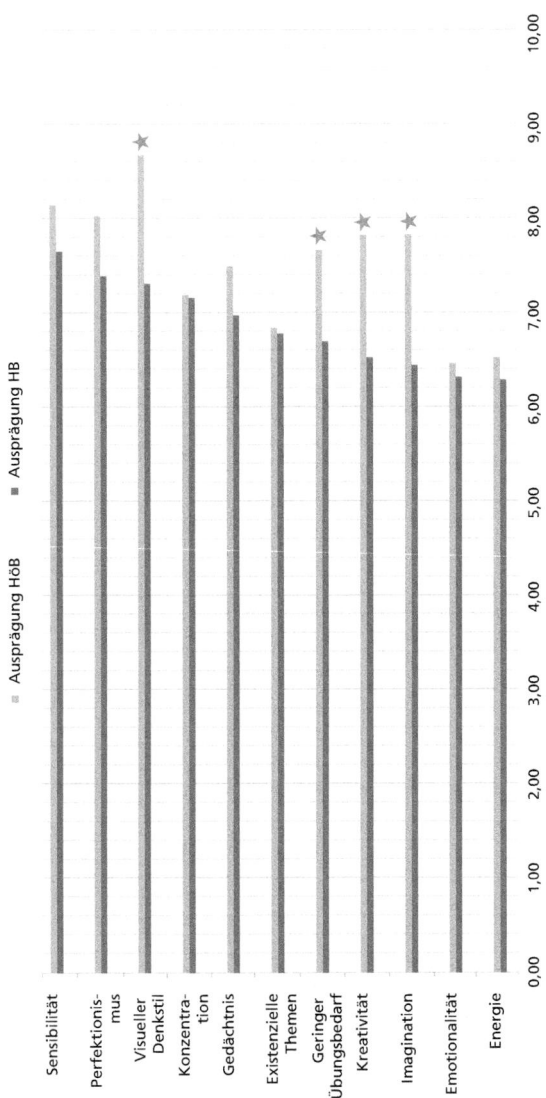

Abb. 5.3: Merkmalsausprägung bei Hochbegabten (HB) und Höchstbegabten (HöB) im Vergleich (Werte aus Heil, 2022) (die mit »★« markierten Unterschiede zeigten sich als signifikant)

Es zeigten sich einige Ausprägungsunterschiede zwischen den Gruppen statistisch signifikant, nämlich beim schnellen und komplexen Denken, beim visuell-räumlichen Denk- und Lernstil, bei der Imaginationsneigung, der Mustersuche, der Kreativität und beim geringen Übungsbedarf bei neuen Fertigkeiten. Bei manchen Merkmalen (hohe sprachliche Fähigkeiten, kritisches Denken, intrinsische Motivation, Bedürfnis nach intellektuellem Input) hatten Höchstbegabte jeweils sogar eine etwas geringere Ausprägung, die allerdings nicht statistisch signifikant war.

> **Exkurs: Synästhesie**
>
> In einer Untersuchung von Höchstbegabten wurde zusätzlich zu den oben genannten begabungsbezogenen Merkmalen auch nach synästhetischem Erleben gefragt; hierbei gaben knapp 50 % der Teilnehmenden an, eine Form der Synästhesie zu erleben (Heil, 2021b).
> Die sog. *Synästhesie* ist »a remarkable way of perceiving the world. One attribute of a stimulus (e. g., its sound, shape, or meaning) may inevitably lead to the conscious experience of an additional attribute« (Ward, 2013, S. 50). Es ist also eine Kopplung von Sinnesempfindungen, bei der allerdings die ausgelöste Wahrnehmung den ursprünglichen Reiz nicht ersetzt. Bei einer Synästhesie kann ein Wort einen Geschmack auslösen, ein Buchstabe in einer Farbe leuchten oder Musik(-noten) visuelle Eindrücke hervorrufen. Bei letzterem Beispiel würde ein Synästhetiker die Musik wie jeder andere auch hören, jedoch dabei zusätzlich noch bestimmte Farben sehen (Ward, 2013). Das Phänomen wird zudem nicht nur als binär (vorhanden – nicht vorhanden) betrachtet, sondern als Kontinuum mit schwachen bis hin zu starken Formen (Martino & Marks, 2001), wobei Frauen mit 5 : 1 häufiger betroffen sind (Ward, 2013). Es finden sich auch Hinweise, dass Synästhetiker einen höheren IQ aufweisen (van Leeuwen et al., 2021).
> *»Buchstaben haben ihre eigene Farbe, manche Großbuchstaben haben auch eine Persönlichkeit. Konsonanten mag ich generell nicht gern. Sie sind nicht so herzlich wie die Vokale. Der schlimmste große Buchstabe ist das D. Es ist silbern und hat zu allen Seiten scharfe Spitzen. Das Alphabet schwebt*

> rechts, ganz hinten in der Ferne, im Raum in meinem Kopf. Zahlen haben auch alle ihre Farbe und ausgeprägte Persönlichkeiten« (Heil, 2021b, S. 39).
> »Das Einzige, was ich in dem Zusammenhang nennen kann, ist, dass die Reihenfolge der natürlichen Zahlen bei mir in einer bestimmten Form angeordnet sind [sic]. 0–10 geht senkrecht hinauf, dann biegt der Zahlenstrahl nach links ab und geht bis 30, ab dann wieder vertikal nach oben. Ab da gibt es keinen Richtungswechsel mehr. Der Zahlenstrahl verschwindet irgendwie im Unendlichen. Die Wochentage und die Monate des Jahres haben bei mir auch eine fixe optische Anordnung (oval bzw. kreisförmig)« (ebd.).
>
> Auf neuronaler Ebene werden bei Synästhetikern Unterschiede in der Konnektivität (▶ Kap. 1.1) im Vergleich zu neurotypischen Gehirnen angenommen (Ward, 2013). Es lässt sich auch ein Zusammenhang mit Autismus nachweisen: »synaesthesia is more common among people with autism and […] synaesthetes possess more autistic traits« (van Leeuwen et al., 2020, S. 442). Ähnlich wie autistische Menschen haben Synästhetiker zudem einen veränderten sensorischen Verarbeitungsstil (bspw. sensorische Hypersensitivität, erhöhte Detailwahrnehmung) (van Leeuwen et al., 2021). Ward und andere (2019) zeigten in ihrer Metaanalyse außerdem, dass ein »Durchschnitts-Synästhetiker« sogar bei der 73. Perzentile[43] der Langzeitgedächtnisleistung im Vergleich zur neurotypischen Kontrollstichprobe liegt. Ein etwas geringerer Effekt konnte auch für die Arbeitsgedächtnisleistung nachgewiesen werden. Bei Heil (2021b) formulierte ein Höchstbegabter hierfür folgendermaßen: »Auch Inhalte merke ich mir in einem räumlichen Beziehungsbild und nehme auch Zeiteinheiten farblich und räumlich codiert wahr. Dies führt wohl zu einer extrem gesteigerten Merkfähigkeit – zumindest verglichen mit neurotypischen Menschen und in ungebremster Reinform« (S. 39).

Zurück zu den begabungsbezogenen Erlebens- und Verhaltensmerkmalen (Heil, 2022): Insgesamt schätzten die höchstbegabten Teilnehmenden

---

43 Das bedeutet, dass nur 27 % der getesteten Personen gleiche oder bessere Ergebnisse erzielten; Synästhetiker haben folglich eine Gedächtnisleistung, die besser ist als diejenige von 73 % der Kontrollpersonen.

diese im Vergleich zu Hochbegabten stärker als Ressource ein, wobei der Unterschied zur hochbegabten Gruppe nicht signifikant war. Das Belastungserleben hingegen unterschied sich nur geringfügig zwischen Hoch- und Höchstbegabten. Lediglich das schnelle und komplexe Denken wurde von Höchstbegabten signifikant stärker als Belastung erlebt (Mittelwert 3.25 vs. 2.28 bei Hochbegabten). Hierbei benannten die höchstbegabten Teilnehmenden bspw. (Heil, 2022):

- Anstrengung, um anderen Menschen das eigene Denken verständlich zu machen und sich in die Gedankenwelt anderer hineinzuversetzen;
- Problem, dass beim Vereinfachen von Gedanken viel Informationen verloren gehen;
- Belastung, auf das langsamere Denken anderer warten zu müssen;
- Konflikte und Missverständnisse mit anderen aufgrund ihres Denkens etc.

Das Ausschöpfen des Potenzials (im Sinne Ausleben begabungsbezogener Merkmale) scheint in einem der Begabung ähnlichen sozialen Umfeld möglich (▶ Kap. 1.2.3): Bei den höchstbegabten Teilnehmenden hing der Gesamtwert an erlebten Ressourcen durch die Begabung signifikant negativ mit dem Anteil durchschnittlich Begabter, positiv mit dem Anteil Hochbegabter und signifikant positiv mit dem Anteil an Höchstbegabten im engen sozialen Umfeld zusammen (Heil, 2021b). Auch für höchstbegabte Kinder konnte gezeigt werden, dass sich diese meist Freunde suchen, die ebenfalls ein höheres intellektuelles Niveau haben (Gallagher, 2015). Zudem war das Selbstbewusstsein hinsichtlich sozialer Kontakte deutlich besser, wenn höchstbegabte Kinder früh gefördert wurden (Gross, 2006). Insgesamt können stark ausgeprägte Bedürfnisse nach kognitiver Stimulation aufgrund der erhöhten intellektuellen Fähigkeiten angenommen werden (Lovecky, 1994). Wird dies nicht angemessen berücksichtigt, im Sinne »normalisiert«, können gerade höchstbegabte Kinder das Gefühl entwickeln, es stimme etwas im Vergleich zu anderen nicht mit ihnen, oder sich sogar für die eigenen Talente schämen (Lovecky, 1994). Ebenso können die nach außen hin sichtbaren Verhaltensweisen, bspw. früher lesen zu können, vom Umfeld vorurteilsbehaftet, negativ kommentiert werden, bspw. dass Kinder, die bereits vor der

Schule lesen können, von den Eltern »getrimmt« worden sein müssen (Gross, 1999). Bei der Einschätzung konkreter begabungsbezogener Schwierigkeiten, bspw. Unterforderung, Langeweile, Underachievement, ungenügende Lernstrategien, Gefühl des Andersseins etc. scorten die Höchstbegabten signifikant höher im Vergleich zur hochbegabten Gruppe (Heil, 2022).

> Auch wenn es noch weiterer Forschung bedarf, ist nach aktueller Studienlage anzunehmen, dass Höchstbegabte eine höhere Ausprägung hinsichtlich begabungsbezogener Merkmale aufweisen. Es scheint also – vorsichtig interpretiert – Unterschiede innerhalb der Hochbegabung zu geben, so dass hochbegabt eben nicht gleich hochbegabt ist!

5.4 Selbstwahrnehmung: sich anders fühlen

Wie aus den Darstellungen zu Ressourcen und Herausforderungen ersichtlich wird, erleben sich Hochbegabte komplex, kritisch und schnell im Denken, vielfältig, vorausdenkend, Muster erkennend, kompetent und belesen, mit viel Wissen und dem Ansporn, das bestmögliche Ergebnis zu erreichen oder »gechallenged« werden zu wollen; sie erleben sich aber auch zuweilen unterfordert, ungeduldig, wollen es manchmal zu perfekt machen, (be-)denken zu viel oder erleben vieles zu intensiv. Dies steht – neben anderen Faktoren – im Zusammenhang mit den intellektuellen Fähigkeiten, so dass – wie soeben in ▶ Kap. 5.3 diskutiert – von einem Kontinuum auszugehen ist: Hochbegabte erleben die begabungsbezogenen Erlebens- und Verhaltensweisen stärker ausgeprägt als durchschnittlich Begabte und Höchstbegabte erleben diese wiederum stärker ausgeprägt als Hochbegabte (Brackmann, 2012; Heil, 2022).

Es ist also anzunehmen, dass sich erst im Kontakt mit anderen und deren Reaktionen auf das hochbegabungsbezogene Erleben und Verhalten das Gefühl einstellt, anders zu sein bzw. sich von anderen (durchschnittlich begabten Personen) hinsichtlich der Ausprägung und Intensität der Merkmale zu unterscheiden (vgl. Freeman, 2010). In etlichen populärwissenschaftlichen Ratgebern wird dieses *Gefühl*, anders zu sein, oftmals als überdauernde *Eigenschaft*, i. S. einer Anders*artigkeit*, allen Hochbegabten zugeschrieben, was wiederum an oben geschilderte Stereotype anknüpfen würde. Hochbegabte Menschen sind auch »nur« Menschen, die eben vor dem Hintergrund ihrer Begabung sich selbst, der Welt und anderen begegnen und bestimmte Lernerfahrungen sammeln. Sie können sich, je nach Kontext, als von anderen hinsichtlich ihres begabungsbezogenen Erlebens und Verhaltens abweichend oder eben anderen zugehörig erleben (siehe Beispiele).

Eine höchstbegabte Person berichtete, das Gefühl anders zu sein, eigentlich nicht zu kennen. Sie sei in einer Familie mit Geschwistern aufgewachsen, die allesamt überdurchschnittlich intelligent, hoch- oder höchstbegabt seien; zudem sei sie auf eine Hochbegabten-Schule gegangen und habe für das Studium ein Stipendium erhalten. Aktuell studiere sie im Ausland auf einer Elite-Universität. Sie habe sich in ihrem sozialen Umfeld eigentlich schon immer auf einer Wellenlänge mit anderen erlebt; im Gegenteil, wenn sie so sehe, was ihre Kommilitonen leisten, erlebe sie sich als eigentlich »zu normal«.

Eine hochbegabte Person berichtete, sich schon immer und überall anders als die anderen zu fühlen. Sie sei die erste, die in ihrer gesamten Familie das Abitur abgeschlossen habe, sie könne kaum Interessen teilen und ihre Überlegungen können sogar ihre Eltern nicht nachvollziehen. Sie habe ständig das Gefühl, ein Alien zu sein, sich verstellen zu müssen und nicht dazuzugehören.

Eine andere hochbegabte Person berichtete, dass es früher im Kindes- und Jugendalter besonders schlimm war und sie sich anders gefühlt habe. Auch in der Schule habe sie das Gefühl gehabt, ihre intensiven tiefgründigen Interessen nicht mit anderen teilen zu können. Für ihre Noten sei sie zudem als Streber dargestellt worden, dabei fiel es ihr sehr leicht zu lernen und sie habe sich sogar noch unterfordert gefühlt. Erst als sie ein anspruchsvolles Studium begonnen habe, dort auf ihre Fähigkeiten angesprochen worden sei und einen IQ-Test absolviert habe, sei es besser geworden. Sie habe endlich einordnen können, warum sie sich so fühle, habe begonnen, sich ihre Fähigkeiten zu erlauben und habe im Forschungsbereich nun wirklich viele schlaue Köpfe kennengelernt, mit denen sie sich rundum wohl fühle. Heute erlebe sie sich nicht mehr anders, sondern der Fokus wechsle vom Trennenden zum Verbindenden – mittlerweile zu wissen, was sie für ein Umfeld brauche und mit wem sie sich gut verstehe.

Im Rahmen des Identitätsentwicklungsprozesses ist die Auseinandersetzung mit dem eigenen hochbegabungsspezifischen Erleben und Verhalten in Kontakt mit anderen sehr prägend. Besonders in der Pubertät spielen soziale Vergleichsprozesse und die Suche nach Zugehörigkeit eine Rolle, da gerade mit Beginn des Jugendalters die Entwicklungsaufgabe prominent wird, sich in der eigenen Individualität zu finden und sich gleichzeitig einer sozialen Gruppe zugehörig zu fühlen (Greve & Thomsen, 2019). Dabei ist die Entwicklungsaufgabe definiert als

> »a task which arises at or about a certain period in the life of the individual, successful achievement of which leads to his happiness and to success with later tasks, while failure leads to unhappiness in the individual, disapproval by society, and difficulty with later tasks« (Havighurst, 1956, S. 215).

Entwicklungsaufgaben über die Lebensspanne sind eingebettet in bestimmte Normen; gerade die soziale Norm, also die Erwartungen der sozialen Umwelt, gibt oft bestimmte »Korridore« vor, in welchem die Bewältigung einer Aufgabe liegen sollte: »Soziale Tendenzen (das, was ›alle‹ tun) können eine gewisse Verbindlichkeit mit sich bringen (… die sogenannte ›normative Kraft des Faktischen‹)« (Greve & Thomsen, 2019, S. 27). Abweichungen können entsprechend der zugrundeliegenden sozialen Norm als »auffällig« oder anders interpretiert werden. In der Untersuchung von Blut (2020) haben bspw. 80 % der hochbegabten Teilnehmenden angegeben, dass ihnen das sich anders fühlen bereits in der Schulzeit aufgefallen ist. Es ist also davon auszugehen, dass hochbegabte Kinder- und Jugendliche neben allgemeinen Entwicklungsaufgaben auch hochbegabungsspezifische Herausforderungen zu meistern haben (Wittmann, 2019):

- *Herausforderungen in Bezug auf Peers:*
  Manchmal finden hochbegabte Kinder aufgrund ihrer Begabung hinsichtlich Interessen, der sprachlichen Entwicklung, der persönlichen Reife etc. im »klassischen« Schulumfeld zwar Gleichaltrige, jedoch vielleicht keine »Gleichgesinnten«. Sie können das Gefühl haben, nicht so sein zu können, wie sie sind, sondern dass andere Interessen etc. erwartet werden.
- *Herausforderungen in Bezug auf das Ausbildungssetting:*
  Sind Bildungsangebote an das Alter und nicht an das Potenzial gebunden, können das Lerntempo und -level nicht angemessen berücksichtigt werden, so dass hochbegabte Schüler sich nicht in Gänze wahrgenommen fühlen können. Ist das Umfeld in der Schule zudem »anti-intellektuell« eingestellt, werden bspw. gute Noten oder Klasse(n) überspringen als Strebertum abgewertet, erleben sich hochbegabte Schüler auch hier anders.

Eine Schlüsselrolle nimmt hierbei das familiäre Umfeld ein, wenn hochbegabte Kinder unter einer geringen Passung mit ihrer sozialen und schulischen Umwelt leiden, insbesondere sie zu unterstützen, die Begabung wertzuschätzen, zu fördern und andere Angebote für mehr Passung zu suchen (Baudson et al., 2014). Bleiben diese wahrgenommenen Unterschiede jedoch bestehen, kann das Gefühl, anders zu sein, bis ins Erwachsenenalter anhalten, wobei sich im Erwachsenenalter der Spielraum vergrößert, sich das soziale und berufliche Umfeld entsprechend den eigenen Begabungen zu suchen (Rinn & Bishop, 2015).

Die Selbstwahrnehmung, anders zu sein, erscheint demnach fluide und sollte differenzierter betrachtet werden. Wittmann (2019) konnte in ihrer qualitativen Interviewstudie zeigen, dass sich die Teilnehmenden dahingehend unterschieden, wann das Gefühl des Andersseins besonders präsent und belastend war (hohe, mittlere, niedrige Ausprägung) und inwieweit es im Erwachsenenalter akzeptiert wurde (hohe, mittlere, niedrige Ausprägung) (▶ Abb. 5.4)[44]. Während in der Kindheit fünf von

---

44 Dabei erlebten sich diejenigen Teilnehmenden, die von einer geringen Akzeptanz des Gefühls anders zu sein berichteten, vermehrt einsam (Wittmann, 2019).

zwölf Probanden[45] das Gefühl, anders zu sein, belastend und präsent erlebten (= hohe Ausprägung), schilderten sieben von zwölf Probanden, das Gefühl des Andersseins besonders stark heute, im Erwachsenenalter, zu kennen (= hohe Ausprägung). Zum Messzeitpunkt haben neun von zwölf Probanden das Gefühl akzeptiert, so dass kein Leidensdruck erlebt wird.

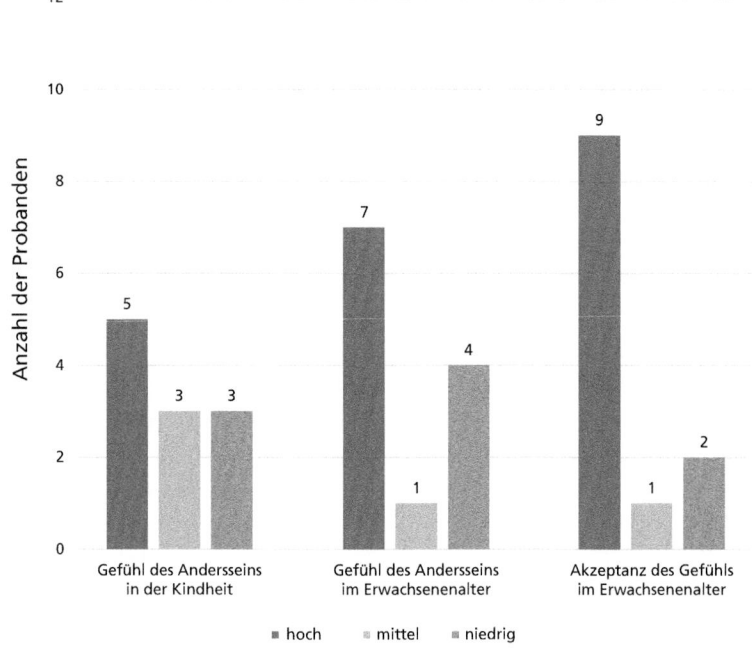

Abb. 5.4: Ausprägung des Gefühls, anders zu sein, sowie dessen Akzeptanz (Wittmann, 2019)

In mehreren Untersuchungen konnte zudem belegt werden, dass sich hochbegabte Frauen signifikant häufiger anders fühlen als Männer (Blut, 2020; Heil, 2021a/b). Auch höchstbegabte Personen wiesen signifikant höhere Werte als Hochbegabte auf (Heil, 2022). Ebenso hängt der Ge-

---

45 Ein Proband hat die Frage nach der Belastung in der Kindheit durch das Gefühl, anders zu sein, nicht beantwortet, weshalb die aufsummierte Anzahl der Probanden insgesamt nur 11 (statt 12) ergibt.

samtwert des Ressourcenerlebens, d. h., inwieweit das hochbegabungsbezogene Erleben und Verhalten als Ressource wahrgenommen wird, von hoch- bzw. höchstbegabten Personen mit dem Anteil der Hoch- bzw. Höchstbegabten im sozialen Umfeld zusammen (Heil, 2021a/b). Da es sich bei den Ergebnissen um Korrelationen handelt, sind kausale Schlüsse erst einmal Hypothesen, die noch belegt werden müssen. Allerdings konnten in der Vergleichsstudie von Hoch- und Höchstbegabten mit »lediglich« einem IQ-Gruppenunterschied von ca. 12 Punkten bereits etliche Unterschiede im begabungsbezogenen Erleben und Verhalten gezeigt werden (Heil, 2022). Demnach ließe sich vorsichtig annehmen, dass das Ausleben der begabungsbezogenen Aspekte besser und zufriedenstellender in einem ähnlichen Umfeld gelingt, weniger als Belastung erlebt wird und weniger mit dem Gefühl des Andersseins verbunden ist.

Auch in Bezug auf Paarbeziehungen konnte gezeigt werden, dass Hochbegabte im Vergleich zu durchschnittlich begabten Menschen mehr Wert auf eine hohe Intelligenz beim Lebenspartner legen: »More than others, they may therefore feel the need for a similar partner, someone who understands what it is like to be gifted« (Dijkstra et al., 2012). Und hinsichtlich Arbeitsbeziehungen hat Simonton bereits 1985 eine »region of comprehension« formuliert: Die Zusammenarbeit gelinge dann besonders gut, wenn der IQ-Unterschied 15 Punkte (entspricht einer Standardabweichung) nicht übersteigt. Es geht also darum, Kommunikation – aus Sicht des Hochbegabten – nicht zu sehr vereinfachen zu müssen, um gänzlich verstanden zu werden. Hollingworth stellte dies bereits 1926 (!) fest: »it is apparently a fact of social psychology that a group does not seek of its own accord to follow one who is too intelligent to be well understood by its members« (zit. nach Simonton, 1985, S. 535). Dies deckt sich mit einer aktuellen Untersuchung von Schlegler (2022) zur Arbeitssituation von Hochbegabten: »Difficulties for gifted individuals seem to be primarily in communicating with non-gifted individuals, as gifted individuals indicate that they use adapted communication« (S. 17).

Zusammenfassend lässt sich festhalten, dass das Gefühl des Andersseins mit der Selbstwahrnehmung im Vergleich zu anderen verbunden und demnach nichts Statisches ist, sondern sich je nach Umfeld bzw. Passungserleben über die Lebensspanne hinweg verändert. Ebenso erleben sich nicht alle Hochbegabten zu jeder Zeit »gleich anders« als andere – die Intensität des Gefühls, die damit verbundene Belastung und die Akzeptanz dessen variiert.

Auch beim Gefühl, anders zu sein, lohnt sich eine differenzierte Reflexion der eigenen biografischen Lernerfahrungen: Wann hat dieses Gefühl in welchem Kontext begonnen? Wie hat es sich mit entsprechenden Umwelt-/Umfeldbedingungen verändert? Wie belastend wurde und wird dieses Gefühl bis heute erlebt?

Interessierte Lesende sind zu Arbeitsblatt 5.3 eingeladen.

6 Eigene hochbegabungsspezifische Lernerfahrungen in der Biografie verstehen

Gleichwohl in vielen Ratgeberbüchern typisierte Hochbegabten-Biografien dargestellt werden, um die Möglichkeit für die Lesenden zu schaffen, sich damit zu identifizieren bzw. auf Ähnlichkeit zu prüfen, ist und bleibt jede Biografie einzigartig. Auch eine hochbegabte Person wächst (wie jeder andere Mensch auch) und ihren individuellen Lebensbedingungen auf und wird vor dem Hintergrund individueller Lebenserfahrungen geprägt. Der Versuch, jedes mögliche Muster an Lernerfahrungen anhand von Beispielen zu verdeutlichen, ist somit ein unmögliches Unterfangen und verleitet am Ende doch, in Stereotypen zu denken (der Hochbegabte erlebt den Kindergarten *typischerweise* so…, die Schulzeit *typischerweise* so… etc.). In diesem Kapitel soll deshalb der Fokus auf *der Art* der Lernerfahrungen liegen, welche von Hochbegabten, trotz aller Individualität, geteilt werden – nämlich im Zusammenhang mit ihrer Begabung.

Im Folgenden wird deshalb ein psychologisches Modell auf Hochbegabte übertragen (▶ Kap. 6.1), um die spezifischen Lernerfahrungen über die Lebensspanne einordnen, die daraus resultierenden Annahmen über sich und andere (sog. Prägungen oder Schemata) sowie die damit zusammenhängenden (sozialen) Copingstrategien ableiten zu können. Zudem wird noch ein Exkurs zum »stigma of giftedness« (▶ Kap. 6.2) vorgestellt, der für diejenigen Hochbegabten interessant sein könnte, die (mit Beginn im Kindesalter) wegen des Labels stigmatisierende Erfahrungen haben sammeln müssen. Abschließend wird ein Resümee aus den Inhalten gezogen (▶ Kap. 6.3).

6.1 Übergreifendes Modell zur Einordnung

Gerade die Reaktionen anderer auf die als *zu sich gehörend* empfundenen hochbegabungsbezogenen Erlebens- und Verhaltensweisen spielen in der Ausgestaltung des eigenen Selbstkonzepts eine wesentliche Rolle (Freeman, 2010). Es geht also um das eigene authentische Erleben: Wenn ich so bin, wie ich bin, welche Erfahrungen mache ich dann mit mir, anderen und meiner Umwelt? Wiederkehrende, ähnliche Lernerfahrungen über die Lebensspanne haben folglich Auswirkungen darauf, wie jemand über sich »denkt« und wie sich zukünftig in ähnlichen Situationen verhalten wird. Anhand des folgenden Modells soll dies verdeutlicht werden (▶ Abb. 6.1).

Um die eigenen hochbegabungsbezogenen Lernerfahrungen über die Lebensspanne systematisch reflektieren zu können, werden im Folgenden die Komponenten des Modells und deren Zusammenhänge ausführlich vorgestellt.

6.1.1 Authentische Handlungsregulation

Hochbegabte erleben und verhalten sich entsprechend ihrer »Grundausstattung« mit ihrem zugehörigen Denken und entsprechenden begabungsbezogenen Kompetenzen (▶ Kap. 5.1). Dies kann als *Ebene der authentischen Handlungsregulation* bezeichnet werden (Sachse, 2019). Dabei kann das Label »Hochbegabung« bereits vergeben worden sein, d. h., es erfolgte in der Kindheit ein IQ-Test, oder nicht. In Unabhängigkeit davon verhält und zeigt sich das hochbegabte Kind in seinem begabungsbezogenen Erleben und Verhalten. Das unmittelbare soziale Umfeld, insbesondere Eltern, weitere Bezugspersonen, Peers, Lehrer etc., reagiert auf eine bestimmte Weise darauf.

Anhand eines Kontinuums lassen sich die Lernerfahrungen Hochbegabter mit ihrer sozialen Umwelt dahingehend einordnen, wie validierend oder invalidierend sie die Reaktionen anderer über die Lebensspanne hinweg in verschiedenen Kontexten in Bezug auf ihre Hochbegabung erlebt haben. Dabei lässt sich Validierung verstehen als (Linehan, 1997)

6 Eigene hochbegabungsspezifische Lernerfahrungen verstehen

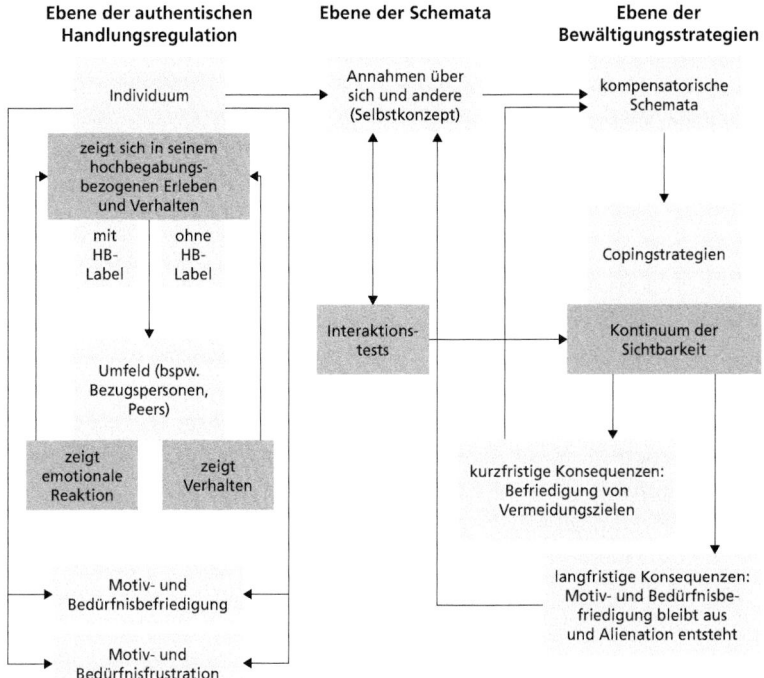

Abb. 6.1: Modifiziertes Modell der Doppelten Handlungsregulation übertragen auf Hochbegabte (Stark, 2024, S. 91)

- Rückmeldung an das Individuum, dass die eigenen Erlebens- und Verhaltensweisen vor dem individuellen Lebenskontext oder in der konkreten Situation Sinn machen und nachvollziehbar erscheinen sowie
- Ernstnehmen der individuellen Erlebens- und Verhaltensweisen und Akzeptanz des Individuums.

Im positiven Sinne erlebt eine hochbegabte Person von Beginn an ein soziales Umfeld, das die begabungsbezogene »Abweichung von der Norm« annimmt, fördert und unterstützend wirkt. Das hochbegabte Kind erlebt sich demnach akzeptiert und wird im eigenen Denken, Empfinden und Wahrnehmen validiert. Dadurch kann es sich authentisch zeigen und zentrale psychische Motive und Grundbedürfnisse können befriedigt, sprich gut »gesättigt«, werden. Diese sind allen Menschen eigen, wie bspw. das Erleben von Zugehörigkeit, Nähe, Schutz etc. (= Bindung), das Erleben von Anerkennung, Wertschätzung, Wichtigkeit etc. (= Selbstwerterhöhung/-schutz), das Erleben von Selbstbestimmung, Autonomie, Vorhersagbarkeit etc. (= Orientierung/Kontrolle) sowie das Erleben von Wohlbefinden, Genuss, Entspannung (in Abwesenheit von unangenehm erlebten Zuständen) (= Lustgewinn/Unlustvermeidung) (Grawe, 2004). Erlebt sich also das hochbegabte Kind vornehmlich durch emotionale Reaktionen des Umfeldes angenommen in seinem hochbegabungsspezifischen, authentischen Sein, werden zentrale Bedürfnisse befriedigt und es kann sich ein positives Selbstkonzept herausbilden (▶ Kap. 6.1.2). Vielleicht wird aufgrund der Abweichung von der Norm, sprich im Vergleich zu anderen, nicht hochbegabten Kindern im Kindergarten, in der Schule etc., gelernt »Ich bin anders«, doch mit dem Zusatz »... und das ist ok so, ich werde gemocht, so wie ich bin«.

Die Reaktionen des Umfeldes können jedoch gegenüber dem hochbegabten Kind auch invalidierend wirken. Zum einen kann Erwartungsdruck aufgrund der Begabung erlebt werden, sowohl bei getesteter Hochbegabung (im Sinne »Jetzt, da wir wissen, dass du hochbegabt bist, musst du auch entsprechende Leistung zeigen«) als auch ohne explizit vergebenes Label (im Sinne »Du bist doch sonst so schlau, warum kannst du das denn jetzt nicht...«).

Eine hochbegabte Studentin, getestet während der Grundschulzeit, berichtet: Ich bin die einzige meiner Geschwister, die hochbegabt ist. Meine Eltern waren sehr bedacht, mich immer ausreichend zu fördern und mein Potenzial weiterzuentwickeln. Ich musste schon von klein auf Fremdsprachen und Instrumente lernen, dabei wollte ich das gar nicht. Auch im Gymnasium und aktuell im Studium sei »klar«, dass ich hervorragende Noten schreiben soll. Obwohl meine Eltern es wirklich nur gut gemeint haben, fühle ich mich schon immer unter Performanzdruck. Anderen in meinem Umfeld erzähle ich auf gar keinen Fall, dass ich hochbegabt bin, wer weiß, was die dann von mir erwarten.

Zum anderen kann das Umfeld aber auch reglementierend in Bezug auf das hochbegabungsspezifische Verhalten reagieren, weil dadurch vielleicht selbst verunsichert, neidisch oder überfordert. Im ersten, obigen Fall soll also »mehr« gezeigt werden, was vielleicht in einem Schema »Ich genüge nicht oder leiste zu wenig« münden kann, im zweiten Fall soll »weniger« gezeigt werden, was vielleicht mit der Annahme »Ich bin zu viel und überfordere« verbunden sein kann (▶ Kap. 6.1.2).

In der Regel werden über die Lebensspanne in diversen Kontexten und Abschnitten unterschiedliche, also sowohl positive als auch negative Erfahrungen gesammelt, was folgende Beispiele auszugsweise zeigen (▶ Tab. 6.1).

Tab. 6.1: Erfahrungsbeispiele Hochbegabter mit Reaktionen des sozialen Umfeldes (Heil, 2021a/b)

Merkmal	Positiv erlebte Reaktionen	Negativ erlebte Reaktionen
Schnelles und komplexes Denken	»Im beruflichen Umfeld wird es oft von mir gebraucht, dass ich Dinge schnell verstehe und weiterdenken kann« (Heil, 2021a, S. 11).	»Ich bin ständig mit meinen Mitmenschen kollidiert und erhielt die Rückmeldung, zu schnell, zu sprunghaft, zu genau, zu kompliziert, zu umständlich, zu anstrengend, zu tiefgründig zu sein« (Heil, 2021b, S. 10).
Logisch-analytische Fähigkeiten	»In beruflichen Diskussionen bin ich oft derjenige, der Struktur und Analyse in das Gespräch bringt und damit zu einer konstruktiven Lösung beitragen kann« (Heil, 2021a, S. 18).	»Teilweise bekomme ich gespiegelt, dass meine logischen Analysen als ›emotionslos‹ oder ›unempathisch‹ empfunden werden – was mich oft trifft« (Heil, 2021a, S. 18).
Breit gefächerte Interessen	»Wenn ein Thema gerade aktuell ist, eigne ich mir gern tiefergehendes Wissen an, so dass ich von Fachleuten schon wiederholt als dazugehörig angesehen wurde« (Heil, 2021b, S. 14).	»Breites Allgemeinwissen und vielseitige Interessen werden eher als Besserwisserei wahrgenommen, da das Gegenüber nicht glauben kann, dass man sich für so viele Dinge

Tab. 6.1: Erfahrungsbeispiele Hochbegabter mit Reaktionen des sozialen Umfeldes (Heil, 2021a/b) – Fortsetzung

Merkmal	Positiv erlebte Reaktionen	Negativ erlebte Reaktionen
		interessiert« (Heil, 2021a, S. 34).
Kritisches Denken	»Im beruflichen Umfeld der Wissenschaft ist das natürlich eine extrem wertvolle Ressource, ich werde dort als Diskussionspartner wertgeschätzt« (Heil, 2021b, S. 15).	»In meiner Kindheit und Jugend hat es mich viel stärker belastet, da Erwachsene (Lehrer, Eltern, etc.) häufig nicht auf meine Gedanken einzugehen versucht haben und es als aufmüpfig oder frech abgetan haben, wenn ich Dinge hinterfragt habe. Wobei ich meistens gar nicht kritisieren wollte, sondern nur gern Erklärung für Unterrichtsmethoden, Verhalten von Menschen oder bestimmte Regeln gehabt hätte. Rückblickend haben mich die Reaktionen sehr irritiert« (Heil, 2021b, S. 16).
Hohe Sensibilität	»In Gruppen habe ich – so erkläre ich mir das – ein gutes unterbewusstes Gefühl für die Dynamik und die Stimmung, so dass ich auch schwierige Gruppenmoderationen zu einem guten Ende führen kann« (Heil, 2021b, S. 23).	»Grade [sic] in Beziehungen wurde mir viel zurückgespiegelt, dass es nerve, wenn ich immer sofort merke, dass irgendetwas nicht stimmt (Heil, 2021b, S. 24).
Perfektionismus	»Perfekte Arbeit macht Spaß und kommt neben mir auch meinen Auftraggeberinnen zu Gute [sic]« (Heil, 2021b, S. 24).	»Während ich mich hierbei im Job oft zurückhalte, weil die Kollegen von meiner ›Pingeligkeit‹ genervt sind [...]« (Heil, 2021a, S. 37).
Hohe sprachliche Fähigkeiten	»Ich werde sehr geschätzt für meine Fähigkeit, Dinge verständlich und nachvollziehbar	»Privat wird es leider mitunter als hochnäsig gewertet« (Heil, 2021b. S. 27).

Tab. 6.1: Erfahrungsbeispiele Hochbegabter mit Reaktionen des sozialen Umfeldes (Heil, 2021a/b) – Fortsetzung

Merkmal	Positiv erlebte Reaktionen	Negativ erlebte Reaktionen
	zu erklären« (Heil, 2021a, S. 29).	
Geringer Übungsbedarf	»Bei neuen Tätigkeiten bin ich immer recht schnell im Bereich, dass ich als kompetent anerkannt werde« (Heil, 2021a, S. 46).	»Die Belastung entsteht dadurch, dass das Umfeld einem aufzwingt mehr zu üben, weil man dem nicht traut« (Heil, 2021b, S. 32).
Sehr gutes Gedächtnis	»Mein gutes Gedächtnis war mir beim Lernen und im sozialen Umgang mit sehr vielen Menschen sicherlich sehr hilfreich« (Heil, 2021a, S. 40).	»Ich kann mir alles merken, auch Gespräche oder gehörte Sätze. Dies ist vielen Menschen aber unheimlich und sie wundern sich, wenn ich irgendetwas weiß, das sie mir vor Jahren gesagt haben und es aber schon vergessen haben. Daher muss ich immer wieder verheimlichen, was ich alles weiß, und so tun, als wüsste ich es nicht (Heil, 2021b., S. 32).

Selbstredend wird nicht aus *einer* isolierten Begebenheit mit *einer* Bezugsperson in *einem* Kontext in *einem* bestimmten Lebensabschnitt sofort ein übergeordnetes Schema, d. h. »kondensierte Schlussfolgerungen aus Erfahrungen« (Sachse et al., 2016, S. 45). Hierfür benötigt es wiederholte, sich ähnelnde Lernerfahrungen über die Lebensspanne hinweg. Psychologisch betrachtet wirken sich Erfahrungen in der Kindheit prägender aus als Lernerfahrungen, die im Erwachsenenalter gemacht werden. Als erwachsene Person sind doch zumeist vielfältige, variierende Begebenheiten abgespeichert, was einer negativen Hier-und-Jetzt-Erfahrung bspw. ein gut wirkendes Positivbeispiel aus der Vergangenheit entgegensetzen kann. Demnach werden aktuelle Erfahrungen in der Regel im Erwachsenenalter auf eine gewisse Art und Weise relativiert, also in Bezug gesetzt zu früheren Erfahrungen. Zudem geht es auch nicht um dramatische, gar traumatisierende Lernerfahrungen, sondern vielmehr um wiederkehrende alltägliche Begebenheiten, oftmals »ohne böse Absicht« der Bezugspersonen:

>»Helena war sechs Monate alt und konnte gerade aufrecht sitzen. Sie spielte in ihrem Kinderzimmer, mein Mann und ich waren für einen Moment in der Küche. Da hörten wir plötzlich eine Stimme aus dem Kinderzimmer, die sagte: ›Mama, komm her!‹ Mein Mann und ich schauten uns erschrocken an und meinten, uns verhört zu haben. […] Wir konnten es nicht glauben, sie war doch erst ein halbes Jahr alt! Vorsichtig schlichen wir ins Kinderzimmer und sahen Helena entgeistert an. Wir wussten nicht, ob wir erfreut oder schockiert sein sollten. Es war uns zuerst ein bisschen unheimlich« (Brackmann, 2020b, S. 57 f.).

Selbst wenn die Hochbegabung noch nicht getestet und mit dem Label nach außen sichtbar ist, erkennt das hochbegabte Kind doch sehr schnell, dass es mit seinem Verhalten von anderen abweicht, bspw. wenn andere Kinder in der ersten Klasse eben noch nicht lesen oder rechnen können, keinen so ausgefeilten Wortschatz haben oder eigene, entwickelte komplexe Spiele von anderen nicht verstanden werden (Gross, 2011).

Dabei können Hochbegabte nicht nur hinsichtlich des komplexen, schnellen Denkens, der vielfältigen Interessen, der intrinsischen Motivation oder gezeigter Leistungen eine Nicht-Passung« zum Umfeld bis hin zu invalidierenden, also abwertenden und die eigenen Empfindungen in Frage stellenden, Reaktionen erleben, sondern auch in Bezug auf das intensive emotionale Erleben: »Meist sehen das vor allem die Menschen um mich herum als negative Eigenschaft,[sic] und ich bekomme das Gefühl vermittelt, nicht normal oder sogar wirklich komisch zu sein« (Heil, 2021a, S. 45). In der Klinischen Psychologie gibt es speziell für das Vorliegen einer emotionalen Hochsensibilität Untersuchungen, die den Effekt wiederholter invalidierender Erfahrungen näher betrachten. Zwar beziehen sich diese Ergebnisse nicht auf Hochbegabte, die Auswirkungen der Reaktionen auf das eigene authentische Sein lässt sich an dieser Stelle jedoch übertragen: Psychologisch betrachtet, streben Menschen danach, intensive Emotionen (bis auf Scham oder Neid) mit anderen zu teilen und einen sozialen Abgleich herzustellen (Curci & Rimé, 2012). Dabei ist der Wunsch nach Verständnis und emotionaler Anteilnahme durch andere umso größer, je intensiver die Emotion. Was passiert dann bei einer Nicht-Passung des Erlebensniveaus von Emotionen?

»Angenommen, vier Geschwister sitzen gemeinsam vor dem Fernseher und sehen sich einen Film an, in dem eine kurze traurige Episode vorkommt, gefolgt von einer Reihe tröstender und lustiger Sequenzen. Während drei der Geschwister mit dem Film mitschwingen, sitzt der vierte, nennen wir ihn Karl, auch noch nach 15 Minuten mit Tränen in den Augen schluchzend vor dem Bildschirm. Als die anderen ihn bestürzt fragen, was denn los sei, erzählt er, wie schrecklich traurig diese Szene war. Die anderen haben diese Szene schon fast vergessen und lachen ihn aus: »He, das ist doch schon ewig her! Das ist doch nicht schlimm, alles nur ein Film, du Heulsuse!« Und wenn nun die sorgsame Mutter aus Rücksicht auf die emotionale Befindlichkeit von Karl ihn vom Fernseher wegschickt, wird er sich heulend auf sein Bett werfen und darüber nachdenken, dass er wahrscheinlich bei seiner Geburt verwechselt worden sei und gar nicht in diese barbarische Familie gehöre. Weil diese Episode kein Einzelfall in seinem Leben sein wird, wird er beginnen, sich dafür zu schämen, dass er so ist, wie er ist« (Bohus, 2019, S. 15).

Reagiert die hochbegabte Person also deutlich stärker als das Gegenüber, liegt die Intensität der Emotion eben nicht auf dem gleichen Niveau (in Anlehnung an Stark (2024), S. 94):

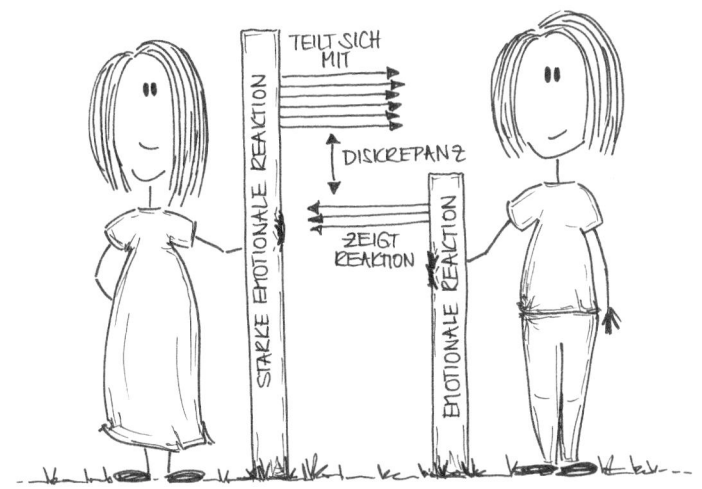

Somit erfolgt die empathische Reaktion des Gegenübers mit einem niedrigeren Ausprägungsgrad und es kann eine Art von Diskrepanz entstehen – quasi ein »gap« zwischen der Intensität der eigenen Emotion samt Wunsch, auf diesem Intensitätsniveau verstanden zu werden, und eben der Reaktion des Gegenübers (Bohus, 2019). »Oder anders ausgedrückt: Das Gezeigte erscheint viel ›wertvoller‹ als der ›Preis‹, der vom Gegenüber ›gezahlt‹ wird« (Stark, 2024, S. 94). Gerade wenn hochbegabte Personen sich nicht über ihre eigene emotionale Hochsensibilität bewusst sind, können – wie in obigem Beispiel – sogar wohlgemeinte, zugewandte Reaktionen anderer, jedoch mit niedrigerer Intensität oder Tiefgründigkeit, bereits als invalidierend in Bezug auf das eigene Fühlen *erlebt* werden. Wiederholen sich solche Lernerfahrungen, können daraus überdauernde Annahmen in Bezug auf das eigene Sein entstehen.

6.1.2 Selbstkonzeptschemata und kompensatorische Schemata

Kommt es hinsichtlich des hochbegabungsbezogenen Erlebens und Verhaltens wiederholt zu ähnlichen Erfahrungen, bilden sich sog. Schemata (▶ Abb. 6.1) heraus, d. h., »spezifische Erfahrungen mit bestimmten Situationen, Personen, eigenen Handlungen usw. ›kondensieren‹ zu Strukturen, die von der Person, sind sie einmal vorhanden, auf entsprechende Situationen wieder angewandt werden« (Sachse et al., 2016, S. 45). Diese organisierten Strukturen enthalten folglich Annahmen über spezifische Inhaltsbereiche, bspw. sich selbst, eigenen Kompetenzen, Beziehungen, andere Menschen oder die Welt im Allgemeinen. Sie werden durch situationale Auslöser im Hier und Jetzt aktiviert und determinieren den aktuellen »state of mind« der Person, d. h. mit einer bestimmten Stimmungslage und aktivierten oder aktivierbaren Gedächtnisinhalten. Demnach sind die weitere Situations- und Informationsverarbeitung, das emotionale Empfinden und Handlungsimpulse davon beeinflusst (Sachse et al., 2016).

Zusammengefasst können diese Schemata als eine Art »Schablone« wirken, die – wenn im Hier und Jetzt durch eine Erfahrung aktiviert – über die neue Situation darübergelegt wird und demnach, wenn nicht bewusst reflektiert, ein Risiko für einen Wahrnehmungsbias in sich birgt. Neue Situationen werden dann schema-konform interpretiert (Sachse et al., 2016). Dies ist ein allgemeiner psychologischer Wirkmechanismus und stellt nichts Problematisches dar. Wurden jedoch in der Vergangenheit wiederholt negative Lernerfahrungen gesammelt und haben sich demnach ungünstige Selbstschemata herausgebildet (bspw. »Ich bin zu anstrengend«), kann es sein, dass selbst neutral wirkende Interaktionen eingefärbt werden (bspw. »Ich werde bestimmt wieder zu viel sein«).

Empirisch sind – nach eingehender, eigener Recherche – Selbstkonzeptschemata bei Hochbegabten nicht näher untersucht, auch wenn die »Nicht-Passung« zum sozialen Umfeld oder die Wahrnehmung, anders zu sein, vielfach in der Literatur beschrieben wurde (Rinn & Bishop, 2015). Die Auswirkung von wiederholten, negativen, invalidierenden Rückmeldungen auf das Selbstkonzept wurde allerdings bereits 1989 von Gross formuliert:

> »Where this open and nonjudgmental feedback is available, the child will develop a secure and healthy self-concept. Where feedback is falsified and invalidated through envy or lack of understanding, […] the gifted receive a negative and unrealistic view of themselves and their potential« (S.192).

Reagieren also Bezugspersonen, Lehrer, Mitschüler oder Peers wiederkehrend und in unterschiedlichen Situationen irritiert, überfordert, hilflos oder gar desinteressiert, limitierend und invalidierend auf das hochbegabungsspezifische Erleben und Verhalten, kann sich aus dem Gefühl, anders zu sein, bspw. das Schema entwickeln, falsch zu sein, andere zu überfordern, zu nerven, zu enttäuschen etc. Gerade spät erkannte Hochbegabte haben in der Kindheit oftmals keine zufriedenstellende Förderung oder Wertschätzung der eigenen hochbegabungsbezogenen Verhaltensweisen erhalten; zuweilen wurde die Hochbegabung vom sozialen Umfeld gar nicht beachtet (Wittmann, 2019). Demnach lag für die hochbegabte Person noch kein nachvollziehbarer Erklärungsrahmen vor, weshalb der »Bruch« im Kontakt mit anderen vielleicht eher negativ auf sich bezogen wurde (»Lange verstand ich die ständige Ablehnung von Gleichaltrigen nicht und suchte einen Fehler oder Grund bei mir« (Bergjann, 2022, S. 25)).

Auch wenn – wie eingangs erwähnt – eine jede hochbegabte Person individuelle, konkrete Erfahrungen in ihrem Leben sammelt, scheint es im schlimmsten Falle übergeordnet einen »Zusammenhang zwischen der jahrelangen Erfahrung der Nicht-Passung […] und einer negativen Einstellung zur eigenen Begabung zu geben« (Wittmann, 2019, S. 100).

Exkurs: Beispielhafte Auswahl an ungünstigen Schemata (abgeleitet aus der therapeutischen Praxis)

- Ich bin anders/falsch/komisch/unerwünscht.
- Ich werde immer missverstanden.
- Andere mögen/verstehen/sehen mich nicht.
- Ich bin zu kompliziert/zu viel/zu anstrengend/zu schnell/zu perfekt/zu gut/erwarte zu viel.
- Ich gehöre nicht dazu/werde ausgeschlossen/bin nicht passend/habe keinen Platz.
- Es gibt niemanden, der so ist wie ich.
- Alle sind auf einer Wellenlänge, nur ich nicht.
- Ich kann mich anderen nicht zumuten.
- Nie kann ich mich wirklich zeigen.
- Ich werde immer von anderen ausgebremst.
- etc.

In diesen – vielfach von Hochbegabten in der therapeutischen Praxis genannten – Formulierungen findet sich auch das »zu viel«, das bereits in ▶ Kap. 5.2 für die hochbegabungsbezogenen Herausforderungen aufgeführt wurde. Fiedler (2008) stellte hinsichtlich der erlebten Intensität Hochbegabter über die Lebensspanne hinweg fest: »The ›too much‹ comments are as familiar to gifted adults as they are to gifted youngsters – maybe even more so, since as adults, they may have become highly sensitized to criticisms heaped on their heads throughout their lives« (S. 182).

An dieser Stelle können noch andere, spezifische Selbstkonzeptschemata genannt werden, die vielleicht auch bei einigen Hochbegabten, je nach Lernerfahrung, eine Rolle spielen. Diese beziehen sich auf die Bewertung der eigenen Leistung und werden häufig als »Impostor-Syndrom« bezeichnet.

> **Exkurs: Impostor-Selbstkonzept**
>
> Das sog. *Hochstaplersyndrom* wurde erstmals von Clance und Imes (1978) als primär weibliches Phänomen beschrieben. Gerade sehr erfolgreiche Frauen im akademischen Bereich würden trotz ihrer Verdienste, Auszeichnungen oder positiven Rückmeldungen ihren Erfolg nicht wahrhaben können; sie nehmen hingegen an, nicht intelligent genug zu sein, dass der Erfolg nur Glück gewesen sei oder dass sie befürchteten, als Betrügerinnen entlarvt zu werden. Die weitere Forschung zeigte, dass Männer und Frauen gleichermaßen davon betroffen sein können (Bravata et al., 2020) und es altersübergreifend ist (Rohrmann et al., 2020). Zudem ist es nicht auf einen beruflichen Sektor beschränkt, wobei Personen mit höherem Bildungsniveau und hoch qualifizierten Abschlüssen besonders betroffen sind (Rohrmann et al., 2020); bspw. insbesondere bei Promovierenden (Klinkhammer, 2012) und hier vor allem im MINT-Bereich (Chakraverty, 2020).

Fortsetzung Exkurs: Impostor-Selbstkonzept

Um das Phänomen erst einmal neutral (und nicht gleich pathologisch) zu begreifen, schlagen Rohrmann und andere (2020) vor, von einem Impostor-*Selbstkonzept* zu sprechen (anstatt »Syndrom«). Die damit verbundenen Denk- und Verhaltensweisen lassen sich auf einem Kontinuum anordnen, wobei sich bei einer extremen Ausprägung klinisch bedeutsame psychische Symptome/Belastungen entwickeln können. Baudson (2017c) fasst typische Gedankengänge bei davon betroffenen Hochbegabten folgendermaßen zusammen:

»*Wenn ich das kann, dann kann das jeder. Ich habe nichts geleistet, ich hatte nur Glück. Jemand muss bei meiner Einstellung einen schrecklichen Fehler gemacht haben. Eigentlich gehöre ich hier gar nicht hin. Andere sind viel qualifizierter als ich. Das war nur Zufall – ich war zur rechten Zeit am rechten Ort. Ich habe Angst vor dem Moment, an dem der ganze Schwindel auffliegt und jemand merkt, dass ich eigentlich gar nichts kann. Ich verheimliche den anderen etwas. Ich verstelle mich die ganze Zeit. Wenn die anderen sehen würden, wie ich wirklich bin, wäre alles aus. Eigentlich habe ich das alles nicht verdient. Vielleicht kannte ich einfach die richtigen Leute, die mich hier reingebracht haben. Ein falscher Schritt und ich fliege raus. Einmal mehr habe ich alle an der Nase herum geführt [sic], ohne es zu wollen. Ich kann nicht glauben, dass das noch niemand bemerkt hat.«* (S. 9) Es werden bestimmte Lernerfahrungen angenommen, die zu der Entwicklung eines Impostor-Selbstkonzepts führen können (Clance,1985, zit. nach Sakulku & Alexander, 2011):

»*(1) the perception of Impostors that their talents are atypical compared with family members, (2) family messages that convey the importance of intellectual abilities and that success requires little effort, (3) discrepancy between feedback about Impostors' abilities and success derived from family and other sources, and (4) lack of positive reinforcement*« (S. 83).

Nach dieser Beschreibung kann sich demnach ein solches Selbstkonzept bei hochbegabten Personen entwickeln, die sich von anderen in ihrer Familie durch die mit der Hochbegabung verbundenen Kompetenzen unterscheiden, in ihrem Erfolg nicht angemessen bestärkt und in ihrem Erleben nicht angemessen validiert wurden sowie ein Erwartungsdruck vorhanden ist, durch die hohe Intelligenz immer hervorragende Leistungen unabhängig von der Anstrengung zeigen zu können. Erfolg kann damit der Auslöser für Ängste und Sorgen werden. Klassischerweise wird das Impostor-Selbstkonzept im Sinne eines Teufelskreises aufrechterhalten (Sakulku & Alexander, 2011): Leistungsbezogene Anforderungen lösen Selbstzweifel bis hin zu Angst aus und führen entweder zu einer Überkompensation oder einer Prokrastination. Wird die Aufgabe erfüllt, wird der Erfolg bei ersterer Reaktion auf besondere Anstrengung und bei letzterer Reaktion auf Glück attribuiert, jedoch eben nicht auf die eigene Kompetenz. Besonders wenn in der Biografie gelernt wurde, immer erfolgreich sein zu müssen, kann sich auch eine Angst vor Versagen bis hin zu Schamgefühlen einstellen.

Demnach werden schlimmstenfalls leistungsbezogene Anforderungen (welche mit hochbegabungsspezifischen Kompetenzen prinzipiell bewältigbar erscheinen) vor dem Hintergrund gelernter Selbstkonzeptschemata zu Auslösern für Ängste – sowohl vor dem Erfolg als auch vor dem Versagen.

Die ausgebildeten Schemata (in Bezug auf sich, andere, die eigene Leistung etc.) sind – unter psychologischer Perspektive – allerdings nicht nur ein reiner »kognitiver Niederschlag« aus den gesammelten Erfahrungen, sondern beinhalten auch damit zusammenhängende emotionale Reaktionen (Sachse et al., 2016) aus den früher damit verbundenen Konsequenzen (bspw. ausgeschlossen, missverstanden, im schlimmsten Falle gemobbt zu werden). Somit bilden sich sog. *kompensatorische Schemata* aus (▶ Abb. 6.1) aus, im Sinne von »Anweisungen an sich selbst«, um die negativ erlebten Folgen aus der Vergangenheit nicht eintreten zu lassen (Sachse, 2019): Bspw.

- Nur wenn ich mich an andere anpasse und nicht auffalle, werde ich nicht ausgeschlossen.
- Ich muss mich besonders gut erklären, damit mich andere nicht missverstehen und mich mögen.
- Ich muss so tun, als ob ich dazugehöre und genauso ticke wie die anderen, damit ich nicht komisch erscheine.
- Ich darf meine Leistungen/Interessen/Kompetenzen nicht zeigen, sonst gehöre ich nicht dazu.
- Ich muss immer besonders sein und hervorragende Leistungen zeigen, sonst werde ich nicht gemocht.
- Ich darf meine Überlegungen/Gedanken nicht preisgeben, sonst bin ich schuld, dass andere überfordert sind.

Aus psychologischer Sicht handelt es sich hierbei um sog. Vermeidungsziele (im Vergleich zu Annäherungszielen), so dass der Fokus der Aufmerksamkeit auf das zu Vermeidende statt des Erstrebenswerten gerichtet ist (Grawe, 2004). Diese sind zudem mit bestimmten Handlungsimpulsen verknüpft, d. h., sich anders als früher zu verhalten, um die befürchteten Konsequenzen nicht eintreten zu lassen. Auch wenn das kurzfristig wirken mag, sind bedauerlicherweise Vermeidungsziele langfristig anspannungsaufrechterhaltend, da man nie genau weiß, wann das zu Vermeidende wirklich »erreicht« ist, und können durch die eingesetzten Copingstrategien psychische »Kosten«[46] erzeugen (Grawe, 2004).

6.1.3 (Soziale) Copingstrategien

Es ist – sowohl nach Erfahrungsberichten aus der Praxis als auch in der Literatur beschrieben – davon auszugehen, dass hochbegabte Personen über die Lebensspanne hinweg in unterschiedlichen sozialen Kontexten mit unterschiedlichen Bezugspersonen unterschiedliche Lernerfahrungen mit dem eigenen hochbegabungsbezogenen Erleben und Verhalten sammeln – durchweg positive oder negative Effekte mit oder ohne Label lassen sich nicht eindeutig belegen (Rinn & Bishop, 2015).

Hochbegabte Menschen möchten, wie andere auch, »normale« soziale Interaktionen erleben, wobei sie gelernt haben können, dass andere auf ihre Hochbegabung zuweilen auf eine bestimmte Weise reagieren oder sie sogar anders behandeln, wenn sie um diese wissen (*»It was not okay to be me, I was different and not in a cool way«* (Frumau-van Pinxten et al., 2023, S. 16))[47]. Die Ausbildung kompensatorischer Schemata samt Copingstrategien erscheint dadurch sehr nachvollziehbar (Cross et al., 2014). Gerade bei wiederholten negativen Lernerfahrungen braucht es eine »Lösung« für

---

46 Die aus bestimmten Lernerfahrungen entstehenden Annahmen über sich selbst (Schemata) oder Copingstrategien sind *nicht* per se problematisch oder gar pathologisch. Sollten allerdings die damit verbundenen psychischen »Kosten« (bspw. aufgrund der Lernerfahrungen kaum/keine Beziehungen eingehen, unter Einsamkeit/Traurigkeit etc. leiden, im sozialen Kontakt anhaltende Ängste erleben, sich selbst zu stark im eigenen Erleben verleugnen etc.) zu belastend sein, ist eine fachlich-diagnostische Einschätzung zu empfehlen (▶ Kap. 8).

47 Kommt es vornehmlich durch das Zeigen von Leistung, Exzellenz und Kompetenz zu massiven, stark sozial ausgrenzenden Reaktionen des Umfeldes, kann sogar ein internes Dilemma entstehen, welches in der Literatur als »forced-choice-Dilemma« beschrieben wurde (Gross, 1989): Nur wenn Leistung und Kompetenz heruntergespielt oder nicht gezeigt werden, bleibt soziales Eingebundensein bestehen und vice versa. Dieser innere Konflikt findet sich zuweilen gerade bei spät erkannten hochbegabten Frauen, die oftmals das soziale Eingebundensein auf Kosten der gezeigten Leistung präferieren (Endepohls-Ulpe, 2012; Fietze, 2019).

den innerpsychischen Konflikt: Einerseits strebt jeder Mensch nach Authentizität, andererseits sollen sich früher eingetretene, aversiv wirkende Erlebnisse nicht wiederholen. Die Copingstrategien Hochbegabter können als Versuch verstanden werden, die Reaktionen anderer durch Variation der Informationen, die sie von sich preisgeben, zu beeinflussen (Coleman & Cross, 1988). Sie lassen sich auf einem sog. *Kontinuum der Sichtbarkeit* (von »totaler Sichtbarkeit« bis hin zur »totalen Unsichtbarkeit«) einsortieren, d. h., inwieweit die eigene Hochbegabung nach außen hin erkennbar wird (Swiatek, 1995). Neumodisch lässt sich dies als *Masking* übersetzen. Gross (2011) hat Hochbegabte sogar als »Meister der Tarnung« beschrieben, die ihre eigene hochbegabungsspezifische Identität hinter einer sozial akzeptierten Fassade verbergen (»The ›me‹ behind the mask«).

Der Einsatz der sozialen Copingstrategien, im Sinne von »Informationsmanagement-Strategien«, ist *situationsspezifisch* und von der eigenen Einschätzung abhängig, inwieweit *dieses* bestimmte Gegenüber in *diesem*

spezifischen Kontext invalidierend gemäß früheren Erfahrungen reagieren könnte (Cross et al., 2014). Das bedeutet, Hochbegabte könnten...

- ... eigene Kompetenzen/Interessen/Gedankengänge verbergen, indem nicht darüber gesprochen wird oder diese nicht offen gezeigt werden.
- ... eigene Leistungen external attribuieren (»Lag am Chef«, »Lag an der leichten Aufgabe« etc.) oder relativieren (»Ist ja nichts Besonderes« etc.).
- ... sich mit Kompetenzen/Interessen/Energielevel/Geschwindigkeit an das soziale Umfeld anpassen.
- ... Aussagen über sich bewusst zensieren bzw. gegenteilig darstellen (»Nein, ich bin nicht so intelligent/kompetent«).
- ... sich in eine eigene »sichere« Welt zurückziehen (bspw. Traumwelten oder Parallelwelten zu Hause mit den eigenen Interessen).
- ... etc.

Während also über derartige Copingstrategien die kompensatorischen Schemata erfüllt und kurzfristig die Vermeidungsziele erreicht werden (bspw. nicht abgelehnt zu werden), bleiben die befürchteten Konsequenzen aus. Langfristig ergeben sich jedoch durch das Masking für die Person hohe psychische »Kosten«, bleiben doch zentrale Motive und Grundbedürfnisse dadurch ungesättigt oder werden frustriert. Die Person fühlt sich eben nicht in ihrer Ganzheit wahrgenommen, akzeptiert, verstanden oder gemocht, kann eben nicht alles von sich zeigen. Somit verbleibt der Fokus – obwohl doch durch die kompensatorischen Schemata zu verhindern versucht – paradoxerweise eben genau auf das Trennende gerichtet, sich zu unterscheiden, sich anders bis hin zu »disconnected« zu fühlen. Nach Webb (2020) »erwächst Sinn aus authentischen Beziehungen zu anderen, denn in ihnen findet unser Verständnis von uns selbst Ausdruck und unsere Beziehung zur Welt einen Kontext« (S. 168). Erfahrungen von authentischer Zugehörigkeit werden bei Hochbegabten durch zu starke soziale Anpassungsstrategien unterbunden (Wittmann, 2019) und folglich werden die früher gelernten Schemata über sich und andere eben nicht korrigiert, sondern bleiben bestehen.

Im Extremfall kann sich sogar ein Gefühl der sog. *Alienation* einstellen: »Highly gifted adolescents or adults who spend much of their lives concealing their true abilities and interests behind a protective mask, risk losing touch with their innermost feelings and beliefs« (Gross, 2011). Werden über lange Zeit eigene Motive, Ziele, Bedürfnisse und Präferenzen unterdrückt, verliert ein Mensch aus psychologischer Sicht den Kontakt zum eigenen inneren Bezugssystem, so dass Handlungen nicht mehr nach eigenen Standards ausgerichtet werden können – man weiß eigentlich nicht mehr, was man will, nicht will, was einem guttut etc. (Sachse, 2016a). Dies wäre dann mit deutlichen psychischen Belastungen verbunden.

6.1.4 Interaktionstests

Falls wiederholt negative Erfahrungen über die Lebensspanne gesammelt und entsprechende negative Annahmen über sich selbst gelernt wurden, werden Menschen – psychologisch betrachtet – vorsichtig im Kontakt und prüfen bei der nächsten Interaktion, inwieweit das Gegenüber erneut derart reagieren könnte. Dies kann bewusst, aber auch unbewusst, also intuitiv erfolgen (Sachse, 2016). Die Studienlage zu Hochbegabten fehlt hierzu bislang. Dennoch berichten viele hochbegabte Personen in der therapeutischen Praxis zuweilen von »austestenden Strategien«, ob es sich in einem bestimmten Kontext, mit einem bestimmten Interaktionspartner etc. »lohnt«, sich offen zu zeigen oder sich doch eher anzupassen.

> Eine hochbegabte Person (Schema: »Ich bin mit meiner Hochbegabung zu viel und überfordere andere.«) berichtet, dass sie im Alltag oftmals bewusst das Gegenüber testet, inwieweit dieses sie »aushält«. Sie habe sich im Laufe ihres Lebens angewöhnt, immer extrem zurückhaltend mit Informationen über sich zu sein. Lernt sie jemanden kennen, mit dem sie eine Art von Beziehung eingehen möchte, platziert sie stückweise Informationen von sich, die mit ihrer Hochbegabung zu tun haben. Sie achtet dabei genau darauf, ob das Gegenüber zugewandt, zurückweisend oder überfordert reagiert. Dies passiere im privaten sowie im beruflichen Kontext. Sie wolle sich mittlerweile vor Enttäuschungen schützen.
>
> Eine hochbegabte Person (Schema: »Ich werde in meiner Hochbegabung/Intensität nicht gesehen, andere interessieren sich nicht für

6 Eigene hochbegabungsspezifische Lernerfahrungen verstehen

mich.«) sorge bei neuen Kontakten erst einmal dafür, dass das Gegenüber durch ihre Anstrengung auf ein hohes »Energielevel« gehoben werde. Sie investiere dabei sehr viel, zeige sich sehr interessiert, beschäftige sich viel mit dem Gegenüber, erkläre viel von ihren Gedanken, etc. Danach »teste« sie das Gegenüber, indem sie aufhört, in die Beziehung zu investieren und warte, wie das Gegenüber auf sie weiterhin reagiere. Zumeist erlebe sie, dass der andere nicht mehr derart intensiv nachfrage oder – nach ihrer Einschätzung – nicht genug an ihr interessiert sei. Sei dies der Fall, zeige sie sich in ihrer Hochbegabung nicht, da sie annehme, der andere könne nicht mithalten.

Eine hochbegabte Person (Schema: »Andere sind nur neidisch auf mich.«) verheimliche ihre (beruflichen) Erfolge und Kompetenzen im Alltag. Hin und wieder starte sie »Probeballons« und offenbare sich mit einer Kompetenz/Leistung. Dabei achte sie genau auf die Reaktion der anderen, ob sie es »aushalten«, neidisch reagieren oder mit ihr in Konkurrenz treten.

Salopp ausgedrückt: Fällt ein Gegenüber bei dem Test durch, werden eigene Schemata verstärkt und bisherige Copingstrategien weiter angewandt; besteht ein Gegenüber hingegen den Test, kann die hochbegabte Person positiv-korrigierende Erfahrungen sammeln. Allerdings bleibt im schlimmsten Fall, wenn das eigene Verhalten nicht bewusst reflektiert wird, der Hochbegabte »abhängig« von der Reaktion des sozialen Umfeldes. Oftmals erscheint es lohnend, aktiv steuernd den Adressaten auszuwählen, bei dem sich mit weniger Masking authentisch in den Kontakt eingebracht werden kann.

> Wie auch immer die eigenen Lernerfahrungen über die Lebensspanne ausgefallen sind, bietet die vorgestellte Systematik einen hoffentlich hilfreichen Rahmen, die eigenen biografischen Erlebnisse speziell hinsichtlich des hochbegabungsbezogenen Erlebens und Verhaltens reflektieren zu können.
> Interessierte Lesende sind zu Arbeitsblatt 6.1 eingeladen.

6.2 Exkurs: »stigma of giftedness«

Nüchtern ausgedrückt, gehören Hochbegabte – statistisch gesehen – einer Minorität an, die zudem mit diversen Stereotypen und Vorurteilen verbunden ist (▶ Kap. 3.1). Die Auswirkungen, die Hochbegabte daher übergreifend, über die reinen individuell-biografischen Lernerfahrungen hinaus, allein durch diesen Umstand erleben können, sind in der Literatur beschrieben worden. Welchen Effekt hat es also auf die Entwicklung der Identität und des Selbstkonzepts, Teil einer Minorität zu sein?

Auch wenn sich die Ergebnisse auf eine kleine Stichprobe (N = 15) von Jugendlichen in einer bestimmten schulischen Umgebung bezogen, konnten Coleman und Cross (1988) die Goffman's Stigma Theory (1963) als »*stigma of giftedness*« auf Hochbegabte übertragen. Hochbegabte können sich demnach stigmatisiert fühlen und Auswirkungen auf die soziale Interaktion erleben. Es hat sich interessanterweise gezeigt, dass es dabei nicht wichtig ist, ob das Stigma sichtbar oder verborgen war; es wirkte bereits allein durch die eigene Einschätzung, dass andere ablehnend reagieren könnten (Manor-Bullock et al., 1995)[48]. Dies deckt sich mit den Wirkmechanismen des obigen Modells (▶ Kap. 6.1), dass die Gestaltung sozialer Interaktionen vor dem Hintergrund bestimmter Annahmen angepasst wird.

Stigma kann als ein Merkmal definiert werden, das in einer Gesellschaft als normabweichend negativ kategorisiert wird (Aydin & Fritsch, 2015). Demnach kann Hochbegabung nicht vollumfänglich dazugezählt werden, da zwar noch diverse negative Stereotype in den Laienannahmen existieren, es jedoch gleichermaßen genügend Kontexte gibt, innerhalb derer Hochbegabung kein »Stigma« darstellt, bspw. Förderprogramme, Stipendien, Hochschulen, Forschungsbereich etc. Dennoch lassen sich

---

48 Es ist auch an anderer Stelle belegt, dass sich Sozialisationseffekte und die Identifikation mit soziokulturellen Stereotypen negativ im Sinne eines sog. *stereotype threat effect*s auswirken: Bspw. schneiden Schülerinnen signifikant schlechter ab, wenn unmittelbar vor einem Test negative Stereotype (»Jungen sind besser als Mädchen in Mathematik«) aktiviert werden (Hermann & Vollmeyer, 2016).

Ergebnisse aus der Minoritätenforschung aus anderen Bereichen auf Hochbegabte übertragen, denn »Minorities face particular challenges in their identity formation when the majority identity is considered the normative model and anything else deviant« (Baudson & Ziemes, 2016, S. 19). Folglich können auch Hochbegabte als Mitglieder einer Minorität von ähnlichen Prozessen im Umgang mit normabweichenden Erfahrungen und in der Identitätsentwicklung betroffen sein. Teil einer stigmatisierten Minorität zu sein, kann tatsächlich mit sozialem Stress, dem sog. *Minoritätenstress*, verbunden sein, welcher neben anderen allgemeinen Stressoren des Lebens noch für die jeweilige Person hinzukommt (Meyer, 2003). Angelehnt an das Minoritätenstress-Modell (MSM)[49] lässt sich dieser Minoritätenstress auf Hochbegabte übertragen (Baudson & Ziemes, 2016) (▶ Abb. 6.2).

Aufgrund der Zugehörigkeit zur Minorität (1) entstehen sog. distale Stressoren (2), die über vorurteilbehaftetes oder gar diskriminierendes Verhalten gegenüber der hochbegabten Person entstehen können. Gleichzeitig können Betroffene aufgrund des eigenen Identitätserlebens als hochbegabt (3) mit sog. proximalen Stressoren (4) konfrontiert sein, was dem Konzept des stigma of giftedness entspricht (Baudson & Ziemes, 2016). Durch wiederholte negative Lernerfahrungen bilden sich Erwartungen über zukünftige Situationen und entsprechende Copingstrategien aus (bspw. die Begabung zu verheimlichen) (s. o.). Dabei können Hochbegabte sogar eine sog. *»internalized giftedness negativity«* (Baudson & Ziemes, 2016, S. 21) entwickeln, d. h., negative Bewertungen werden internalisiert, was dazu führen kann, dass die Person beginnt, sich selbst hinsichtlich der eigenen Hochbegabung abzulehnen, negativ zu betrachten oder sich gar zu schämen. Das Stresserleben hält sich damit innerpsychisch aufrecht, die Integration der Hochbegabung als Teil der eigenen Identität wird eher unterbunden und schlimmstenfalls stellen sich psychische Belastungen (5) ein.

---

49 Ursprünglich wurde dieses Modell entwickelt, um den erlebten Minoritätenstress von homo- und bisexuell-orientierten Menschen zu beschreiben (Meyer, 2003).

Teil II Hochbegabung als Teil des Selbstkonzepts

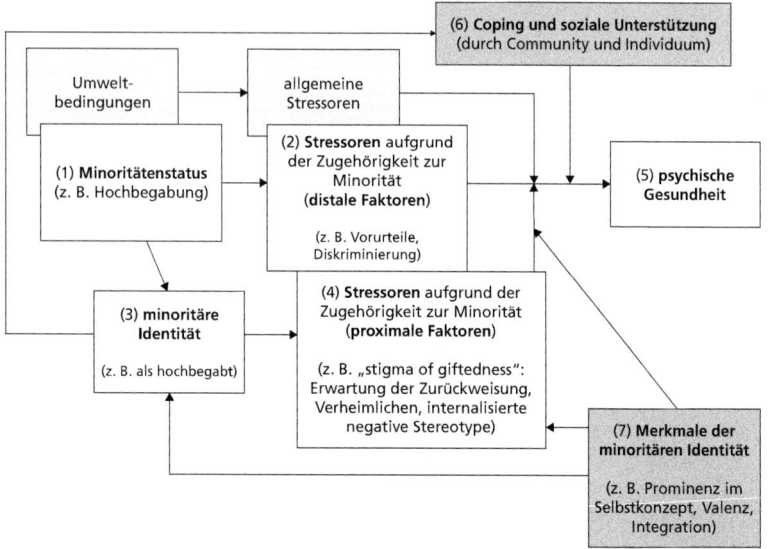

Abb. 6.2: Das Minoritätenstress-Modell (MSM) übertragen auf Hochbegabte (modifiziert nach Meyer, 2003, S. 679, eigene Übersetzung, ergänzt mit Inhalten aus Baudson & Ziemes, 2016)

> Eine hochbegabte Person erwiderte, sie wolle nicht mit ihrer Hochbegabung in Verbindung gebracht werden, da Hochbegabte »Nerds« und »komisch« seien und sie eigentlich »normal« sein wolle. Sie habe zwar in ihrer Kindheit das Label bekommen, versuche jedoch ihr Leben lang, einfach »nicht hochbegabt« zu sein.

Nach dem MSM wirken jedoch auch noch weitere Faktoren auf das Stresserleben ein, die positiv-unterstützend sein können (Meyer, 2003). Als Teil einer Community (6) erhält die hochbegabte Person Zuspruch, kann entsprechende Copingstrategien im Umgang mit Herausforderungen von anderen lernen, so dass ein selbstbewusster Umgang mit der eigenen Begabung unterstützt wird. Es stehen Ansprechpartner zur Verfügung, Belastungen können geteilt und positive Einstellungen entwickelt werden.

Aber auch Merkmale des Identitätserlebens an sich können unterstützend (oder stressverschärfend) wirken. Ist die Hochbegabung als *ein* Teil neben *anderen* im Selbstkonzept integriert und positiv besetzt, kann die Person ein stabiles Selbstwertgefühl entwickeln. Ist die Hochbegabung jedoch als Teilidentitätsaspekt sehr prominent – d. h., lediglich über begabungsbezogene Verhaltensweisen stabilisiert sich die Person in ihrem Selbstwert –, und hat somit eine hohe Wertigkeit (Valenz) für die Person, kann es auch zu einer Art Verletzlichkeit, einer sog. Vulnerabilität, kommen. Erhält bspw. die Person in Bezug auf ihre Begabung Kritik oder ist mit diskriminierenden Reaktionen konfrontiert, kann die emotionale Reaktion noch einmal belastender ausfallen, da es eben *den* zentralen Teil des Selbstkonzepts betrifft.

> Nicht jede hochbegabte Person ist zum einen bereits in der Schulzeit getestet worden und zum anderen, durch das sichtbare Label, einem Minoritätenstress ausgesetzt gewesen. Je nach Kontext kann ein solcher zudem stärker und geringfügiger ausfallen oder sich durch andere Erfahrungen in anderen Kontexten ausgleichen. Diejenigen, die sich durch das Konzept angesprochen fühlen, können die eigenen Erfahrungen mit dem »stigma of giftedness« reflektieren.
> Interessierte Lesende sind zu Arbeitsblatt 6.2 eingeladen.

Es ist dabei anzunehmen, dass die Integration des »Minoritätenstatus« in das eigene Identitätskonzept einen Prozess darstellt (Meyer, 2003). Baudson und Ziemes (2016) haben das Cass-Identitätsentwicklungsmodell (CIM) (Cass, 1979) auf Hochbegabte übertragen[50]. Es beinhaltet mehrere Stufen, in denen die Person mit spezifischen Herausforderungen im Umgang mit der Selbst-/Fremdwahrnehmung in Bezug auf das eigene nicht-majoritätskonforme Sein konfrontiert ist (Cass, 1979/1984). Je nach Umgang mit diesem selbst-inkongruenten Erleben kann die Identitätsentwicklung voranschreiten, hin zu einer Integration in das Selbstkonzept (▶ Tab. 6.2).

---

50 Das CIM wurde ursprünglich zur Beschreibung des Identitätsentwicklungsprozesses für homosexuell orientierte Menschen entwickelt (Cass, 1979).

Tab. 6.2: Die Stufen des Cass-Identitätsentwicklungsmodells (CIM) (modifiziert nach Stark, 2024). Beschreibung nach Baudson & Ziemes (2016) und Cass (1979/1984).

Stufen	Beschreibung
Vorstufe	Die Person betrachtet sich als »normales« Mitglied der Majorität.
1. Konfusion	Die Person wird sich bewusst, dass sie ein Mitglied der Minorität sein könnte, fühlt sich also außerhalb der Majorität, verhält sich jedoch noch gemäß der Majorität (Form der Inkongruenz). Sie hinterfragt die eigene Identität, sucht nach weiteren Informationen (bspw. liest Bücher, recherchiert etc.) oder unterdrückt jegliches Interesse daran.
2. Vergleich	Die Person hat die Möglichkeit angenommen, Mitglied der Minorität zu sein, fühlt sich anders/allein und der Majorität noch weiter entfremdet, jedoch der Minorität noch nicht zugehörig. Das Verhalten ist noch gemäß der Majorität (Form der Inkongruenz).
3. Toleranz	Die Person fühlt sich der Minorität zugehörig, sucht Kontakt zur Minorität, um sich weniger allein zu fühlen, während es sich jedoch noch gemäß der Majorität verhält (Form der Inkongruenz). Es kommt nur selten zur Selbstoffenbarung des noch geheimen Minoritätenstatus.
4. Akzeptanz	Die Person akzeptiert zunehmend den eigenen Minoritätenstatus, verhält sich langsam entsprechend, führt Kontakte zu Gleichgesinnten fort und normalisiert die eigene Identität. Sie offenbart sich selektiv, verhält sich jedoch in manchen Situationen noch gemäß der Majorität (abnehmende Inkongruenz).
5. Stolz	Die Person identifiziert sich stark mit der Minorität, verhält sich danach, offenbart sich vermehrt und wertet die Minorität auf und die Majorität ab, oftmals verbunden mit Wut (Dichotomisierung, um weitere Inkongruenz zu vermeiden).
6. Synthese	Die Person zeigt sich verhaltenskongruent entsprechend der Identität als Mitglied der Minorität ohne Abwertung der Majorität und erlebt sich ausgeglichen (Kongruenzerleben).

6 Eigene hochbegabungsspezifische Lernerfahrungen verstehen

Es wurde untersucht, inwieweit hochbegabte Menschen einen vergleichbaren Identitätsentwicklungsprozess erleben, um die eigene Hochbegabung als Teilselbstkonzept in die Gesamtidentität zu integrieren (Baudson & Ziemes, 2016). Das Interessante an der Studie ist, dass hochbegabte *Erwachsene* (742 Mensa-Mitglieder aus Deutschland) untersucht wurden (im Vergleich zu etlichen Studien zur Identität bei Hochbegabten, welche vor allem Jugendliche als Stichprobe heranziehen). Es konnten vier »Identitätstypen« identifiziert werden, die sich in das CIM sinnvoll einordnen lassen (▶ Abb. 6.3).

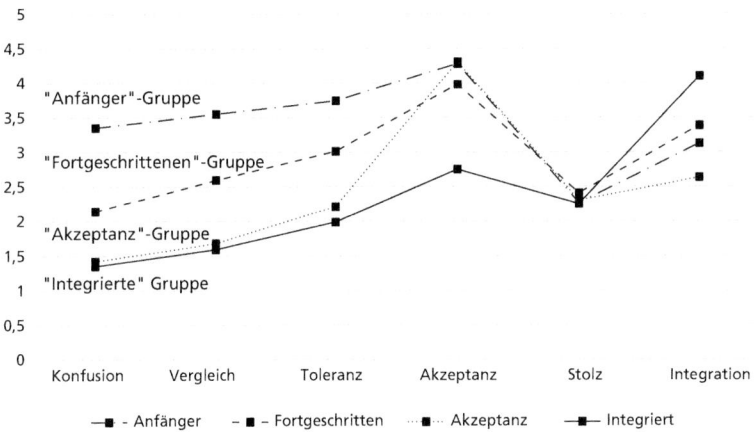

Abb. 6.3: Vier Identitätstypen nach Baudson und Ziemes (2016)

Die »Anfänger«-Gruppe lässt sich in den ersten Stufen des Prozesses verorten und zeigt noch keinen hohen Wert bei Integration. Die »Fortgeschrittenen«-Gruppe ist mit ihrem Profil der ersten Gruppe ähnlich, jedoch mit etwas geringer ausgeprägten Werten in den ersten Stufen. Die »Akzeptanz«-Gruppe scort erwartungsgemäß hoch auf Akzeptanz und geringer in den vorangehenden Stufen, jedoch erst die »Integrierten«-Gruppe erreicht hohe Werte bei Integration und ist demnach weiter vorangeschritten im Entwicklungsprozess. Dabei zeigte sich tatsächlich, dass mit mehr Integration auch weniger internalisierte negative Annahmen über Hochbegabung (s. o. internalized giftedness negativity), weniger Depressivität, Stress und Einsamkeit und mehr Freude, Selbstbewusstsein, Lebenszufriedenheit und positive Bewältigungsstrategien erlebt werden (Baudson & Ziemes, 2016). Wie in der Abbildung ersichtlich (▶ Abb. 6.3), lässt sich allerdings die Stufe des Stolzes – also eine Art Überidentifikation mit der Minorität – für die Hochbegabtengruppe nicht nachweisen, wobei auch im Originalmodell bereits kritisch diskutiert wurde, inwieweit Stufe fünf und sechs ausreichend differenziert werden kann (vgl. Cass, 1984).

Der voranschreitende Entwicklungsprozess lässt sich sogar mit Zahlen ausdrücken, auch wenn längsschnittliche Untersuchungen noch fehlen, um diese weiter zu untermauern: Die Wahrscheinlichkeit, einer späteren Stufe anzugehören, nimmt pro Jahr seit dem ersten Verdacht, hochbegabt zu sein, um 1,4 % und seit dem IQ-Test sogar um 2,5 % zu (Baudson & Ziemes, 2016). Baudson (2017a) kommentiert an anderer Stelle: »Auch wenn die Zeit allein also vielleicht nicht alle Wunden heilen kann, die im Laufe der Identitätsentwicklung geschlagen werden, ist die Botschaft also durchaus ermutigend: Es wird im Lauf [sic] der Zeit besser«.

> Vielleicht ist es an dieser Stelle für die einen oder anderen Lesenden hilfreich, den eigenen Identitätsentwicklungsprozess hinsichtlich der Hochbegabung zu reflektieren. Dieser ist unabhängig vom Minoritätenstress zu betrachten, denn die Integration der Hochbegabung in das eigene Selbstkonzept betrifft einen jeden hochbegabten Menschen. Interessierte Lesende sind zu Arbeitsblatt 6.3 eingeladen.

6.3 Fazit: Hochbegabung als Teil des Selbstkonzepts

Jedes Individuum sammelt also über die Lebensspanne diverse Erfahrungen mit dem eigenen Hochbegabtsein: Die spezifischen, individuellen Lernerfahrungen mit konkreten Bezugspersonen in unterschiedlichen konkreten Kontexten beeinflussen das eigene Selbstkonzept, was sich als

Niederschlag in gelernten Schemata findet und mit spezifischen, individuellen Copingstrategien verbunden sein kann. Diese Erfahrungen, aber auch die gelernten Schemata und Copingstrategien, können in Abhängigkeit des nach außen sichtbaren Labels im Sinne eines Minoritätenstress noch einmal variieren. Folglich finden sich hochbegabte Personen in der Auseinandersetzung mit dem eigenen Hochbegabtsein in unterschiedlichen Identitätsentwicklungsstufen, hin zur Integration der Hochbegabung als Teil des Identitäts- bzw. Selbstkonzepts ohne erlebte Inkongruenz zwischen Selbstwahrnehmung und Verhalten nach außen und damit hin zum Authentizitätserleben.

Nach Studienlage erscheint es also empfehlenswert, sich in einen positiven Auseinandersetzungsprozess mit der eigenen Hochbegabung zu begeben (Baudson & Ziemes, 2016; Heil, 2021a/b; Wittmann, 2019; Ziemes, 2015): Das Gefühl des Andersseins kann zusammen mit dem Einsamkeitsgefühl aufgrund anhaltend erlebter Nicht-Zugehörigkeit ab- und das Erleben der Hochbegabung als Ressource zunehmen. Insbesondere die »Erklärung für das bis dahin Unbegreifliche« (Heil, 2021b, S. 41), der Kontakt zu anderen Hochbegabten und das Gestalten des eigenen sozialen und beruflichen Umfeldes im Erwachsenenalter tragen zum Voranschreiten im Identitätsentwicklungsprozess und zum Ausleben des eigenen Hochbegabtseins bei. Der Austausch mit Gleichgesinnten kann als »positiver Umweltkatalysator« wirken und einen Anstoß im Integrationsprozess darstellen (Wittmann, 2019)[51].

---

51 Bspw. können Hochbegabtenvereine Anlaufstellen für die Kontaktaufnahme mit anderen Hochbegabten und den Erfahrungsaustausch sein (▶ Kap. 8.3).

STAMMTISCH

Auch im persönlichen Austausch berichten viele Hochbegabte, dass besonders das Schwarz auf Weiß stehende Testergebnis (wenn auch oft anfangs noch angezweifelt) tatsächlich einen wichtigen Baustein darstellte, sich dem eigenen Hochbegabtsein zuzuwenden – quasi als »innere Erlaubnis«, nun doch diesen Erklärungsrahmen für sich in Anspruch zu nehmen[52].

---

52 Damit ist anzunehmen, dass auch die Entscheidung für einen IQ-Test (▶ Kap. 2) in gewisser Weise von der Zugehörigkeit zur Stufe im Identitätsentwicklungsprozess (CIM) abhängig ist; gerade am Beginn des Auseinandersetzungsprozesses wirkt ein Test doch bedrohlich, kann aber in Stufe 1 bereits als Möglichkeit angenommen und vielleicht in Stufe 2 als sinnvoll vor dem individuellen Hintergrund betrachtet werden. Vielleicht lohnt sich für die einen oder anderen Lesenden der Blick zurück zu Arbeitsblatt 2.1.

Teil III Hilfestellung bei hochbegabungsbezogenen Problemen

Aus psychologischer Perspektive kann ein Entwicklungsprozess – und damit auch die Auseinandersetzung mit dem eigenen Hochbegabtsein – nicht immer stetig verlaufen. Vielleicht muss man an bestimmten Stellen stehenbleiben, weil gerade andere Lebensthemen relevanter erscheinen, vielleicht müssen aber auch manche (schwierige) Erfahrungen zu einem späteren Zeitpunkt noch einmal beleuchtet werden, an dem es passender erscheint. Zuweilen kann es aber auch einmal beschleunigt vorangehen, insbesondere wenn gute Impulse vorhanden sind, durch die sich plötzlich innere Türen öffnen und viele Aha-Momente entstehen. Nicht immer bedeutet ein »Steckenbleiben«, dass ein manifestes Problem vorhanden ist, was gesonderter Aufmerksamkeit bedarf und nach einer Lösung verlangt. Schwierigkeiten gehören zum Weiterentwicklungsprozess dazu, ermöglichen sie doch ein Innehalten zum Reflektieren und eine Motivation zur Veränderung.

Im bisherigen Verlauf des Buches gab es die Möglichkeit, begabungsbezogene Themen für sich selbst zu reflektieren – vielleicht zum ersten Mal oder vielleicht, durch hoffentlich neue Informationen, noch einmal aus einer anderen Perspektive. Erscheint ein Thema besonders relevant, lohnt es sich, dieses hin und wieder in die Hand zu nehmen, zu (über-)prüfen oder sich mit anderen auszutauschen, bis es sich weiter entpuppt, sich umformt, auflöst oder doch ein damit verbundenes Problem offenbart. Um sich diesem schließlich systematisch zuwenden zu können, wird im Folgenden ein Leitfaden für einen Problemlöseprozess (▶ Kap. 7) vorgestellt, der hoffentlich das geeignete Werkzeug bietet, im Selbstmanagement individuelle Lösungsansätze und -schritte für sich zu finden.

7 Leitfaden für einen zielgerichteten Problemlöseprozess

Bevor durch die einzelnen Abschnitte des Leitfadens für einen zielgerichteten Problemlöseprozess (angelehnt an Bartling et al., 2016)[53] geführt wird, soll es im ersten Schritt darum gehen, zwischen persönlich relevanten Aufgaben, derzeitig oder anhaltend relevant erscheinenden Themen im Zusammenhang mit der eigenen Hochbegabung und einem tatsächlich vorhandenen *Problem*, welches zeitnah einer Lösung bedarf, zu unterscheiden.

Exkurs: Problem vs. Aufgabe – eine Differenzierung

Ein Problem im eigentlichen Sinne liegt dann vor, wenn sich ein Individuum »in einem inneren oder äußeren Zustand befindet, den es aus irgendwelchen Gründen nicht für wünschenswert hält, aber im Moment nicht über die Mittel verfügt, um den unerwünschten Zustand in den wünschenswerten Zielzustand zu überführen« (Dörner, 1987, S.10). Dabei handelt es sich um eine emotional relevante Lebenssituation, die eine Veränderung »verlangt«, das Individuum jedoch im Moment nicht weiß, wie sie diese umsetzen kann (D'Zurilla & Goldfried, 1971). Demnach beinhalten Probleme immer einen unerwünschten Ausgangszustand, einen anzustrebenden Zielzustand und ein Hindernis, das es mit geeigneten Mitteln zu überwinden gilt (Bartling et al., 2016).

---

53 Problemlösemodelle haben in der Klinischen Psychologische und Psychotherapie eine lange Tradition, sind vielfach untersucht und in der Praxis als effektive Veränderungsheuristik etabliert (vgl. Bartling et al., 2016; Dörner, 1987; D'Zurilla & Goldfried, 1971; Kanfer et al., 2012).

Ein Problem ist nach dieser Definition also keine bloße Aufgabe: *»Aufgaben sind geistige Anforderungen, für deren Bewältigung Methoden bekannt sind. Die Division von 134 durch 7 ist für die meisten wohl kein Problem, sondern eine Aufgabe, da dafür eine Lösungsmethode bekannt ist. Aufgaben erfordern nur reproduktives Denken, beim Problemlösen aber muß [sic] etwas Neues geschaffen werden. Was für ein Individuum ein Problem und was eine Aufgabe ist, hängt von seinen Vorerfahrungen ab. Für den Chemiker ist die Herstellung von Ammoniak aus Luft kein Problem, sondern eine Aufgabe. Für den Laien im Bereich der Chemie ist die Ammoniaksynthese ein äußerst schwieriges Problem«* (Dörner, 1987, S. 10f.).

Im alltäglichen Austausch wird schnell von einem Problem gesprochen, obwohl es sich vielleicht erst einmal nur um ein persönlich relevantes Thema, eine Aufgabe oder eine ungünstige Lebenserfahrung handelt. Eine hochbegabte Person kann also für sich festgestellt haben, zuweilen unter dem Gefühl, anders zu sein, zu leiden. Sie erinnert vielleicht schmerzliche Erfahrungen aus der Kindheit, in denen dieses Gefühl entstanden ist oder besonders spürbar war. Bis hierin ist es erst einmal »nur« genau dies, ein offenes Thema, eine wiederholte Erfahrung, eine schmerzliche Erinnerung. Mit der weiteren Reflexion, inwieweit es im Hier und Jetzt zu herausfordernden Konsequenzen führt, die nicht eintreten sollen, entpuppt es sich vielleicht als *Aufgabe*: »Um mich nicht anders oder einsam zu fühlen, kann ich mich mit anderen Hochbegabten austauschen oder mich auf die Ähnlichkeiten zwischen mir und anderen konzentrieren«. Die Person weiß um den unerwünschten Ausgangszustand, den erwünschten Zielzustand und die Mittel (bspw. im Freundeskreis sich mit einer bestimmten Person zu verabreden oder zu einem Stammtisch bspw. bei Mensa zu gehen) und ist zudem fähig, diese Mittel einzusetzen. Es liegt also keine – im kognitionspsychologischen Sinne – »Barriere« vor, welche die Überführung des Anfangszustandes in einen Zielzustand verhindert.

Würde sich die Situation für die hochbegabte Person anders gestalten, nämlich dass in der Situation eine Handlung erforderlich ist, die Mittel jedoch (noch) nicht zielführend gesetzt werden können, entsteht ein *Problem*. Erlebt sich die Person bspw. anhaltend einsam und traurig, traut sich keine befriedigenden sozialen Kontakte einzugehen, hat das Gefühl, anders zu sein und nicht dazu zu passen, ohne jedoch eine Erklärung dafür oder Ansatzpunkte zur Veränderung zu kennen, da vielleicht noch kein IQ-Test erfolgte oder die Wurzeln dieses Gefühls noch nicht erkannt wurden, besteht für diese Person ein Problem. Das damit verbundene Unbehagen kann schließlich mit einem Anliegen, einem Veränderungswunsch, verbunden sein und erst damit kann sich genügend Veränderungsmotivation aufbauen, um den Aufwand auf sich zu nehmen, dieses Problem zu lösen.

Aus psychologischer Sicht ist es empfehlenswert, nur dann von einem Problem zu sprechen, wenn es wirklich eines ist. Denn schließlich verlangt eine Problemlösung Aufwand und Veränderungsmotivation – nicht immer besteht die Bereitschaft, dies auf sich zu nehmen. Speichert jemand allerdings ab, viele Probleme zu haben, jedoch keines wirklich zur Lösung zu bringen, stellt sich eher eine Unzufriedenheit statt Ausgeglichenheit ein (»Meine Hochbegabung macht mir *immer nur* Probleme«).

Im Folgenden werden daher die bisherigen Reflexionen (siehe Arbeitsblätter) erneut aufgegriffen und geprüft, inwieweit ein wirkliches Problem vorliegt. Es werden hierbei keine Lösungen für pauschal formulierte Probleme angeboten (wenn dies..., dann das...); dies ließe sich eben nur schemenhaft und zumeist in einer »Grobkörnigkeit« umsetzen, die keine konkreten Handlungsschritte zuließe. Ebenso wenig können für jeden Kontext, jedwede biografische Lernerfahrung etc. konkrete Mittel formuliert werden, um von einem individuellen Ausgangs- in einen Zielzustand zu gelangen. Würde der Versuch unternommen, müsste dies ebenso auf einer allgemeinen Ebene passieren (vielleicht sogar im Sinne von Patentrezepten) und der Wunsch nach einer konkret umsetzbaren, individuell zugeschnitten Herangehensweise wäre nicht berücksichtigt.

Ziel des folgenden Abschnittes ist deshalb, die Lesenden anzuleiten, sich *systematisch* und im *Selbstmanagement* den individuellen hochbegabungsbezogenen Themen zuzuwenden. Dabei ist zu beachten, dass nicht jeder initiierte Veränderungsprozess auf Anhieb erfolgreich verlaufen muss und jede Veränderung nicht nur Chancen, sondern auch gewisse »Risiken« mit sich bringen kann. Es können nicht alle Effekte einer Veränderung vorhergesehen werden. Gerade wenn bisherige Verhaltens- und Denk-Automatismen verändert werden, bedeutet es zumeist, mehr innerpsychischen Aufwand, intensivere Emotionen und erst einmal mehr Verunsicherung ob des ungewohnten Terrains zu erleben. Wird eine Veränderung des eigenen Verhaltens angestrebt, wird natürlich auch das soziale Umfeld darauf reagieren; neben positiven können ggf. auch negative Reaktionen erfolgen.

Ein Problemlösungsprozess beinhaltet demnach immer eine grundsätzliche Entscheidung: Bleibt man auf dem alten Weg oder soll ein neuer eingeschlagen werden?

7 Leitfaden für einen zielgerichteten Problemlöseprozess

7.1 Problemstellung: Erlebe ich aktuell ein Problem im Zusammenhang mit meiner Hochbegabung?

7.1.1 Erste Orientierung: Worum soll es gehen?

Um sich die Frage beantworten zu können, worum es überhaupt gehen soll, wird mit einer Bestandsaufnahme aller bisher als relevant identifizierten hochbegabungsspezifischen Themen begonnen (▶ Tab. 7.1).

Tab. 7.1: Hochbegabungsspezifische Themenbereiche, mögliche Fragestellungen und zugeordnete Arbeitsblätter sowie Buchkapitel

Themenbereiche	Mögliche Fragestellungen	Arbeitsblatt	Buchkapitel
Bedeutung der eigenen Hochbegabung	Reicht es mir zu wissen, dass ich hochbegabt bin? Möchte ich etwas aus meinem Potenzial machen? Möchte ich mich differenziert in den Facetten meiner Hochbegabung kennenlernen? Möchte ich mehr von dieser Seite mit anderen teilen?	1.1	1.2.1
Begabungs- und Talententwicklung	Welche Fähigkeiten und Potenziale habe ich als Kind erlebt? Welche fördernden oder hemmenden Bedingungen gab es früher für meine Begabungsentwicklung? Gab es verpasste Chancen? Welche Kompetenz- und Leistungsbereiche gab es früher? Wofür bin ich heute noch/wieder bereit mich zu engagieren, um aus meinem Potenzial, Kompetenzen zu entwickeln? Möchte ich mich noch weiterentwickeln, hin zur Expertise, hin zur außergewöhnlichen Leistung? Blieb oder bleibe ich unter meinen Möglichkeiten? Passt	1.2 1.3	1.2.2 1.2.3

Tab. 7.1: Hochbegabungsspezifische Themenbereiche, mögliche Fragestellungen und zugeordnete Arbeitsblätter sowie Buchkapitel – Fortsetzung

Themenbereiche	Mögliche Fragestellungen	Arbeitsblatt	Buchkapitel
	mein jetziges berufliches Umfeld zu meinem Begabungsprofil und meiner Persönlichkeit?		
IQ-Test (falls noch ausstehend)	Möchte ich an einem IQ-Test teilnehmen? Gibt es Hemmungen/Ängste, die mich noch davon abhalten?	2.1	2
Fremdbild über Hochbegabte	Welche Vorurteile habe ich selbst über Hochbegabung/Hochbegabte? In welchem Kontext war ich besonders mit Vorurteilen/Stereotypen über Hochbegabte konfrontiert? Hat das für mich heute noch eine Auswirkung?	3.1	3
Hochbegabung +	Liegt bei mir noch eine weitere »Abweichung von einer Norm« vor? Weiß ich dies bereits sicher oder vermute ich es nur? Welche positiven oder beeinträchtigenden Auswirkungen aus dem Zusammenspiel ergeben sich daraus für mich heute? Welche Rahmenbedingungen benötige ich im Alltag (bei Neurodivergenz oder Hochsensibilität)?	4.1	4
Hochbegabungsspezifische Ressourcen	Welche Hochbegabungsaspekte machen mich besonders aus? Welche Aspekte kann ich in meinem privaten oder beruflichen Umfeld wie ausleben? Möchte ich etwas an der Passung zwischen meinem Ressourcenprofil und meinen Alltagsanforderungen verändern, um mich mehr ausleben zu können?	5.1	5.1

7 Leitfaden für einen zielgerichteten Problemlöseprozess

Tab. 7.1: Hochbegabungsspezifische Themenbereiche, mögliche Fragestellungen und zugeordnete Arbeitsblätter sowie Buchkapitel – Fortsetzung

Themenbereiche	Mögliche Fragestellungen	Arbeitsblatt	Buchkapitel
Hochbegabungsspezifische Herausforderungen	In welchem Kontext bin ich am meisten mit Herausforderungen konfrontiert? Welche Herausforderungen erlebe ich gehäuft? Wie belastend erlebe ich diese? Möchte ich etwas an der Passung zu meinen Alltagskontexten verändern, um weniger Herausforderungen zu erleben? Benötige ich Strategien im Umgang mit bestimmten Herausforderungen, da sich der Kontext nicht verändern lässt?	5.2	5.2
Gefühl des Andersseins	Wann habe ich mich besonders anders als andere gefühlt? Wann habe ich mich in welchem Kontext sogar zugehörig gefühlt? Wie intensiv und belastend erlebe ich dieses Gefühl des Andersseins heute? Inwieweit habe ich das Gefühl für mich akzeptiert? Was kann ich tun, damit ich mich zugehöriger zu anderen in bestimmten Kontexten fühle?	5.3	5.4
Prägende Lernerfahrungen in Bezug auf das Authentischsein, (kompensatorische) Schemata und (soziale) Copingstrategien	Welche besonders prägenden Lernerfahrungen in Bezug auf das authentische Zeigen meiner Hochbegabung habe ich gesammelt? Inwiefern sind daraus für mich kondensierte Schemata geworden? Welche ggf. kompensatorischen Schemata (Anleitungen für mich selbst, um die negativen Erfahrungen nicht wieder eintreten zu lassen) haben sich gebildet? Welche Auswirkungen hat dies auf mein Verhalten gehabt (Copingstrategien auf dem Kontinuum der	6.1	6.1

Teil III Hilfestellung bei hochbegabungsbezogenen Problemen

Tab. 7.1: Hochbegabungsspezifische Themenbereiche, mögliche Fragestellungen und zugeordnete Arbeitsblätter sowie Buchkapitel – Fortsetzung

Themenbereiche	Mögliche Fragestellungen	Arbeitsblatt	Buchkapitel
	Sichtbarkeit der Hochbegabung oder Interaktionstests)? In welchen Kontexten setze ich diese Strategien ein? Ergeben sich daraus für mich Belastungen?		
»stigma of giftedness«	Inwieweit habe ich mich ausgeschlossen oder diskriminiert gefühlt, weil andere von meiner Hochbegabung wussten? In welchem Kontext ist dies besonders passiert? Wie stark hat mich das belastet?	6.2	6.2
Identitätsentwicklungsprozess (Integration der Hochbegabung als Teil des Selbstkonzepts)	Auf welcher Stufe würde ich mich selbst einordnen (wie kongruent erlebe ich mich selbst in Bezug auf meine Hochbegabung)? Wie äußert sich das konkret in meinem Alltag? Erlebe ich dadurch Herausforderungen/Schwierigkeiten im Alltag? In welchen Kontexten?	6.3	6.2

Unabhängig davon, wie die Inhalte des Buches bisher genutzt (chronologisch aufeinander aufbauend, selektiv interessensbasiert) oder die zu den jeweiligen Kapiteln dazugehörigen Arbeitsblätter bearbeitet wurden (nacheinander vollständig oder selektiv), sollen die daraus resultierenden Überlegungen für den weiteren Prozess verwendet werden.
Interessierte Lesende sind zu Arbeitsblatt 7.1 eingeladen.

7.1.2 Probleme ordnen und Auswahl treffen

Nachdem nun relevante Themen im Zusammenhang mit der Hochbegabung geprüft und ggf. ein oder mehrere aktuelle Probleme identifiziert wurden, werden diese, sollten mehrere vorliegen, geordnet (Bartling et al., 2016).

Nicht jedes Problem ist eng umschrieben oder betrifft nur einen bestimmten Alltagsausschnitt (bspw. »Ich bin unzufrieden, dass ich mich in meiner Freizeit nicht mit Interessen beschäftige, wobei ich aktuell gar nicht weiß, was diese sind«). Manche Probleme können umfassender sein und damit subjektiv größer in Erscheinung treten (bspw. »Ich passe mich grundsätzlich zu stark an und versuche entsprechend meiner Schemata andere zu schonen, um nicht zu viel zu sein; das betrifft meinen privaten wie beruflichen Alltag«). Ein Problem kann zudem Teil einer übergeordneten Problemstellung sein (bspw. kann das Problem, die eigenen hochbegabungsspezifischen Ressourcen nicht im Alltag auszuleben, damit zusammenhängen, dass noch Ängste bestehen, überhaupt an einem IQ-Test teilzunehmen, um erste Einblicke in das eigene Begabungsprofil zu erhalten).

Dabei »gewinnt« nicht automatisch das größte bzw. umfänglichste oder übergeordnete Problem die Erstauswahl, sondern es können im nächsten Schritt klassischerweise folgende Kriterien angelegt werden, um sich für ein als erstes zu bearbeitendes Problem zu entscheiden (Bartling et al., 2016):

- *Subjektive Beeinträchtigung und Belastung:* Es sollte geprüft werden, wie stark die aktuelle Belastung ist, die mit dem vorliegenden Problem verbunden ist. Ist diese nur gering, im Alltag wenig spürbar, nur in direkter Konfrontation mit dem Kontext spürbar oder anhaltend vorhanden?
- *Dringlichkeit:* Es kann vorkommen, dass sich eine äußere Dringlichkeit im Zusammenhang mit dem vorliegenden Problem ergibt. Bspw. liegt eine Option vor, den Job zu wechseln, wenn sich doch endlich getraut würde, die eigenen Stärken mehr auszuleben.
- *Veränderungsbereitschaft:* Wie bereits oben erwähnt, sind Menschen nicht immer bereit, den Aufwand auf sich zu nehmen, sich selbst oder äußere Umstände zu verändern, und damit auch Risiken einzugehen. Es sollte geprüft werden, wie hoch die tatsächliche Veränderungsmotivation im Vergleich zur »Beharrungstendenz« des Gewohnten ausgeprägt ist.
- *Erfolgsaussichten und Realisierbarkeit:* Zudem kommt es auch darauf an, inwieweit jetzt der richtige Zeitpunkt ist, das Problem anzugehen. Es kann sein, dass aktuell zwar eine Belastung und eine Veränderungsbereitschaft vorliegen, jedoch momentan die äußeren Bedingungen die Aussicht auf Erfolg schmälern. Bspw. könnte das Problem identifiziert worden sein, sich mit den Ängsten vor einem IQ-Test auseinanderzusetzen, um die Unzufriedenheit aufgrund der Unsicherheit (bin ich nun hochbegabt oder nicht?) abzubauen; aktuell stehen jedoch wichtige Prüfungen im Studium an oder andere relevante Alltagsanforderungen, die kaum ausreichend Zeit ließen, um sich jetzt mit dem Problem eingehend zu beschäftigen.
- *Äußerer Druck und mögliche negative Folgen eines Aufschubs:* Auch die Einschätzung hinsichtlich möglicher negativer Folgen, sollte das Problem aktuell nicht angegangen werden, trägt zur Problemauswahl bei. Bspw. könnten sich weitere psychische Belastungen ergeben oder wichtige anstehende Entscheidungen nicht getroffen werden.

> Für einen ordnenden Überblick sowie für eine Auswahl, mit welcher Problemlösung als erstes begonnen werden soll, sind interessierte Lesende zu Arbeitsblatt 7.2 eingeladen.

7.2 Problemanalyse: Welche Zusammenhänge stelle ich fest?

Nun geht es darum, das aktuell ausgewählte Problem näher zu beleuchten. Eine Lösung kann nur dann zielführend initiiert werden, wenn verstanden wurde, wie es überhaupt zu dieser Problemkonstellation kam und was zur bisherigen Aufrechterhaltung beigetragen hat bzw. noch beiträgt (Bartling et al., 2016).

7.2.1 Analyse auslösender und aufrechterhaltender Bedingungen

Um ein konkretes Verständnis für das problematische Denken, Fühlen oder Handeln bzw. die problematisch erlebte Situation zu entwickeln, lohnt es sich, genauer in Alltagssituationen »hineinzuzoomen«: Was sind die unmittelbar vorausgehenden, vermittelnden oder nachfolgenden Bedingungen in einer konkreten Situation, in der das Problem erlebt wird? Zentral dabei ist, dass der Fokus auf sich selbst gerichtet bleibt, denn nur bei sich selbst können schließlich Lösungsschritte angesetzt werden.

- Bspw. kann eine hochbegabte Person im Job erleben, dass sie sich vom Chef in ihren hochbegabungsspezifischen Kompetenzen nicht gesehen fühlt. Das *Problem* kann jedoch per definitionem nicht der »Chef« sein, ist dieser nicht von außen veränderbar. In diesem Beispiel wäre der Chef bzw. seine entsprechenden Verhaltensweisen die ungünstigen Ausgangsbedingungen, welche dazu führen, dass die Person sich nicht

ausreichend in den eigenen Kompetenzen wahrgenommen und wertgeschätzt fühlt. Mit diesen Verhaltensweisen kann die hochbegabte Person nicht einverstanden sein, sich ärgern, es ungerecht erleben etc. Auch diese eigenen Reaktionen können nicht das *Problem* sein. Erst durch das Hineinzoomen auf einer sehr konkreten innerpsychischen Ebene lässt sich herausfinden, was in dieser ungünstig wirkenden Ausgangssituation im eigenen Denken, Fühlen und Handeln dazu führt, dass für die hochbegabte Person ein Problem entsteht, das sich nicht auflöst und schließlich zu anhaltendem Leidensdruck führt.
- In einem anderen Beispiel kann eine hochbegabte Person unter dem anhaltenden Gefühl leiden, anders zu sein und sich nicht als zugehörig zu erleben. Hier wären, pauschal betrachtet, weder die anderen noch die Person selbst das *Problem*. Sondern durch das Hineinzoomen auf eine sehr konkrete innerpsychische Ebene gilt es auch hier herauszufinden, was in diversen Ausgangssituationen dazu führt, sich anhaltend so zu erleben und was genau das Belastende für das Individuum darstellt.

Gerade das Hineinzoomen kann mittels eines bewährten Analysetools, dem sog. SORK-Modell (s.a. Borg-Laufs, 2020), erfolgen.

Zuerst wird die *auslösende Situation (S)* möglichst konkret auf einer sog. Mikroebene betrachtet. Bspw. wäre als Auslöser im obigen, ersten Beispiel »Arbeitssituation« viel zu grobkörnig, um wirklich zu verstehen, was zum

Problem führt; vielmehr wäre detailliert zu prüfen, welches Verhalten, welche Reaktion, welcher ausgesprochene Satz des Vorgesetzten in welchem Kontext (bspw. im Teammeeting, bei einer Besprechung etc.) dazu führt, dass sich das Gefühl einstellt, nicht in den eigenen hochbegabungsspezifischen Kompetenzen gesehen zu werden.

Welche Reaktion auf diese Auslösebedingung folgt, lässt sich nur dann wirklich verstehen, wenn der innerpsychische Kontext der *eigenen Lerngeschichte (O steht für Organismus)* im Zusammenhang mit der Begabung betrachtet wird (▶ Kap. 6) (bspw. könnte ein übergeordnetes Schema sein: »Wenn ich mich so zeige, wie ich mit meiner Hochbegabung bin, werde ich abgelehnt«, ein kompensatorisches Schema könnte lauten: »Ich darf mich nicht in meiner Komplexität zeigen«, und eine Copingstrategie könnte sein: »Hochbegabung verstecken/Anpassung«). Diese Lerngeschichte erklärt zum einem, warum gerade dieser konkrete Aspekt der Ausgangssituation als »Trigger« für die jeweilige Reaktion fungiert (meist »erinnert« sich das psychische System an etwas, was früher erfolgte), und zum anderen, warum gerade *diese* Reaktion folgt (welche zumeist mit den gelernten Schemata und Copingstrategien im Zusammenhang steht).

Auch beim Verstehen der *eigenen Reaktion (R)* soll hineingezoomt werden: Es lassen sich verschiedene Ebenen, die Ebene der körperlichen Zustände (bspw. Anspannung), der Emotionen (bspw. Traurigkeit, Ärger), der Gedanken (bspw. »Nie kann ich das zeigen, was ich eigentlich mit meiner Hochbegabung leisten könnte«) und schließlich des konkreten Verhaltens (bspw. »Ich sage nichts«) differenzieren.

Dieser Reaktion folgen schließlich kurzfristig, d. h. *unmittelbar* in der Situation, auftretende *Konsequenzen (K)*, die das entsprechende Verhalten positiv aufrechterhalten (bspw. wird durch das Nichts-Sagen ein befürchtetes Abgelehnt-Werden verhindert, was kurzfristig erleichternd wirkt). Langfristig jedoch hält sich dadurch das erlebte Problem aufrecht und es führt ggf. zu weiterem Leidensdruck (bspw. zunehmende Frustration und Ärger über die eigene Hochbegabung, die Probleme verursacht).

Dieses Hineinzoomen soll nun systematisch mittels des SORK-Modells ermöglicht werden. Interessierte Lesende sind zu Arbeitsblatt 7.3 eingeladen.

Um insbesondere den innerpsychischen Kontext, d. h. die individuellen biografischen Lernerfahrungen im Zusammenhang mit dem Hochbegabtsein sowie die daraus entstandenen Prägungen und Copingmechanismen im SORK-Modell in das »O« übertragen zu können, lohnt es sich, die Arbeitsblätter 6.1–6.3 erneut zur Hand zu nehmen. Falls noch nicht bearbeitet, kann dies zum jetzigen Zeitpunkt gerne nachgeholt werden.

7.2.2 Analyse der äußeren Rahmenbedingungen

Neben der Betrachtung des innerpsychischen Kontexts kann die Analyse der äußeren Rahmenbedingungen, des jeweiligen sozialen Gefüges, zielführende Erkenntnisse mit sich bringen, um »einen Gesamteindruck des Problems im Kontext wichtiger Lebensbereiche« (Bartling et al., 2016, S. 87) zu erhalten. War im vorherigen Abschnitt das Hineinzoomen relevant, ist an dieser Stelle nun das Herauszoomen gefragt, was einen ergänzenden Gesamtüberblick, jedoch auch einen gröberen Auflösungsgrad mit sich bringt (Kanfer et al., 2012).

Unser Verhalten ist eben nicht nur durch den inneren Kontext, die Annahmen, Schemata und Emotionen gesteuert, sondern auch durch äußere Regeln und Rollen. Kurz zusammengefasst, gilt es also herauszufinden, ob bestimmte »Spielzüge« vorgeschrieben sind und damit einen Einfluss auf das erlebte Problem haben (Bartling et al., 2016).

7 Leitfaden für einen zielgerichteten Problemlöseprozess

Dies erscheint umso bedeutungsvoller, je mehr das Problem aufgrund einer anhaltenden Nicht-Passung zum sozialen (beruflichen und/oder privaten) Umfeld mitbedingt scheint (▶ Kap. 1.2.3, ▶ Kap. 5.4, ▶ Kap. 6) oder je »starrer« äußere Rahmenbedingungen sind, so dass wenig Spielraum oder Freiheitsgrade für die eigene Gestaltungsmotivation übrig scheinen. Nicht immer sind die Ansatzpunkte für Lösungsschritte ausschließlich im Individuum selbst zu finden, sondern eben auch im jeweiligen, vielleicht problemaufrechterhaltenden, Umfeld.

> Um die Bedeutung der äußeren Rahmenbedingungen für das ausgewählte, zu verändernde Problem zu prüfen, sind interessierte Lesende zu Arbeitsblatt 7.4 eingeladen.

7.2.3 Konkrete Ansatzpunkte festlegen

Nachdem nun mit hohem Auflösungsgrad die innerpsychischen und mit gröberem Auflösungsgrad die äußeren Bedingungen analysiert wurden, wird klarer, wann das Problem auftritt und wie es aufrechterhalten wird. Im nächsten Schritt werden die geeigneten Ansatzpunkte ausgewählt. An den richtigen Stellschrauben mit dem passenden Werkzeug gedreht, kann der aktuelle, nicht wünschenswerte Ausgangszustand (IST) in einen wünschenswerten Zielzustand (SOLL) (▶ Kap. 7.3) mit geeigneten Mitteln überführt werden (▶ Kap. 7.4).

Durch die bisherigen Analysen sollte nun besser verstanden worden sein, aus welchen Einzelkomponenten (vorausgehende, vermittelnde, aufrechterhaltende Bedingungen) das weiter oben noch allgemein formulierte Problem besteht:

Mittels des SORK-Modells kann nun beurteilt werden, inwieweit

- eine Auslösesituation (S) zum erlebten Problem beiträgt und damit ggf. zum Ansatzpunkt wird. Somit kann die äußere Situation oder die Bewertung dieser modifiziert werden.
- die eigene Lerngeschichte (O) den geeigneten Ansatzpunkt darstellt. Bspw. können die (kompensatorischen) Schemata verändert oder die daraus entstandenen Copingmechanismen im Hier und Jetzt umgelernt werden.

- die eigene Reaktion (auf physiologischer, emotionaler, gedanklicher und Verhaltensebene) (R) den entscheidenden Ansatzpunkt darstellt.
- vielleicht sogar die anhaltenden langfristigen negativen Konsequenzen (K) einen Ansatzpunkt darstellen, damit sich insgesamt die erlebte Belastung reduziert und eine konkrete Veränderung im Hier und Jetzt besser möglich erscheint.

Mittels der Analyse äußerer Rahmenbedingungen kann nun beurteilt werden, inwieweit

- ein bestimmter Kontext oder ein bestimmtes soziales System mit seinen bspw. vorherrschenden Systemregeln problemaufrechterhaltend wirkt, also das eigene Verhalten ungünstig bedingt, und damit den geeigneten Ansatzpunkt darstellt. Die Überlegungen aus dem SORK-Modell hinsichtlich der S-Bedingungen können demnach noch ergänzt werden.
- das eigene Verhalten mit dem dazugehörigen Kontext/System verwoben ist, so dass eine Veränderung des eigenen Verhaltens auch eine Veränderung des Systems zu Folge hätte, welche positiv wie negativ sein kann.
- eine Veränderung innerhalb des Kontextes/Systems überhaupt möglich erscheint, würde dieses als Ansatzpunkt ausgewählt. Liegen zu starre Systembedingungen vor, wäre eine Veränderung nur schwer bis gar nicht zu erreichen, so dass geprüft werden kann, inwieweit eine Modifikation der Gesamtrahmenbedingungen zielführender wäre.
- das Problem ggf. nur deshalb vorhanden ist, weil es Regel- und/oder Rollenkonflikte gibt, welche in diesem Fall den geeigneten Ansatzpunkt für eine Klärung darstellen würden.

An dieser Stelle ist noch relevant, unveränderliche Tatsachen (facts) nicht als Ansatzpunkte für eine *Veränderung* auszuwählen (Kanfer et al., 2012). Bestimmte äußere Umstände, andere Personen oder vergangene Ereignisse lassen sich nicht verändern, da diese nicht vollumfänglich unter der eigenen Handlungskontrolle liegen. In diesem Fall kann so ein »fact« nur als Ansatzpunkt für *Akzeptanz* dienen und eben nicht für eine Veränderung (▶ Kap. 7.4).

> Zur Auswahl geeigneter Ansatzpunkte kann das Arbeitsblatt 7.3 noch einmal zur Hand genommen werden:
> Bitte markieren Sie die relevant erscheinenden Einzelkomponenten des Problems, deren Veränderung für Sie einen wesentlichen Beitrag für eine Problembewältigung leistet. Unter Berücksichtigung der Analyse äußerer Rahmenbedingungen (siehe AB 7.4) kann geprüft werden, inwieweit bspw. die äußere Situation (S) überhaupt veränderbar erscheint. In ▶ Abb. 7.1 soll dies beispielhaft verdeutlicht werden.

Beispiel: Nach eingehender Analyse wird die *äußere Situation in der Arbeit* als Ansatzpunkt ausgewählt. In der Systemanalyse hat sich gezeigt, dass der Kontext als veränderbar eingeschätzt wird, d. h., es wäre vorstellbar, mit der Vorgesetzten transparent eigene Wünsche zu besprechen. Als nächstes wurde erkannt, dass die Lerngeschichte im Zusammenhang mit der eigenen Hochbegabung eine aufrechterhaltende Rolle zu spielen scheint: Solange das *kompensatorische Schema* unhinterfragt aktiviert wird, wird mit hoher Wahrscheinlichkeit zum *dazugehörigen Coping* zurückgegriffen (einzuordnen auf dem Kontinuum der Sichtbarkeit der Hochbegabung). Demnach gehört dies auch zum nächsten Ansatzpunkt, dem Verhalten in (R). Schließlich wird realisiert, dass ein *anhaltender Ärger*, der aus den bisherigen nicht zufriedenstellenden Reaktionen als Konsequenz folgt, das Gesamtproblem eher verschärft denn positiv beeinflusst. Deshalb soll auch der Ärger auf sich selbst verändert werden, aber auch der Ärger auf die Vorgesetzte, da bisher noch nicht offen mit ihr gesprochen wurde.

7 Leitfaden für einen zielgerichteten Problemlöseprozess

S Auslösesituation	O Lerngeschichte	R Reaktion	K Konsequenzen
Äußere und/oder innere Situation (bspw. können auch bestimmte Gedanken Auslöser für R sein)	Was haben Sie in Ihrer Lebensgeschichte im **Zusammenhang mit Ihrer Hochbegabung** gelernt, das **bis heute prägend** für Ihre Reaktion ist?	Welche **körperliche** Reaktion, welche Gefühle und welche **Gedanken** haben Sie in der Situation erlebt? Wie haben Sie sich verhalten?	Wie hat sich **unmittelbar** durch Ihr Verhalten Ihr Erleben verändert? Welche Konsequenzen entstehen **langfristig** daraus?
Äußere Situation: Ich sitze mit meiner Vorgesetzten allein in einem Meeting; sie erwartet, dass ich ihr die Ergebnisse seit der letzten Besprechung bzgl. eines mir zugeteilten Projekts mitteile.	**Schema:** „Wenn ich mich so zeige, wie ich bin, bekomme ich den Neid der anderen ab und werde abgelehnt."	**Körperliche Empfindungen** in der Situation: Anspannung im Oberkörper, Grummeln im Bauch	**kurzfristige Konsequenzen** IN DER SITUATION durch Ihr Verhalten: + Ich gehe kein Risiko ein, für meine Überlegungen abgelehnt zu werden + Meine Anspannung geht durch mein Nicht-Aussprechen runter.
		Gefühle in der Situation: Angst, Ärger	
Innere Situation: In Bezug auf das gesamte Projekt verstehe ich nicht, warum wir gerade so vorgehen; eigentlich denke ich mir, es wäre viel zielführender, XYZ umzusetzen; ich habe mir bereits ein Konzept ausgedacht.	**Kompensatorisches Schema:** „Ich darf nicht auffallen, besser sein als andere. Ich muss meine Leistungen kleiner machen."	**Gedanken** in der Situation: „Sie wird bestimmt nicht auf mich hören", „Wahrscheinlich will sie meine Überlegungen gar nicht hören", „Ich bin bestimmt wieder zu anstrengend"	**langfristige Konsequenzen IM ALLTAG** durch Ihr Verhalten: − Ich ärgere mich über mich und meine Vorgesetzte. − Ich bin von meinem Job zunehmend frustriert und gelangweilt. Ich habe das Gefühl, meine Skills nicht ausleben zu können. − Ich habe das Gefühl, niemand versteht mich in meinen Gedanken. Ich fühle mich auch den Kollegen gegenüber nicht wirklich zugehörig.
		(Coping-)Verhalten in der Situation: Ich warte ab, was meine Chefin genau hören will, und präsentiere ihr die Ergebnisse; meine Überlegungen zum „besseren" Konzept spreche ich nicht aus.	

Abb. 7.1: Beispiel für Ansatzpunkte

7.3 Zielanalyse: Welche Ziele möchte ich genau erreichen?

Nachdem das Problem (IST-SOLL-Diskrepanz) gefunden und der IST-Zustand eingehender analysiert wurde, wird nun im Folgenden der SOLL-Zustand mittels Zielanalyse festgelegt (Bartling et al., 2016). Der Prozess der Zielformulierung ist dabei komplexer, spannender und lohnender als auf den ersten Blick anmutend. Oft wird schon losgerannt, ohne wirklich zu wissen, wohin genau – dies birgt ein Risiko, zwar irgendwie voran, jedoch vielleicht nicht wirklich an einem wünschenswerten Punkt anzukommen.

Es ist bei der Zielanalyse nicht damit getan, den identifizierten unerwünschten IST-Zustand in ein bloßes Wollen umzuformulieren. Im obigen Beispiel würde das bedeuten, aus »ich werde nicht anerkannt« wird »ich *will* hinsichtlich meiner hochbegabungsspezifischen Kompetenzen im Job anerkannt werden«. Dies mag einem wichtigen Grundbedürfnis (nach Anerkennung/Wertschätzung) entsprechen, stellt jedoch bei näherer Betrachtung zwar einen Wunsch, jedoch kein Ziel per definitionem dar. Ziele müssen durch eigenes Verhalten/Tun erreicht werden können – inwieweit jemand von anderen anerkannt wird, kann die Person selbst nur bedingt beeinflussen. Zu überlegen wäre also in diesem Beispiel, was das persönliche, mit eigenen Mitteln erreichbare Ziel wäre (bspw. »Ich traue mich, meine Kompetenzen mehr zu zeigen«).

Es ist weiters nicht damit getan, den unerwünschten IST-Zustand als Verneinung umzuformulieren (bspw. aus »Ich fühle mich anders« wird »Ich will mich *nicht* mehr anders fühlen«). Dies würde einem Vermeidungs- statt Annäherungsziel entsprechen: »Während es bei Annäherungszielen darum geht, die Diskrepanz zu einem positiv bewerteten Ziel zu verringern, geht es bei Vermeidungszielen darum, die Diskrepanz zu einem negativ bewerteten Ziel zu maximieren« (Grawe, 2004, S. 278). Annäherungsziele sind demnach erreichbar und jeder Handlungsschritt ist dahingehend eindeutig überprüfbar, ob er näher zum erwünschten SOLL hinführt; Vermeidungsziele hingegen sind nie wirklich erreichbar, weil nicht klar ist, wonach eigentlich genau gestrebt werden soll (ein »weg sein von« gibt keinen eindeutig einzuschlagenden Weg vor). Zudem bindet es die Aufmerksamkeit, ist man sich eben nie ganz sicher, ob das Getane schon ausreicht, um das Vermiedene nicht mehr zu erleben (Grawe, 2004).

Und schließlich ist es nicht damit getan, aus der erkannten IST-SOLL-Diskrepanz ein SOLL zu formulieren, ohne die Analyse des IST konkret zu betrachten. Aus einer übergeordneten Problemstellung könnte nur eine vage Zielvorstellung folgen, jedoch keine konkreten erreichbaren, umsetzbaren Ziele bzw. Teilziele, die von den konkreten Ansatzpunkten abhängig sind.

Zusammengefasst müssen also Ziele (Bartling et al., 2016)

- mit selbst initiiertem Verhalten erreichbar,
- positiv als Annäherungsziele formuliert und
- konkret, situationsspezifisch und damit realistisch sein.

> Für eine konkrete Zielformulierung unter Berücksichtigung der ausgewählten Ansatzpunkte sind interessierte Lesende zu Arbeitsblatt 7.5 eingeladen.

7.4 Mittelanalyse: Wie sind meine Wege zum Ziel?

Bis hierhin müssten sich nun das vage Unzufriedenheitsgefühl zu einer konkreten Problemformulierung gewandelt haben, mittels Hineinzoomen in und Hinauszoomen aus der Situation die passenden Ansatzpunkte gefunden und dazugehörige konkrete Ziele formuliert worden sein.

7.4.1 Auswahl der Veränderungsprinzipien

Im nächsten Schritt soll der Fokus auf der Suche nach Veränderungsprinzipien, also den geeigneten Mitteln, liegen, um von IST zu SOLL zu gelangen und die bisherigen Barrieren zu überwinden (Bartling et al., 2016). Problemanalyse und Veränderungsplanung gehen dabei Hand in Hand, d. h., die Auswahl geeigneter Mittel ist auf den jeweiligen Ansatzpunkt zu beziehen (▶ Tab. 7.2). Auf das Wesentliche heruntergebrochen, gibt es zwei grundlegende übergeordnete Bewältigungsstrategien, die zur Auswahl stehen: Aktive Bewältigungsstrategien (»changing the world«) und emotionale Bewältigungsstrategien (»changing the self«, »accepting a situation«) (Kanfer et al., 2012, S. 191).

Tab. 7.2: Veränderungsplanung in Abhängigkeit von Ansatzpunkten (angelehnt an Bartling et al., 2016)

Allgemeiner Ansatzpunkt im SORK-Modell	Veränderungsprinzipien	
Situation (S)	Verändern der äußeren Situation	Verändern der Gesamtsituation
		Verändern von Teilaspekten der Situation
	Verändern der inneren Situation	Um-/Neubewertung der Situation (Perspektivwechsel)

Tab. 7.2: Veränderungsplanung in Abhängigkeit von Ansatzpunkten (angelehnt an Bartling et al., 2016) – Fortsetzung

Allgemeiner Ansatzpunkt im SORK-Modell	Veränderungsprinzipien	
		Fokuswechsel auf eine alternative Situation
		Akzeptanz der Situation
Lerngeschichte (O)	Verändern negativer Annahmen über Hochbegabung/Hochbegabte	Realitätsprüfung und Umformulierung internalisierter Hochbegabungs-Negativität
	Verändern gelernter Schemata über das eigene Hochbegabtsein	Sammeln positiver, korrigierender Lernerfahrungen, konstruktiv-kritisches Hinterfragen bisheriger Schemata, Formulierung hilfreicher Annahmen über sich selbst
		Stärkung des hochbegabungsspezifischen Selbstwerts
	Verändern kompensatorischer Schemata	Sammeln positiver, korrigierender Lernerfahrungen, konstruktiv-kritisches Hinterfragen bisheriger kompensatorischer Schemata, Planung von gezielten Verhaltensexperimenten, Formulierung hilfreicher Selbstanleitungen
Reaktion (R)	Verändern problematischer körperlicher Reaktionen	Einsatz von körperfokussierten Ressourcen/Skills zur Senkung des Anspannungsniveaus (bspw. Sport, Entspannungstechniken)
	Verändern problematischer emotionaler Reaktionen	Einsatz von emotionsfokussierten Ressourcen/Skills (bspw. Austausch mit anderen, Emotionen aufschreiben)
	Verändern problematischer, situationsspezifischer Gedanken	Formulierung hilfreicher, unterstützender Gedanken

Tab. 7.2: Veränderungsplanung in Abhängigkeit von Ansatzpunkten (angelehnt an Bartling et al., 2016) – Fortsetzung

Allgemeiner Ansatzpunkt im SORK-Modell	Veränderungsprinzipien	
Konsequenz (K)	Verändern der problematischen (sozialen) Copingstrategien in Bezug auf das Hochbegabtsein	Situationsanalysen als Nach- oder Vorbereitung zur Selbstanleitung für alternatives Verhalten (und damit zur Unterbrechung des bisherigen Automatismus), Planen von Übungssituationen
	Verändern langfristig bestehender Folgen aus dem bisherigen Verhalten	Stärkung von brachliegenden Ressourcen
	Wahrnehmung positiver Konsequenzen durch neues, alternatives Verhalten	Systematisches Beobachten positiver Konsequenzen

Die in der Tabelle aufgeführten Veränderungsprinzipien sollen dabei als Heuristik dienen. Selbstredend kann diese Tabelle mit eigenen Ideen erweitert werden. Mit Hilfe von Arbeitsblättern werden im folgenden ▶ Kap. 7.5 vor allem diejenigen Veränderungsprinzipien thematisiert, die sich auf hochbegabungsspezifische Aspekte beziehen. Diese sind in ▶ Tab. 7.2 hellgrau hinterlegt. Übergeordnete Prinzipien, wie bspw. Einsatz von Entspannungstechniken, Einsatz emotionsfokussierter Skills, Stärkung von brachliegenden Ressourcen, die unabhängig von hochbegabungsspezifischen Themen wirksam sind, können an dieser Stelle nicht dargestellt werden; dies würde den Rahmen des Buches sprengen. Gerade zum Thema Emotionen/Emotionsregulation, Entspannungsverfahren, Akzeptanz, Ressourcen, Selbstfürsorge etc. gibt es umfängliche (therapeutische) Ratgeberliteratur.

7.4.2 Konkretisieren der Veränderungsschritte

Ebenso wie es nach der Problemanalyse einen kritischen Punkt gibt, nicht gleich mit der ersten Idee loszurennen, sondern die Zielanalyse abzuwarten, so erscheint hier ein nächster kritischer Punkt, nicht gleich nach der ersten Überlegung zum Veränderungsprinzip loszustürmen. Mag vielleicht die hochbegabungsimmanente Geschwindigkeit und damit verbundene Ungeduld dazu verleiten, so soll an dieser Stelle noch ein letztes Mal bewusst auf die Bremse gedrückt werden. Um dem ausgewählten Ziel systematisch näher zu kommen, braucht es die Konkretisierung der einzelnen Veränderungsideen in Richtung eines Plans (Bartling et al., 2016).

Exkurs: Analyse bisheriger Lösungsversuche

Falls bereits in der Vergangenheit Lösungsversuche für das bestehende Problem gestartet wurden, die nicht zum Erfolg geführt haben, lohnt es sich, diese konkret zu sichten, um nicht noch einmal denselben (verkehrten) Weg einzuschlagen. Hilfreiche Fragen können dabei sein (Kanfer et al., 2012):

- Welche Anstrengungen wurden bisher unternommen, um das Problem zu lösen?
- Welche Maßnahmen führten (eventuell kurzfristig) zu Verbesserungen und können »wiederverwertet« werden?
- Welche Maßnahmen hatten keinerlei Einfluss auf das Problem oder führten sogar zu Verschlechterungen und sollten verworfen werden?

Neben diesen konkreten bisherigen Bewältigungsstrategien, die vielleicht mit dem jetzigen Wissen adaptiert werden können, gilt es, weitere konkrete Handlungsschritte festzulegen. Beispielhaft könnte dies via Mindmap umgesetzt werden (▶ Abb. 7.2).

Wie meistens, gelingt die Umsetzung umso besser, je gründlicher die Planung erfolgt. Dabei bedeutet ein Plan keineswegs ein starres Korsett, welches Druck erzeugt, dies oder jenes bis da- und dorthin umgesetzt zu haben. Ein Plan sollte ein flexibles Instrumentarium sein, durch welches ein verbindliches Commitment mit sich selbst eingegangen werden kann. Da es heute eine Vielzahl an Planungstools, Kalender, Journaling-Methoden etc. gibt, soll hier auf eine Vorgabe verzichtet werden.

7.5 Erprobung der Veränderungsschritte: Was setze ich um?

Nun ist die Analyse- und Planungsphase abgeschlossen und der Abschnitt der praktischen Erprobung beginnt (Bartling et al., 2016) – es darf also von der Bremse gegangen und sich auf den Weg gemacht werden.

7 Leitfaden für einen zielgerichteten Problemlöseprozess

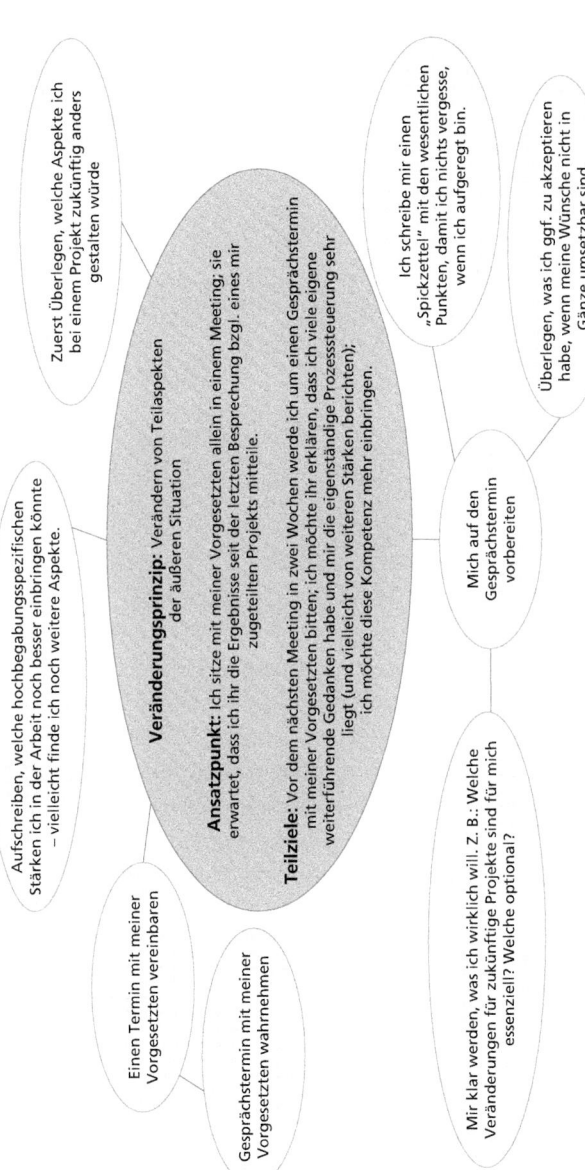

Abb. 7.2: Beispiel Mindmap zur Konkretisierung von Veränderungsschritten

7.5.1 Anleitung zum Verändern hochbegabungsspezifischer Aspekte

Im Folgenden werden nun geeignet erscheinende Veränderungsschritte vorgestellt, um insbesondere negativ wirkende Schemata und/oder Copingstrategien im Zusammenhang mit der eigenen Hochbegabung zu verändern. Sollten die hochbegabungsbezogene Lerngeschichte (O) und die dazu gehörige Reaktion (R) als Ansatzpunkte ausgewählt worden sein (▶ Tab. 7.2), ist – wie in ▶ Kap. 6 ausgeführt – von einem Inkongruenzerleben auszugehen. Dieses gilt es zu verringern, so dass die Hochbegabung als Teil des eigenen Selbstkonzepts mehr und mehr integriert wird. Dabei werden Umsetzungsideen vorgestellt, die in der therapeutischen Arbeit mit hochbegabten Erwachsenen erprobt wurden. Selbstredend kann jede Strategie vor dem individuellen Hintergrund angepasst werden.

Verändern negativer Annahmen über Hochbegabung/Hochbegabte

Sollten internalisierte negative Annahmen über Hochbegabung und Hochbegabte übernommen worden sein, die bis heute die Akzeptanz des eigenen Hochbegabtseins hemmen, kann eine zielführende Auseinandersetzung mithilfe kognitiv-verhaltenstherapeutischer Strategien begonnen werden. Im Rahmen der sog. Realitätsüberprüfung können verzerrende Interpretationen und Annahmen auf ihren tatsächlichen Realitätsgehalt hin geprüft werden (Wilken, 2024). Gezieltes logisches Denken ist erwünscht!

> Es geht bei kognitiven Strategien nicht bloß darum, einen Satz »einfach« umzuformulieren. Oft erfolgt in der therapeutischen Arbeit mit hochbegabten Erwachsenen der Kommentar: »Klassische Strategien, die für die Allgemeinheit gelten mögen, wirken bei mir oft nicht – ich kann meinem Kopf nicht einfach etwas vormachen und dann daran glauben!« Deshalb gleich an dieser Stelle die Antwort: Das stimmt, das würde nicht funktionieren! Deshalb setzt die Strategie der Realitätsüberprüfung eine bewusste Auseinandersetzung mit den gelernten negativen Annahmen voraus (s. AB 3.1) und lädt erst dann zu einer Umformulierung ein, wenn wirklich eine glaubhafte, realistische Alternative gefunden wurde. Probieren Sie es aus!
> Interessierte Lesende sind zu Arbeitsblatt 7.6 eingeladen.

Verändern gelernter Schemata über das eigene Hochbegabtsein

Gelernte Schemata wirken innerpsychisch zumeist unhinterfragt in neuen Situationen, die den ursprünglichen ähnlich erscheinen, und legen sich wie eine Art Schablone über diese darüber (vgl. Sachse, 2016). Kommt es also im Hier und Jetzt zu einer ähnlichen Konstellation wie früher, bspw. sich ausgegrenzt fühlen, wird psychologisch betrachtet das früher gelernte, »abgespeicherte« Schema (bspw. »Ich bin falsch«) mit aktiviert und verstärkt demnach das Gefühl. Folglich sind neue Erfahrungen dahingehend gar nicht so neu, werden sie doch schemakonform interpretiert und damit für die bisherige Schablone »passend gemacht« (▶ Kap. 6.1.2).

Um diesem »Schablonen-Automatismus« entgegenzuwirken, können die Schemata konstruktiv-kritisch hinterfragt und im Anschluss zu hilfreichen, selbstwertstärkenden, hochbegabungsspezifischen Annahmen über sich selbst umformuliert werden. Dieses Hinterfragen und die Beweisführung *für*, nicht gegen, sich selbst kann im Sinne eines sog. Sokratischen Dialogs erfolgen (Wilken, 2024). Dieser entspricht einer Art inneren Haltung und kann durch geeignete Fragestellungen die gedankliche »Beweglichkeit« erhöhen.

> Auch hier lässt sich das Vorgehen nicht einfach auf ein bloßes Umformulieren reduzieren. Vielleicht würden Sie auch den Satz unterschreiben, den sehr viele hochbegabte Erwachsene in der therapeutischen Arbeit aussprechen: »Wissen Sie, wenn ich einmal von etwas überzeugt bin, braucht es schon sehr gute, ausgefeilte und wasserdichte Argumente, um mich zu einer anderen Meinung zu bewegen!« Das ist auch gut so! Seien Sie Ihr eigener Detektiv und gehen Sie in eine Disputation, nicht eine bloße Diskussion, mit sich selbst! Es wird erfahrungsgemäß etwas dauern, steckt man doch zuweilen in der eigenen Perspektive zu stark fest und benötigt manchmal einen Impuls von außen, vielleicht im Austausch mit anderen.
> Interessierte Lesende sind zu Arbeitsblatt 7.7 eingeladen.

Verändern kompensatorischer Schemata und der damit verbundenen (sozialen) Copingstrategien (Transfer in den Alltag)

Kompensatorische Schemata haben sich im Laufe der Biografie gebildet, um vor allem negative Erfahrungen im Zusammenhang mit dem eigenen Hochbegabtsein nicht mehr eintreten zu lassen: Sie sind also Selbstanleitungen, häufig in »Ich muss…« oder »Ich darf nicht…« Formulierung (sog. Muss-turbationen; Stavemann, 2005) und mit bestimmten Copingmechanismen verbunden (▶ Kap. 6.1).

Wenn eine hochbegabte Person gelernt hat: »Ich darf nicht auffallen, nicht besser sein als andere und muss meine Leistungen kleiner machen, sonst werde ich nicht gemocht«, kann es nicht einfach darum gehen, das Müssen oder Nicht-Dürfen in ein gegenteiliges Sollen zu verwandeln (»Ich soll auffallen, besser sein als andere etc., dann werde ich gemocht«). Anhand konkreter Situationen soll reflektiert werden, inwieweit diese Anleitungen hilfreich erscheinen, ein erwünschtes Verhalten entsprechend den eigenen Zielsetzungen zu zeigen. Mit dem heutigen Wissen

bzw. den heutigen Rahmenbedingungen des Erwachsenenalters werden alternative Anleitungen formuliert, die das neue, erwünschte Verhalten fördern. Ebenso wird es wichtig sein, konkrete Übungssituationen festzulegen, so dass neue Erfahrungen gesammelt werden können.
Selbstredend ist das eher ein Prozess, denn eine isolierte Übung. Vielleicht hilft an dieser Stelle eine Metapher: Entspricht der alte Automatismus einer ausgebauten Autobahn, gleicht ein neu eingeschlagener Weg doch eher einem Feldweg – wird er nicht wiederholt genutzt, wuchert er wieder zu. Nur durch stetes Begehen, also Üben, wird er als neuer Weg immer ausgetretener, bequemer zu gehen und somit attraktiv. Schließlich sollte er mit deutlich weniger »Kosten« verbunden sein (im Vergleich zum alten Weg), führt er doch zum persönlichen, wünschenswerten Ziel. Wann der Zeitpunkt da ist, dass ausreichend geübt wurde, kann allerdings nur jeder selbst für sich entscheiden. Während anfangs bewusst darauf geachtet wird, sich immer wieder für den neuen Weg zu entscheiden, wird mit mehr Übung ein neuer Automatismus gebildet. Es kann später besser darauf vertraut werden, dass auch ohne explizites Monitoring der neue Weg beibehalten wird.

Für die Umsetzung soll hierbei eine Adaption der sog. Situationsanalyse (Brakemeier & Norman, 2012) verwendet werden.
Interessierte Lesende sind zu Arbeitsblatt 7.8 eingeladen.

Stärken des hochbegabungsbezogenen Selbstwerts

Als Ergänzung oder im Anschluss an die vorherigen Übungen kann es hilfreich sein, den eigenen hochbegabungsbezogenen Selbstwert explizit zu reflektieren. Es soll nicht darum gehen, einen künstlich überhöhtgefärbten Blick auf Hochbegabung zu werfen, sondern ehrlich mit sich selbst zu sein und die eigenen hochbegabungsspezifischen Stärken und Fähigkeiten festzuhalten. Im Alltag wird sich doch oft gemäß dem Satz »Eigenlob stinkt« verhalten und eigene Kompetenzen und Erfolge werden vielleicht nur in gewissen Kontexten offen präsentiert. Vielleicht durchlaufen diese Kompetenzen eine Art »Zensur-Laufband«, um dann am

Ende angepasst, in »verdaubarer Portionsgröße«, für andere gezeigt zu werden.

Liegen kompensatorischen Schemata zugrunde, die ohnehin ein Herunterregulieren des eigenen Hochbegabtseins befördern, kann es befreiend und stärkend erlebt werden, sich eben ohne Zensur den hochbegabungsspezifischen tragenden Säulen des Selbstwerts zuzuwenden.

> Dies kann mittels einer etablierten Übung »Sieben Säulen« erfolgen (Görlitz, 2009), die an den hochbegabungsspezifischen Kontext adaptiert wird.
> Interessierte Lesende sind zu Arbeitsblatt 7.9 eingeladen.

7.5.2 Anregung zum Umgang mit einer erlebten Nicht-Passung zu anderen

Wie bereits wiederholt erwähnt, können nicht alle Probleme mit einer eigenen Verhaltensänderung gelöst werden. Zuweilen liegt es auch an der erlebten Passung bzw. Nicht-Passung zum (sozialen) Umfeld, welche wiederholt Hochbegabte herausfordert. Es lassen sich etliche Kommunikationssituationen anführen, in denen sich eine hochbegabte Person bspw. zu ungeduldig mit nicht hochbegabten Menschen erlebt, nicht in den eigenen Gedankengängen verstanden oder ausgebremst fühlt. Was ist die Lösung? Die Antwort kann schließlich nicht sein, sich noch mehr anzupassen oder herunterzuregulieren, oder? Auch steht es nicht immer in der eigenen Handlungskontrolle, äußere Rahmenbedingungen zu verändern, also bspw. »schnell« den Arbeitsplatz zu wechseln. In der therapeutischen Arbeit mit hochbegabten Erwachsenen hat sich eine Metapher geformt, die vielleicht an dieser Stelle hilfreich erlebt werden könnte.

Auch wenn empirische Belege hierzu fehlen, lässt sich das Erleben vieler Hochbegabter vielleicht folgendermaßen umschreiben:

Während durchschnittlich Begabte von »Datenpunkt« zu »Datenpunkt« voranschreiten, um einer Logik zu folgen, Dinge zu verstehen und bspw. Aufgaben bewältigen zu können, benötigt der Hochbegabte bereits weniger detaillierte »Datenpunkte« als Zwischenschritte. Die kognitive Komplexität ist größer, das Denken logischer, schneller und fähiger zu abstrahieren, also das »Bauprinzip« zu verstehen. Die hochbegabte Person »springt« schneller voran und erlebt vielleicht erste Missverständnisse in der Kommunikation, wenn das nicht hochbegabte Gegenüber die Zwischenschritte benötigt. Höchstbegabte scheinen noch weniger »Datenpunkte« zu benötigen, springen also noch schneller voran, selbst im Vergleich zu hochbegabten Personen. Das Denken ist, wie es ist. Ein durchschnittlich begabter Mensch kann sich bis zu einem gewissen Grad (mit Aufwand oder Unterstützung) kognitiv beschleunigen, in gewisser Weise hoch- und höchstbegabte Menschen jedoch »nicht einholen«.

Das soll kein Plädoyer für eine Anpassung sein, im Gegenteil! Es soll eine Reflexion anregen, wie diesem »fact« akzeptierend begegnen werden kann, ohne vielleicht in die »Herausforderungs-Falle« zu tappen und sich als hochbegabte Person anhaltend nicht verstanden, ausgebremst, verärgert, frustriert oder zu ungeduldig zu erleben. Was diese Akzeptanz beinhaltet, kann nur jeder für sich selbst entscheiden.

Für die einen bedeutet es vielleicht, nachsichtiger und milder in der Kommunikation zu werden oder die eigenen Kompetenzen *für* andere einzusetzen, ihnen zu helfen, komplexe Dinge besser zu verstehen – also die »Zwischen-Datenpunkte« zu erklären.

Für andere kann es bedeuten, bewusster auszuwählen, in welchem sozialen Kontext ein geistiges Galoppieren möglich ist und in welchem ein langsameres Vorankommen immanent ist – also einen Ausgleich zu schaffen.

Oftmals erleben sich Hochbegabte auch entlastet, wenn transparent über den eigenen Denkprozess mit einem nicht hochbegabten Gegenüber gesprochen wird, schließlich kann niemand in den Kopf des anderen hineinschauen – also offen zu kommunizieren, wie auf welche Art gedacht wird, welche logischen Schlüsse automatisch entstehen, an welcher Stelle des Voranschreitens gerade schon angekommen wurde etc.

Natürlich verändert es nicht die Bedingungen, der Hochbegabte wird in diesem Beispiel weiter warten müssen, bis das Gegenüber an der gleichen Stelle angekommen ist; es verändert aber vielleicht das eigene Authentischsein – sowohl sich im eigenen hochbegabungsspezifischen Erleben als auch den anderen so anzunehmen und in Erscheinung treten lassen, wie er nun mal ist.

Vielleicht ergeben sich hieraus neue Veränderungsschritte.

7.6 Evaluation der Veränderung: Ziel erreicht?

Nachdem nun die Planung in konkretes Tun und Verändern übersetzt wurde, erfolgt zuletzt eine Einschätzung über den hoffentlich erfolgreichen, zurückliegenden Problemlöseprozess (Bartling et al., 2016). Dies kann in zweierlei Hinsicht erfolgen: zum einen konkret in Bezug auf die formulierte Zielsetzung, zum anderen hinsichtlich einer möglichen Veränderung im eigenen Identitätsentwicklungsprozess. Die Auseinandersetzung mit der eigenen Hochbegabung verändert die innere Haltung gegenüber diesem Teil des Selbstkonzepts. Wie eingangs geschrieben, ist es lohnend, auch hier innezuhalten und die Veränderungen wirken zu lassen.

> Für die Einschätzung der eigenen Zielerreichung sind interessierte Lesende zu Arbeitsblatt 7.10 eingeladen.
> Darüber hinaus kann das Arbeitsblatt 6.3 noch einmal zur Hand genommen werden. Diejenigen, die es bereits ausgefüllt haben, können den aktuellen Stand der Dinge nutzen, um die Einschätzung für jede Entwicklungsstufe noch einmal zu prüfen und ggf. neu zu reflektieren. Sollte das AB 6.3 noch nicht ausgefüllt worden sein, lohnt es sich, es zu diesem Zeitpunkt nachzuholen.

Zum Schluss bleibt nur noch die Frage übrig, ob bereits alle Probleme bearbeitet und sämtliche Ziele erreicht wurden oder ob ein erster Problemlöseprozess abgeschlossen werden konnte, bevor mit der nächsten IST-SOLL-Diskrepanz ab ▶ Kap. 7.2 begonnen wird? Vielleicht haben sich die eingangs formulierten Probleme aber auch schon mit der Bearbeitung dieses Problems verändert? Wurden anfangs mehrere Problemfelder identifiziert, kann es hilfreich sein, die Überlegungen mithilfe des AB 7.1 erneut zu prüfen.

Und genau genommen endet der eigene Entwicklungsprozess erfreulicherweise nicht. Es müssen nicht immer manifeste Probleme auftauchen, die Anstrengung abverlangen für eine zufriedenstellende Lösung. Zumindest finden sich aber doch hoffentlich spannende neue Fragestellungen, die zur Weiterentwicklung mit dem eigenen Hochbegabtsein anregen.

Teil IV Ausblick

Mit dem Bemühen, die Inhalte des Buches aufeinander abzustimmen, sie in eine logische, nachvollziehbare Anordnung zu bringen, die hilfreich erscheint, sich eingeladen zu fühlen, über sich und das eigene Hochbegabtsein zu reflektieren, könnte das Buch an dieser Stelle guten Gewissens enden.

Jedoch kann es vorkommen, dass sich nicht immer alle Schwierigkeiten auflösen. Zudem können unabhängig von oder im Zusammenhang mit hochbegabungsspezifischen Themen psychische Belastungen vorliegen, die einer Behandlung bedürfen. Wie im einleitenden Kapitel beschrieben, sollen auch diejenigen hochbegabten Erwachsenen Anregungen durch das Buch finden, die entweder eine ambulante Psychotherapie aufsuchen oder sich bereits in Behandlung befinden (▶ Kap. 8).

8 Hinweise für eine (begleitende) ambulante Psychotherapie

In der psychotherapeutischen Praxis hat sich gezeigt, dass etliche hochbegabte Erwachsene auch im therapeutischen Setting zurückhaltend sind, sich hinsichtlich des weit überdurchschnittlichen IQs zu öffnen. Mag es an vielleicht ungünstigen Vorerfahrungen liegen oder an einer Art Unsicherheit, nicht einschätzen zu können, ob und inwieweit ein Psychotherapeut mit dem Thema Hochbegabung ausreichend vertraut ist. Unabhängig vom eigenen dahinterliegenden Motiv bedeutet jedoch ein Nicht-Offenbaren, dass eben auch nicht auf das hochbegabungsbezogene Erleben und Verhalten eingegangen oder therapeutische Behandlungselemente vor diesem Hintergrund angepasst werden können. Im schlimmsten Falle wiederholt sich eine biografische Lernerfahrung, sich nicht verstanden zu fühlen, sich anpassen zu müssen etc.

Die folgenden Inhalte sollen ausreichend Informationen zur Verfügung stellen, um für sich selbst abwägen zu können, inwieweit es zielführend ist, sich hinsichtlich der eigenen Hochbegabung in der Psychotherapie zu »outen«.

Teil IV Ausblick

8.1 Hochbegabung als Thema in die Psychotherapie einbringen

In verschiedene Studien wurden hochbegabte Erwachsene aus Deutschland[54] hinsichtlich ihrer Psychotherapieerfahrung untersucht (Heil, 2021a/b; Ullmer, 2022). Hochbegabte Patienten fühlten sich von Psychotherapeuten, die Wissen um Hochbegabung hatten und dieses auch in der Therapie einbrachten, signifikant besser verstanden und ernst genommen, ebenso wurde die Zusammenarbeit als signifikant besser eingeschätzt (Heil, 2021a/b). Es konnte belegt werden, dass die Zufriedenheit mit der Psychotherapie bei hochbegabten Patienten höher war, wenn der Therapeut Kenntnisse zum Thema Hochbegabung besaß und vermittelte, den Patienten in seinem hochbegabungsbezogenen Erleben und Verhal-

---

54 Stichproben bestanden aus Mensa-Mitgliedern.

ten verstehen zu können (Ullmer, 2022). Allerdings belegten die Untersuchungen auch, dass in nur ca. einem Drittel der Therapien dem jeweiligen Therapeuten hochbegabungsspezifisches Wissen attestiert wurde (▶ Tab. 8.1).

Tab. 8.1: Ausgewählte Angaben aus Heil (2021a/b) und Ullmer (2022) (Stark, 2024, S. 120)

Variable	Heil (2021a)	Heil (2021b)	Ullmer (2022)
HB war TN vor der Therapie bekannt	57,58 %	47,17 %	64,58 %
TN haben dem TH von der HB berichtet	87,23 %	87,89 %	—
TN schätzen, dass der TH über Kenntnisse zur HB verfügt	26,76 %	28,03 %	27,95 %
TN schätzen, dass der TH über keine Kenntnisse zur HB verfügt	30,30 %	35,85 %	45,16 %
TN war nicht bekannt, ob der TH über Kenntnisse zur HB verfügt	43,94 %	35,85 %	26,88 %

HB = Hochbegabung, TN = Teilnehmer, TH = Therapeut

Heil (2021a/b) hatte in ihren Studien mit Hoch- und Höchstbegabten zudem in Freitextantworten konkret erfasst, ob und inwieweit sich die Patienten von ihrem jeweiligen Psychotherapeuten verstanden gefühlt, wie sie die Zusammenarbeit während der Therapie eingeschätzt hatten und ob und inwieweit die Hoch- oder Höchstbegabung vom Psychotherapeuten berücksichtigt wurde. Folgende positive Erfahrungen wurden bspw. angegeben:

»Hilfreich ist für mich: mir den Eindruck zu vermitteln, dass die Therapeutin weiß, wovon ich spreche; Wertschätzung für die Begabung; Verständnis und Mitgefühl für Schwierigkeiten, die in Zusammenhang mit der Begabung auftreten; Ermutigung, einen intensiveren Kontakt mit anderen Hochbegabten zu pflegen; Versuch, meine Bedürfnisse zu verstehen« (Heil, 2021b, S. 58 f.).
»In einer mehrwöchigen stationären Therapie habe ich zusammen mit den Therapeutinnen herausgefunden, warum ich die Hochbegabung nicht wirklich

lebe. Das war sehr hilfreich und hat einen emotionalen Knoten gelöst. Dafür bin ich sehr dankbar« (Heil, 2021a, S. 73).

»Es hat mir bei einer Therapeutin schon sehr viel gebracht, die Erfahrung zu machen, ernst genommen zu werden und zu verstehen, dass meine Wahrnehmung und meine Persönlichkeit nicht von Grund auf falsch sind, wie ich es lange Zeit glaubte. In dieser Therapie habe ich mal eine positive Rückmeldung erhalten für Eigenschaften, für die ich bisher bloß kritisiert wurde. Anstatt dass mir geraten wurde, meine ganze Persönlichkeit komplett zu verändern, hat mir diese Therapeutin Perspektiven gezeigt, wie ich charakteristische Eigenschaften (die häufig mit Hoch- und Höchstbegabung in Verbindung stehen) sinnvoll nutzen kann« (Heil, 2021b, S. 60).

»Hilfreich ist es, wenn der Therapeut die Hochbegabung als Teil der Persönlichkeit annehmen kann und dies nicht wertet. Wenn die kognitiven Fähigkeiten dann noch auf Augenhöhe für die Therapie genutzt werden können, ist es eine Win-Win-Situation. Bestärkung in die eigenen Fähigkeiten und das Wieder-Erlernen ›auf sich selbst mal Stolz zu sein‹« (Heil, 2021a, S. 75 f.).

»Während der zweiten freiwilligen Therapie wurde die Hochbegabung, obwohl ich aufgrund von Prüfungsangst noch keinen Test absolviert hatte, sogar in den Mittelpunkt der Therapie gestellt. Das war für mich sehr hilfreich, da ich die Ursachen vieler Probleme, insbesondere im zwischenmenschlichen Umgang, besser einordnen konnte. Das hat mir die Möglichkeit gegeben, zu lernen, besser damit umzugehen, statt krampfhaft zu versuchen, meine ganze Persönlichkeit zu verändern« (Heil, 2021b, S. 62).

»In einer späteren Therapie fand ich es sehr hilfreich, dass der Therapeut sich offen auf das Thema Hochbegabung eingelassen und anscheinend auch erkannt hat, welche Bedeutung es für mich in einer bestimmten Lebensphase hatte und es ansonsten als ganz normalen, gleichwertigen Teil meiner Persönlichkeit integriert hat. [...] Vielleicht haben die ständigen Gespräche über alle hochbegabungsnahen Themen auch geholfen, eine hochbegabte Identität zu entwickeln« (Heil, 2021a. S. 77).

»Die Hochbegabung wurde als Teil der ganzen Persönlichkeit angenommen und akzeptiert« (Heil, 2021a, S. 77).

»Der jetzige Therapeut sieht die Hochbegabung als einen Teil von mir, der mich manchmal behindert, mir aber auch die Fähigkeit gibt, mich und mein Verhalten reflektiert beobachten zu können. Dabei unterstützt er mich. Ich sehe dies als eine Bereicherung und Ressource für die Sitzungen« (Heil, 2021b, S. 62).

»Der Therapeut hat von Anfang an darauf hingearbeitet, dass ich eine meiner Intelligenz gemäße Ausbildung mache: das Abitur nachhole und studiere. Er war stark an meiner Weiterentwicklung interessiert und hat mich hier gefördert, aber auch gefordert. Das war für mich extrem anstrengend und mit zahlreichen Rückschlägen und ›Ausbrüchen‹ verbunden, hat sich für mich letztlich aber gelohnt« (Heil, 2021a, S. 77).

8 Hinweise für eine (begleitende) ambulante Psychotherapie

Es soll an dieser Stelle kein unrealistisch überhöhtes Bild gezeichnet werden; selbstredend finden sich bei Heil (2021a/b) ebenso zahlreiche negative Erfahrungsbeispiele. Zumal anzunehmen ist (▶ Tab. 8.1), dass in zwei Dritteln der Psychotherapien die Hochbegabung nicht als explizites Thema berücksichtigt wurde (entweder weil der Therapeut keine Kenntnisse hatte oder es die Patienten nicht einschätzen konnten, was allerdings ebenso bedeuten würde, dass es nicht zum Thema gemacht wurde, um es dementsprechend beurteilen zu können). Wie insbesondere in ▶ Teil II des Buchs dargestellt, sind die Hochbegabung und das damit verbundene Erleben verwoben mit der eigenen biografischen Geschichte und sollten als Teil des eigenen Selbstkonzepts gerade in einer Psychotherapie entsprechend berücksichtigt werden. Die Ergebnisse der obigen Studien bekräftigen, dass dadurch die therapeutische Arbeitsallianz gestärkt wird, der Patient sich besser verstanden und »abgeholt« fühlt und folglich auch hinsichtlich hochbegabungsspezifischer Themen vorankommt.

Demnach geht es nicht um ein überhöhtes Bild, sondern eher um die Ermutigung, das Thema rund um die eigene Hochbegabung in die Therapie einzubringen. Selbst wenn der Psychotherapeut sich nicht umfänglich damit auskennt, vielleicht ist er – bei vorliegender und erkennbarer Motivation des Patienten – bereit, sich einzulesen oder idiosynkratisch vorzugehen, also gemeinsam die individuellen Ausprägungen des Hochbegabtseins peu à peu für das therapeutische Fallkonzept zu erfassen. Um noch einmal die Worte im einleitenden Kapitel aufzugreifen: Hoffentlich bieten die Ausführungen in diesem Buch das passende Vokabular, um sich auszudrücken. Eben nicht »nur« zu benennen, dass eine Hochbegabung vorliegt, sondern darzulegen, welche individuelle Bedeutung das eigene Hochbegabtsein im eigenen biografischen Kontext hat.

8.2 Konkrete Wünsche an den Psychotherapeuten äußern

Psychotherapie bedeutet, kurz zusammengefasst, Hilfe zur Selbsthilfe (Kanfer et al., 2012). Es geht darum, passende Hilfestellungen und entsprechende Bewältigungsstrategien zu erarbeiten, um anschließend, gut gerüstet, den weiteren Alltagsanforderungen, Problemen und Schwierigkeiten begegnen zu können. Der Prozess der Psychotherapie lässt sich metaphorisch als Bergwanderung umschreiben.

> **Exkurs: Bergmetapher**
>
> Der Patient steht vor einem Berg und weiß nicht, wie er den Weg nach oben findet. Der Berg steht für alle Probleme, alle psychischen Belastungen und Schwierigkeiten, die sich angesammelt haben. Der Patient sucht sich einen Bergführer, den Psychotherapeuten. Dieser war zwar noch nicht genau auf diesem Berg, aber er ist ein erfahrener Bergwanderer. Er ist gut ausgerüstet, weiß, wie herausfordernde Stellen zu erkennen sind, kann gut einschätzen, wann es einen Umweg braucht, es schneller gehen kann oder es sogar eine Pause braucht, um neue Kräfte zu sammeln oder sich für den weiteren Weg zu beraten. Der Psychotherapeut kann demnach den Weg nicht *für* den Patienten gehen, aber zusammen *mit* ihm. Er kann auch keine Entscheidungen für den Patienten treffen, ob nun diese oder jene Abzweigung genommen werden soll, aber er kann ihn unterstützen, diese Entscheidungen stimmig für sich treffen zu können. Deshalb ist ein vertrauensvoller Austausch zwischen den beiden wichtig. Der Patient darf und soll sagen, was er braucht, ob es zu schnell oder zu langsam geht. Nur dann ist ein zielführendes Vorankommen möglich.

Gelingt dieser vertrauensvolle Austausch, hat sich in der Therapie eine tragfähige Arbeitsallianz aufgebaut (Flückiger et al., 2015). Der Psychotherapeut nimmt die Rolle eines Änderungsassistenten ein und übernimmt die Verantwortung für die therapeutische Prozessgestaltung, d. h. das Planen des diagnostisch-therapeutischen Vorgehens; der Patient hingegen ist Experte für sich und trägt die Verantwortung für inhaltliche Entscheidungen (Kanfer et al., 2012).

Demnach ist es nicht nur aus Sicht des hochbegabten Patienten (▶ Kap. 8.1), sondern auch aus Sicht des Psychotherapeuten, nämlich für das therapeutische Fallverständnis und die Therapieplanung, wichtig, das hochbegabungsbezogene Erleben und Verhalten eines Patienten einzubeziehen. Ein hochbegabter Patient kann und darf sich hinsichtlich einer vorliegenden oder vermuteten Hochbegabung äußern, damit verbundene Lernerfahrungen, Ressourcen und Herausforderungen (▶ Kap. 6) offen berichten und eben gleichermaßen auch Wünsche an den Psychotherapeuten bzw. die Therapie einbringen.

Aus den oben genannten Untersuchungen von Heil (2021a/b) lassen sich einige Wünsche aus den Erfahrungsberichten von hochbegabten Erwachsenen, die sich in Psychotherapie befanden, ableiten (▶ Tab. 8.2). Dies deckt sich auch mit den Erfahrungen aus der therapeutischen Praxis.

Tab. 8.2: Wünsche hochbegabter Patienten an Psychotherapeuten (aus Heil, 2021a/b) (Stark, 2024, S. 122)

hilfreich	hinderlich
einen geregelten äußeren Rahmen einhalten	auf einer überlegenen Rolle des Therapeuten beharren
Handlungsspielraum lassen	eigene Sichtweisen aufdrängen
eigene Sichtweisen, aber nicht eigene Themen einbringen	Standardvorgehen wählen
offen sein für die Wahl der Methode	Gespräche zu oberflächlich gestalten
Gespräche auf Augenhöhe führen	sich durch kritische Nachfragen angegriffen fühlen
gemeinsam nach Lösungen suchen	inkompatible Methoden wählen
Kenntnisse über Hochbegabung haben	sich unterlegen/eingeschüchtert fühlen
individuelle Hochbegabungsmerkmale beachten/wertschätzen	ablehnend auf hochbegabungsspezifische Merkmale reagieren
Interventionen transparent kommunizieren	Hochbegabung ignorieren
transparent mit eigenen Grenzen umgehen	mit Vorurteilen auf die Hochbegabung reagieren

Vielleicht können diese Formulierungen als Anregung dienen, eigene Wünsche an eine Therapie oder einen Psychotherapeuten zu reflektieren. Denn der therapeutische Rahmen soll übergeordnet einen Raum für korrigierende Erfahrungen darstellen (Kanfer et al., 2012). Wünsche dürfen geäußert werden, um die therapeutische Prozessgestaltung hochbegabungsberücksichtigend umzusetzen zu können.

Um es mit den direkt an Psychotherapeuten adressierten Worten von hochbegabten Patienten auszudrücken:

»Ich wünsche mir grundsätzlich eine Offenheit für das Thema Hochbegabung. Das bedeutet, dass der Therapeut oder die Therapeutin nicht mit den Vorurteilen, die in manchen Teilen der Gesellschaft oder in den Medien kursieren, an das Thema herangehen sollte. Der Therapeut oder die Therapeutin sollte das Thema ganzheitlich betrachten: Als einen Teil der Persönlichkeit des Patienten bzw. der Patientin, der mal mehr, mal weniger bedeutsam ist, unter Umständen aber schon einen Einfluss auf manche Probleme des Patienten bzw. der Patientin haben kann. Der Therapeut oder die Therapeutin sollte auch anerkennen, wenn er oder sie noch nicht viel über Hochbegabung weiß, und sich dann eigenständig fortbilden« (Heil, 2021a, S. 79).

»Ich wünsche mir, dass TherapeutInnen die Individualität der Hochbegabung respektieren, Wahrnehmungsbesonderheiten, die nicht nachvollzogen werden können, akzeptieren und dies auch dem Klienten gegenüber ehrlich äußern. Zudem wünsche ich mir Authentizität des Therapeuten, seine Persönlichkeitsmerkmale wie Stärken aber auch Schwächen nicht zu maskieren, ein Begegnen auf Augenhöhe und mit Respekt und dass Therapeuten ihre eigenen eventuell negativen Gefühle, durch z.B. angenommene Unter- oder Überlegenheit[,] reflektieren« (Heil, 2021a, S. 79).

»TherapeutInnen sollten unvoreingenommen sein und nicht versuchen, die Person, die vor ihnen sitzt, in eine Schublade zu stecken oder zu meinen, sie und ihr Verhalten zu kennen. Der Umgang mit Hoch- oder Höchstbegabten kann kompliziert sein und befremdlich wirken. Oftmals verstellen sich Betroffene, und trauen sich nicht, so zu sein, wie sie wirklich sind. Therapeuten/Therapeutinnen sollten versuchen, ihnen Halt und vor allem Raum zu geben, um sich öffnen zu können. Dies gelingt vor allem, wenn ihnen vorurteilslos begegnet wird und sie als Individuum gesehen werden« (Heil, 2021b, S. 65).

»Ich denke, dass viele Hochbegabte, wenn sie bei einem Therapeuten erscheinen, sich schon vorab mehr Gedanken gemacht haben als manch ein anderer während einer kompletten Therapie. Wenn es der Therapeut schafft, dem Rechnung zu tragen, und obendrein zur ergebnisoffenen Nachfrage bereit ist, wie er dem Patienten am besten weiterhelfen kann [...], erscheint mir das als eine gute Ausgangsbasis.« (Heil, 2021a, S. 79).

»Sie sollten sich weder defensiv verhalten noch versuchen den Hochbegabten zu beeindrucken. [...] Und der Therapeut sollte wissen und verstehen, dass ich umgekehrt nicht nachfrage, um zu kritisieren oder zu zweifeln. Ich will nur verstehen, was vor sich geht« (Heil, 2021b, S. 66).

»Ich wünsche mir, dass dem vollen Energieeinsatz von Hochbegabten Rechnung getragen wird, klare Strukturen, um die Vielfalt besser bündeln zu können, möglichst differenzierte Fragen und Aussagen des Therapeuten zur Entlastung des Klienten, Forderung und Förderung, Vertrauensaufbau, Tiefgang, bewusst beachten, dass Hochbegabte eine sehr detaillierte Wahrnehmung haben und ein gutes Gedächtnis, Tempo erhöhen und beachten, dass Hochbegabte eine gewisse Fülle an Information verarbeiten können« (Heil, 2021a, S. 80).

»Gehen Sie bitte nicht in Konkurrenz – sondern seien Sie ehrlich, fragen Sie nach und erklären Sie auch, was Sie nicht nachvollziehen können, wo Sie an ihre [*sic*] Grenzen stoßen. Diese Integrität und Authentizität im Umgang sind wichtiger als Ihr IQ« (Heil, 2021b, S. 66).

8.3 Hilfreiche Anlaufstellen und Informationen nutzen – eine Auswahl

8.3.1 (Deutschlandweite) Wege zur ambulanten Psychotherapie

Informationen zu Psychotherapie

- Bundespsychotherapeutenkammer: https://www.bptk.de/ratgeber/wege-zur-psychotherapie/
- Kassenärztlichen Bundesvereinigung: https://www.kbv.de/html/26956.php
- Verband Pro Psychotherapie e.V.: https://www.therapie.de

Psychotherapeutensuche

- über die Bundespsychotherapeutenkammer: https://www.wege-zur-psychotherapie.org/wie-finde-ich-einen-psychotherapeuten/
- über die Kassenärztliche Bundesvereinigung: https://www.kbv.de/html/arztsuche.php und https://arztsuche.116117.de
- über den Verband Pro Psychotherapie e.V.: https://www.therapie.de

8.3.2 Hochbegabungsspezifische Anlaufstellen und Informationen

Vereine und Plattformen

- Mensa in Deutschland e.V. (MinD)[55] – IQ ≥ 130: https://www.mensa.de
- International High IQ Society (IHIQS) – IQ ≥ 124: https://www.ihiqs.org/
- Intertel – IQ ≥ 135: https://www.intertel-iq.org/
- Triple Nine Society (TNS) – IQ ≥ 145: https://www.triplenine.org/
- Giga Society – IQ ≥ 190: https://www.gigasociety.net/
- Plattform für hochbegabte Frauen: https://www.uniqate.org
- Netzwerk Hochbegabung und Twice-Exceptionality: https://www.intergifted.com/
- Netzwerk Hochbegabung und Hochsensibilität: https://www.sensique.net/

Beratungsstellen

- Deutsche Gesellschaft für das hochbegabte Kind (DGhK): https://www.dghk.de/
- Karg Fachportal Hochbegabung: https://www.fachportal-hochbegabung.de/

Ansprechpartner für Therapie, Beratung und IQ-Testung

- Münchner Zirkel Hochbegabung e.V.: https://www.muenchnerzirkel-hochbegabung.de/netzwerk
- Expertenkreis Hochbegabung: https://www.die-hochbegabung.de/expertenliste/
- AlphaGenius Netzwerk: https://www.können-macht-spass.de/de/nachrichten-leser/alphagenius-netzwerk-fuer-hochbegabung.html

---

55 Mensa ist aktuell das größte Netzwerk für Hochbegabte in Deutschland mit ca. 17.000 Mitgliedern (www.mensa.de).

- IQ-Testangebot im Gruppensetting über den Verein Mensa: https://www.mensa.de/about/membership/iq-test-bei-mensa/

Informationsmaterialien

Es gibt mittlerweile eine Fülle von (deutsch- und englischsprachigen) Ratgeberbüchern für hochbegabte Erwachse, für Eltern von hochbegabten Kindern, für hochsensible Menschen und für den Bereich der Twice Exceptionality, die über den (Online-)Buchhandel leicht zu finden sind. Eine umfängliche Auflistung an dieser Stelle würde den Rahmen des Buches übersteigen.

Zudem finden sich einige Online-Anlaufstellen mit einer Übersicht über Bücher, Medien oder Informationsmaterialien:

- Antje Diller-Wolff[56]: https://www.shsmedien.de/hochbegabung/buchtipps/
- Frauke Niehues: https://www.können-macht-spass.de/de/therapeuten-berater.html
- Karg Stiftung: https://www.karg-stiftung.de/medien/ und https://www.karg-stiftung.de/stiftung/informationsmaterial/

Darüber hinaus sind etliche Youtube-Videobeiträge, Podcasts oder Dokumentationen (bspw. in ARD- oder ZDF-Produktion, ebenso wie über das Medienprojekt Wuppertal) erschienen, die das Thema Hochbegabung aufgreifen.

Schließlich ist jüngst das Fachbuch für Psychotherapeuten zur Integration der Hochbegabung in die therapeutische Fallkonzeption von der Autorin erschienen: Sabine Stark (2024). Hochbegabte Erwachsene in der Verhaltenstherapie. Ein Praxisleitfaden für die Integration begabungsbezogener Aspekte. Kohlhammer Verlag, Stuttgart. Link zum Shop: https://www.kohlhammer.de/go.php?isbn=978-3-17-042341-1

---

56 Antje Diller-Wolff hat zudem als hochbegabte Journalistin und Medienwissenschaftlerin einen eigenen YouTube Kanal »hochbegabt!« gestartet.

9 Schlusswort

Nun, bis hierhin wurden hoffentlich viele hilfreiche Ideen und Impulse gegeben und es ist gelungen, Sie einzuladen, sich im eigenen Hochbegabtsein zu reflektieren und einen damit zusammenhängenden Weiterentwicklungsprozess anzustoßen. Hoffentlich ist es ebenso gelungen, Sie darin zu unterstützen, identifizierte Probleme zu lösen bzw. einen zielgerichteten Lösungsprozess zu initiieren. Ein übergeordnetes Ziel war es, Sie auf viele spannende hochbegabungsspezifische Themen hinzulenken, mit deren Beschäftigung es sich lohnt weiterzumachen. Und vielleicht fühlen Sie sich eingeladen, hin und wieder im Alltag bei sich zu verweilen.

Hochbegabt sein, gehört zum Ich und zur eigenen Lerngeschichte dazu. Hochbegabt sein, ist etwas Feines! Es ist für die eigene Ausrichtung im Leben wichtig, diesen Teilaspekt der eigenen Identität in das Gesamterleben einzuordnen, Zugang zu diesem Teil der eigenen Ressourcen zu pflegen und sich über spezifische Herausforderungen bewusst zu sein.

Authentizität ist etwas Feines! Es bedeutet, Raum einnehmen, Konturen zeigen und sichtbar werden, aber auch Risiken des alltäglichen Lebens einzugehen. Gesehen werden bedeutet zuweilen anzuecken und in gewisser Weise nicht konform zu sein. Manchmal ist es leichter und einfacher, manchmal erscheint es herausfordernder und schwerer. Wie sich der persönliche Weg im authentischen Sein gestaltet, kann jeder nur für sich selbst entscheiden.

Ein Weiterentwicklungsprozess ist etwas Feines! Er lässt uns wachsen, etwas Neues entdecken, bietet genügend Herausforderungen, um gefordert zu sein, erfüllt mit Lebendigkeit und sorgt für tragende Lebenserfahrungen, die in uns und mit uns weiterwirken. Er kann uns, wenn mutig vorangegangen wird, mit innerer Freiheit belohnen.

> Die Freiheit, das zu sehen und das zu hören, was im Moment wirklich da ist, anstatt was sein sollte, gewesen ist oder erst sein wird.
> Die Freiheit, das auszusprechen, was ich wirklich fühle und denke, und nicht das, was von mir erwartet wird.
> Die Freiheit, zu meinen Gefühlen zu stehen, und nicht etwas anderes vorzutäuschen.
> Die Freiheit, um das zu bitten, was ich brauche, anstatt immer erst auf Erlaubnis zu warten.
> Die Freiheit, in eigener Verantwortung Risiken einzugehen, anstatt immer auf Nummer sicher zu gehen und nichts Neues zu wagen.
> (Virginia Satir)

Wenn es gelingt, mutig auf dem eigenen Weg zu bleiben, sich zu begleiten mit all dem, was kommt und kommen mag, sich anzunehmen in all dem, wie gefühlt, gedacht oder reagiert worden sein mag, verbunden mit uns selbst zu bleiben, fühlen wir uns in uns gestärkt. Diesen Mut wünsche ich allen Menschen, insbesondere denjenigen, die sich bisher noch nicht getraut haben, sich zu entpuppen, ihre Flügel auszubreiten und sich in allen ihren Möglichkeiten zu erleben.

9 Schlusswort

Eine hochbegabte Person hat mir einst erzählt, sie verstehe nicht, warum so viele hochbegabte Menschen wenig Selbstbewusstsein ob ihrer Hochbegabung haben und sie diese so häufig im Kontakt mit anderen verbergen. Sie verstehe nicht, warum das eigene authentische Erleben hinter der Angst zurückbleibt, verletzt werden zu können. Sie versuche in jeder Situation, sich und andere zu einem echten Kontakt einzuladen. Denn nur im echten, sich verletzlich zeigenden Kontakt ist das Selbst unerschütterlich.

Die Online-Zusatzmaterialien sind unter folgendem Link für Sie verfügbar[57]:
Link:

 https://dl.kohlhammer.de/978-3-17-044749-3.

---

57 Wichtiger urheberrechtlicher Hinweis: Alle zusätzlichen Materialien, die im Download-Bereich zur Verfügung gestellt werden, sind urheberrechtlich geschützt. Ihre Verwendung ist nur zum persönlichen und nichtgewerblichen Gebrauch erlaubt. Jede Verwendung außerhalb der engen Grenzen des Urheberrechts ist ohne Zustimmung des Verlags unzulässig und strafbar. Das gilt insbesondere für Vervielfältigungen, Übersetzungen, Mikroverfilmungen und für die Einspeicherung und Verarbeitung in elektronischen Systemen.

Teil V Verzeichnisse

Literatur

Abele, A. E., & Wojciszke, B. (2007). Agency and communion from the perspective of self versus others. *Journal of Personality and Social Psychology, 93*(5), 751–763. https://doi.org/10.1037/0022-3514.93.5.751

Ackerman, C. M. (1997). Identifying gifted adolescents using personality characteristics: Dabrowski's overexcitabilities. *Roeper Review, 19*(4), 229–236. https://doi.org/10.1080/02783199709553835

Ackerman, C. M. (2009). The essential elements of Dabrowski's theory of positive disintegration and how they are connected. *Roeper Review, 31*(2), 81–95. https://doi.org/10.1080/02783190902737657

Ackerman, P. L., Beier, M. E., & Bowen, K. R. (2002). What we really know about our abilities and our knowledge. *Personality and individual differences, 33*(4), 587–605. https://doi.org/10.1016/S0191-8869(01)00174-X

Ambrose, D. (2016). Twenty-first century contextual influences on the life trajectories of the gifted and talented. In D. Ambrose & R. J. Sternberg (Hrsg.). *Giftedness and talent in the 21st century. Adapting to the turbulence of globalization* (S. 15–42). Sense Publishers.

Antshel, K. M., Faraone, S. V., Maglione, K., Doyle, A., Fried, R., Seidman, L., & Biederman, J. (2009). Is adult attention deficit hyperactivity disorder a valid diagnosis in the presence of high IQ?. *Psychological Medicine, 39*(8), 1325–1335. https://doi.org/10.1017/S0033291708004959

Aragon-Guevara, D., Castle, G., Sheridan, E., & Vivanti, G. (2023). The reach and accuracy of information on autism on TikTok. *Journal of Autism and Developmental Disorders*, 1–6. https://doi.org/10.1007/s10803-023-06084-6

Armstrong, T. (2015). The myth of the normal brain: Embracing neurodiversity. *AMA journal of ethics, 17*(4), 348–352. https://doi.org/10.1001/journalofethics.2015.17.4.msoc1-1504

Aron, E. N. (2014). *Hochsensible Menschen in der Psychotherapie.* Junfermann.

Aron, E. N., & Aron, A. (1997). Sensory-processing sensitivity and its relation to introversion and emotionality. *Journal of Personality and Social Psychology, 73*(2), 345–368. https://doi.org/10.1037/0022-3514.73.2.345

Aron, E. N., Aron, A., & Jagiellowicz, J. (2012). Sensory processing sensitivity: A review in the light of the evolution of biological responsivity. *Personality and

Social Psychology Review, 16(3), 262–282. https://doi.org/10.1177/1088868311434213

Assouline, S. G., & Whiteman, C. S. (2011). Twice-exceptionality: Implications for school psychologists in the post–IDEA 2004 era. *Journal of Applied School Psychology, 27*(4), 380–402. https://doi.org/10.1080/15377903.2011.616576

Aydin, N., & Fritsch, K. (2015). Stigma und Stigmatisierung von psychischen Krankheiten. *Psychotherapeut, 60*(3), 245–257. https://doi.org/10.1007/s00278-015-0024-9

Baldwin, L., Baum, S., Pereles, D., & Hughes, C. (2015). Twice-exceptional learners: The journey toward a shared vision. *Gifted Child Today, 38*(4), 206–214. https://doi.org/10.1177/1076217515597277

Baron-Cohen, S. (2017). Editorial Perspective: Neurodiversity – a revolutionary concept for autism and psychiatry. *Journal of Child Psychology and Psychiatry, 58*(6), 744–747. https://doi.org/10.1111/jcpp.12703

Bartling, G., Echelmeyer, L., & Engberding, M. (2016). *Problemanalyse im psychotherapeutischen Prozess.* Kohlhammer.

Baudson, T. G. (2016). The mad genius stereotype: Still alive and well. *Frontiers in Psychology, 7*(368), 1–9. https://doi.org/10.3389/fpsyg.2016.00368

Baudson, T. G. (2017a, Februar). Hochbegabte: eine besondere Minderheit? SciLogs Spektrum. Abgerufen am 20.11.2022 von https://scilogs.spektrum.de/hochbegabung/hochbegabte-eine-besondere-minderheit/

Baudson, T. G. (2017b, April). *Was die Hochbegabung mit uns macht* [Konferenzbeitrag]. Mensa Jahrestreffen, Regensburg.

Baudson, T. G. (2017c, August). Wir sind Hochstapler. Bald wird jemand merken, dass ich hier eigentlich gar nicht hingehöre – und dann fliegt alles auf. *MinD Magazin, 119,* 9–12. https://www.mensa.de/about/mind-magazin/#mind-magazin-119/1/

Baudson, T. G. (2017d, September). *Der IQ reicht nicht mehr aus.* Spektrum. https://www.spektrum.de/kolumne/der-iq-reicht-nicht-mehr-aus/1502371

Baudson, T. G. (2021). Was Menschen über (Hoch-)Begabung und (Hoch-)Begabte denken. In V. Müller-Oppliger & G. Weigand (Hrsg.), *Handbuch Begabung* (S. 115–132). Beltz.

Baudson, T. G. (2022, Februar). Was ist Hochbegabung? Mensas Ansatz im Kontext verschiedener Paradigmen. *MinD Magazin, 146,* 20–27. https://www.mensa.de/wp-content/uploads/2022/01/MinD-Magazin-146.pdf

Baudson, T. G., & Preckel, F. (2016). Teachers' conceptions of gifted and average-ability students on achievement-relevant dimensions. *Gifted Child Quarterly, 60*(3), 212–225. https://doi.org/10.1177/0016986216647115

Baudson, T. G., Wollschläger, R., Vock, M., & Preckel, F. (2014). Intellektuelle Hochbegabung. In A. Lohaus & M. Glüer (2014). (Hrsg.), *Entwicklungsförderung im Kindesalter* (S. 99–115). Hogrefe.

Baudson, T. G., & Ziemes, J. F. (2016). The importance of being gifted: Stages of gifted identity development, their correlates and predictors. *Gifted and Talented International*, 31(1), 19–32. https://doi.org/10.1080/15332276.2016.1194675

Baum, S., & Schader, R. (2021). *»Twice Exceptionality« – in zweifacher Hinsicht außergewöhnlich*. In V. Müller-Oppliger & G. Weigand (Hrsg.). *Handbuch Begabung* (S. 588–600). Beltz.

Bergjann, V. C. (2022, Juni). Es ist wie eine unsichtbare Wand. Über das Gefühl der Ablehnung und des »Anderssein«. *MinD Magazin*, 148, 34–36. https://www.mensa.de/mind-magazin/#mind-magazin-148/1/

Bergold, S., Wendt, H., Kasper, D., & Steinmayr, R. (2017). Academic competencies: Their interrelatedness and gender differences at their high end. *Journal of Educational Psychology*, 109(3), 439–449. https://doi.org/10.1037/edu0000140

Blum, D., & Holling, H. (2017). Spearman's law of diminishing returns. A meta-analysis. *Intelligence*, 65, 60–66. https://doi.org/10.1016/j.intell.2017.07.004

Blut, T. C. (2020). *Die nicht-kognitiven Aspekte der Hochbegabung. Selbstkonzepte von hochbegabten Erwachsenen*. Springer. https://doi.org/10.1007/978-3-658-29987-3

Bohus, M. (2019). *Borderline-Störung*. Hogrefe. https://doi.org/10.1026/02853-000

Borg-Laufs, M. (2020). *Die Funktionale Verhaltensanalyse*. Springer.

Brackmann, A. (2012). *Ganz normal hochbegabt. Leben als hochbegabter Erwachsener*. Klett-Cotta.

Brackmann, A. (2020a). *Extrem begabt. Die Persönlichkeitsstruktur von Höchstbegabten und Genies*. Klett-Cotta.

Brackmann, A. (2020b). *Jenseits der Norm – hochbegabt und hoch sensibel?* Klett-Cotta.

Brakemeier, E.-L., & Normann, C. (2012). *Praxisbuch CBASP*. Beltz.

Bravata, D. M., Watts, S. A., Keefer, A. L., Madhusudhan, D. K., Taylor, K. T., Clark, D. M., Nelson, R. S., Cokley, K. O., & Hagg, H. K. (2020). Prevalence, predictors, and treatment of impostor syndrome: a systematic review. *Journal of General Internal Medicine*, 35(4), 1252–1275. https://doi.org/10.1007/s11606-019-05364-1

Breit, M., Brunner, M., & Preckel, F. (2020). General intelligence and specific cognitive abilities in adolescence: Tests of age differentiation, ability differentiation, and their interaction in two large samples. *Developmental Psychology*, 56(2), 364–384. https://doi.org/10.1037/dev0000876

Cacioppo, J. T., & Petty, R. E. (1982). The need for cognition. *Journal of personality and social psychology*, 42(1), 116–133.

Carroll, J. B. (1993). *Human cognitive abilities*. Cambridge University Press.

Cass, V. C. (1979). Homosexual identity formation: A theoretical model. *Journal of homosexuality*, 4(3), 219–235. https://doi.org/10.1300/J082v04n03_01

Cass, V. C. (1984). Homosexual identity formation: Testing a theoretical model. *Journal of Sex Research*, 20, 143–167. https://doi.org/10.1080/00224498409551214

Cattell, R. B. (1963). Theory of fluid and crystallized intelligence: A critical experiment. *Journal of Educational Psychology*, 54(1), 1–22. https://doi.org/10.1037/h0046743

Chakraverty, D. (2020). PhD student experiences with the impostor phenomenon in STEM. *International Journal of Doctoral Studies, 15*, 159–179. https://doi.org/10.28945/4513

Chowkase, A. A. (2022). Three C's conception of giftedness: A call for paradigm shift. *Gifted Education International*, 1–8. https://doi.org/10.1177/02614294211064703

Clance, P. R., & Imes, S. A. (1978). The imposter phenomenon in high achieving women: Dynamics and therapeutic intervention. *Psychotherapy: Theory, Research & Practice, 15*(3), 241–247. https://doi.org/10.1037/h0086006

Coleman, L. J., & Cross, T. L. (1988). Is being gifted a social handicap? *Journal for the Education of the Gifted, 11*(4), 41–56. https://doi.org/10.1177/016235328801100406

Cross, T. L., Coleman, L. J., & Terhaar-Yonkers, M. (2014). The social cognition of gifted adolescents in schools: Managing the stigma of giftedness. *Journal for the Education of the Gifted, 37*(1), 30–39. https://doi.org/10.1177/0162353214521492

Curci, A., & Rimé, B. (2012). The temporal evolution of social sharing of emotions and its consequences on emotional recovery: A longitudinal study. *Emotion, 12*(6), 1404–1414. https://doi.org/10.1037/a0028651

D'Zurilla, T. J., & Goldfried, M. R. (1971). Problem-solving and behavior modification. *Journal of abnormal psychology, 78*(1), 107–126.

Dabrowski, K. (2016). *Positive disintegration*. Maurice Bassett.

Dai, D. Y., & Chen, F. (2013). Three paradigms of gifted education: In search of conceptual clarity in research and practice. *Gifted child quarterly, 57*(3), 151–168. https://doi.org/10.1177/0016986213490020

Dai, D. Y., Swanson, J. A., & Cheng, H. (2011). State of research on giftedness and gifted education: A survey of empirical studies published during 1998–2010 (April). *Gifted child quarterly, 55*(2), 126–138. https://doi.org/10.1177/0016986210397831

Daniels, S., & Piechowski, M. M. (Hrsg.). (2008). *Living with intensity: Understanding the sensitivity, excitability, and emotional development of gifted children, adolescents, and adults.* Great Potential Press.

De Gucht, V., Woestenburg, D. H., & Backbier, E. (2023). Do gifted individuals exhibit higher levels of Sensory Processing Sensitivity and what role do openness and neuroticism play in this regard?. *Journal of Research in Personality, 104*, 104376. https://doi.org/10.1016/j.jrp.2023.104376

Deary, I. J., Penke, L., & Johnson, W. (2010). The neuroscience of human intelligence differences. *Nature reviews neuroscience, 11*(3), 201–211. https://doi.org/10.1038/nrn2793

Detterman, D. K., & Daniel, M. H. (1989). Correlations of mental tests with each other and with cognitive variables are highest for low IQ groups. *Intelligence, 13*(4), 349–359. https://doi.org/10.1016/S0160-2896(89)80007-8

Diekman, A. B., Brown, E., Johnston, A., & Clark, E. (2010). Seeking congruity between goals and roles: A new look at why women opt out of STEM careers.

Psychological Science, 21(8), 1051–1057. https://doi.org/10.1177/0956797610377342

Dijkstra, P., Barelds, D. P., Groothof, H. A., Ronner, S., & Nauta, A. P. (2012). Partner preferences of the intellectually gifted. *Marriage & family review, 48*(1), 96–108. https://doi.org/10.1080/01494929.2011.628779

Dörner, D. (1987). *Problemlösen als Informationsverarbeitung*. Kohlhammer.

Dreković, A., & Nauta, N. (2023). *Hochbegabung. Das Kartenset für Coaching, Therapie und Selbstcoaching*. Klett-Cotta.

Dunne, O. (2023). Gifted and LGBTQ: A Review of the Literature. *SENG Journal: Exploring the Psychology of Giftedness, 2*(1), 57–66. https://doi.org/10.25774/VNTA-S564

Duplenne, L., Bourdin, B., Fernandez, D. N., Blondelle, G., & Aubry, A. (2024). Anxiety and depression in gifted individuals: A systematic and meta-analytic review. *Gifted Child Quarterly, 68*(1), 65–83. https://doi.org/10.1177/00169862231208922

Endepohls-Ulpe, M (2012). Begabte Mädchen und Frauen. In H. Stöger, A. Ziegler & M. Heilemann (Hrsg.). *Mädchen und Frauen in MINT* (S. 103–134). Lit Verlag.

Fels, C. (1999). *Identifizierung und Förderung Hochbegabter in den Schulen der Bundesrepublik Deutschland*. Haupt.

Fiedler, E. D. (2008). *Advantages and challenges of lifespan intensity*. In S. Daniels, & M. M. Piechowski (Hrsg.). *Living with intensity: Understanding the sensitivity, excitability, and emotional development of gifted children, adolescents, and adults* (S. 167–184). Great Potential Press.

Fiedler, E. D., & Nauta, N. (2020). *Bore-out: A challenge for unchallenged gifted (young) adults. Recognizing and finding ways to deal with bore-out*. Abgerufen am 20.10.2022 von https://www.sengifted.org/post/bore-out-a-challenge-for-unchallenged-gifted-young-adults

Fietze, K. (2019). *Kluge Mädchen. Frauen entdecken ihre Hochbegabung*. Orlanda.

Fiske, S. T., Cuddy, A. J., & Glick, P. (2007). Universal dimensions of social cognition: Warmth and competence. *Trends in cognitive sciences, 11*(2), 77–83. https://doi.org/10.1016/j.tics.2006.11.005

Fleiß, I. (2009). *Hochbegabung und Hochbegabte*. Tectum.

Fleischhauer, M., Enge, S., Brocke, B., Ullrich, J., & Strobel, A. (2010). Same or different? Clarifying the relationship of need for cognition to personality and intelligence. *Personality and Social Psychology Bulletin, 36*, 82–96. https://doi.org/10.1177/0146167209351886

Flückiger, C., Horvarth, A. O., Del Re A. C., Symonds, D., & Holzer, C. (2015). Die Bedeutung der Arbeitsallianz in der Psychotherapie. *Psychotherapeut, 60*(3), S. 187–192. https://doi.org/10.1007/s00278-015-0020-0

Flynn, J. R. (1999). Searching for justice: The discovery of IQ gains over time. *American Psychologist, 54*(1), 5–20. https://doi.org/10.1037/0003-066X.54.1.5

Foley Nicpon, M., Allmon, A., Sieck, B., & Stinson, R. D. (2011). Empirical investigation of twice-exceptionality: Where have we been and where are we going? *Gifted Child Quarterly*, *55*(1), 3–17. https://doi.org/10.1177/0016986210382575

Francis, R., Hawes, D. J., & Abbott, M. (2016). Intellectual giftedness and psychopathology in children and adolescents: A systematic literature review. *Exceptional Children*, *82*(3), 279–302. https://doi.org/10.1177/0014402915598779

Freeman, J. (2010). Hochbegabte und Nicht-Hochbegabte: Ergebnisse einer über 35 Jahre laufenden Kontrollgruppenstudie. In D. H. Rost (Hrsg.). *Intelligenz, Hochbegabung, Vorschulerziehung, Bildungsbenachteiligung* (S. 85–124). Waxmann.

Freund-Braier, I. (2009). *Persönlichkeitsmerkmale*. In D. H. Rost (Hrsg.). *Hochbegabte und hochleistende Jugendliche* (S. 161–210). Waxmann.

Friedl, J., & Hoyer, T. (2014). »Momentan werden wir eben immer noch als Nerds dargestellt.« Fremdbilder über Hochbegabung. In T. Hoyer, R. Haubl & G. Weigand (Hrsg.). *Sozio-Emotionalität von hochbegabten Kindern* (S. 167–188). Beltz.

Fries, J., Kovacs, K., Zeilinger, E. L., & Pietschnig, J. (2022). Is there a »gifted personality«? Initial evidence for differences between MENSA and general population members in the HEXACO Personality Inventory. *Journal of Intelligence*, *10*(4), 92. https://doi.org/10.3390/jintelligence10040092

Frost, R. O., Heimberg, R. G., Holt, C. S., Mattia, J. I., & Neubauer, A. L. (1993). A comparison of two measures of perfectionism. *Personality and individual differences*, *14*(1), 119–126. https://doi.org/10.1016/0191-8869(93)90181-2

Frumau-van Pinxten, W. F. V., Derksen, J. J. L., & Peters, W. A. M. (2023). The psychological world of highly gifted young adults: A follow-up study. *Trends in Psychology*, 1–27. https://doi.org/10.1007/s43076-023-00313-8

Gallagher, J. J. (2015). Peer acceptance of highly gifted children in elementary school. *Journal for the Education of the Gifted*, *38*(1), 51–57. https://doi.org/10.1177/0162353214565549

García, M. (2015). *Hochbegabung bei Erwachsenen. Erkennen, Akzeptieren, Ausleben*. BoD.

Gardner, H. (1983). *Frames of mind: The theory of multiple intelligences*. Basic Books.

Gelbar, N. W., Cascio, A. A., Madaus, J. W., & Reis, S. M. (2021). A systematic review of the research on gifted individuals with autism spectrum disorder. *Gifted Child Quarterly*, 00169862211061876. https://doi.org/10.1177/00169862211061876

Glăveanu, V. P., & Kaufman, J. C. (2017). Socializing giftedness: Toward an ACCEL-S approach. *Roeper Review*, *39*(4), 226–229. https://doi.org/10.1080/02783193.2017.1362682

Goetzke, C. C., Massoud, M., Frischbutter, S., Guerra, G. M., Ferreira-Gomes, M., Heinrich, F., … & Mashreghi, M. F. (2025). TGFβ links EBV to multisystem inflammatory syndrome in children. *Nature*, 1–10. https://doi.org/10.1038/s41586-025-08697-6

Görlitz, G. (2009). *Körper und Gefühl in der Psychotherapie – Aufbauübungen*. Klett-Cotta.

Gottfredson, L. S. (1997). Mainstream science on intelligence: An editorial with 52 signatories, history, and bibliography. *Intelligence, 24*(1), 13–23. https://doi.org/10.1016/S0160-2896(97)90011-8

Grawe, K. (2004). *Neuropsychotherapie*. Hogrefe.

Greiten, S. (2021). *Underachievement*. In In V. Müller-Oppliger & G. Weigand (Hrsg.). *Handbuch Begabung* (S. 546–555). Beltz.

Greve, W., & Thomsen, T. (2019). *Entwicklungspsychologie*. Springer. https://doi.org/10.1007/978-3-531-93432-7

Gross, M. U. (1989). The pursuit of excellence or the search for intimacy? The forced-choice dilemma of gifted youth. *Roeper Review, 11*(4), 189–194. https://doi.org/10.1080/02783198909553207

Gross, M. U. (1999). Small poppies: Highly gifted children in the early years. *Roeper review, 21*(3), 207–214. https://doi.org/10.1080/02783199909553963

Gross, M. U. (2004). *Exceptionally gifted children*. Routledge.

Gross, M. U. (2006). Exceptionally gifted children: Long-term outcomes of academic acceleration and nonacceleration. *Journal for the Education of the Gifted, 29*(4), 404–429. https://doi.org/10.4219/jeg-2006-247

Gross, M. U. (2011, September). *The »me« behind the mask: Intellectually gifted students and the search for identity*. Abgerufen am 26.03.2022 unter https://www.sengifted.org/post/the-me-behind-the-mask-intellectually-gifted-students-and-the-search-for-identity

Gyseler, D. (2021). *Hochbegabung und ADHS*. In V. Müller-Oppliger & G. Weigand (Hrsg.). *Handbuch Begabung* (S. 556–563). Beltz.

Han, Byung-Chul (2015). Duft der Zeit. Ein philosophischer Essay zur Kunst des Verweilens. transcript.

Harvey Sallin, J. (2016, 6. Oktober). *The Stages of adult giftedness discovery*. InterGifted. Abgerufen am 13.06.2022 von https://intergifted.com/stages-of-adult-giftedness-discovery/

Havighurst, R. J. (1956). Research on the developmental-task concept. *The School Review, 64*(5), 215–223. https://doi.org/10.1086/442319

Heil, C. (2018). Psychotherapie mit hochbegabten Erwachsenen. *Psychotherapeutenjournal, 3*, 218–224.

Heil, C. (2021a). *Hochbegabte Erwachsene – ihr persönliches Erleben der Begabung und ihre Erfahrung mit Psychotherapie*. Abgerufen am 04.06.2023 von https://www.psychotherapie-heil.de/publikationen/

Heil, C. (2021b). *Höchstbegabte Erwachsene – ihr persönliches Erleben der Begabung und ihre Erfahrung mit Psychotherapie*. Abgerufen am 03.08.2022 von https://www.psychotherapie-heil.de/publikationen/.

Heil, C. (2022). *Hoch- und höchstbegabte Erwachsene – Eine Vergleichsstudie hinsichtlich ihres persönlichen Erlebens der Begabung sowie ihrer Erfahrung mit Psychotherapie*. Abgerufen am 03.08.2022 von https://www.psychotherapie-heil.de/publikationen/

Heilemann, M., Hackl, J., Neubauer, T., & Stöger, H. (2012). *Die Darstellung von Mädchen und Frauen in den Medien.* In H. Stöger, A. Ziegler & M. Heilemann (Hrsg.). *Mädchen und Frauen in MINT* (S. 77–102). Lit Verlag.

Hermann, J. M., & Vollmeyer, R. (2016). Stereotype Threat in der Grundschule. *Zeitschrift für Entwicklungspsychologie und Pädagogische Psychologie, 48*(1), 42–49. https://doi.org/10.1026/0049-8637/a000143

Herzberg, P. Y., Fricke, K. R., & Konrad, S. (2022). Normierung der deutschen Fassung der Highly Sensitive Person Scale (HSPS-G) – Selbstbeurteilungsskala an einer deutschsprachigen Stichprobe. *Psychotherapie, Psychosomatik, Medizinische Psychologie, 72*(03/04), 108–116. https://doi.org/10.1055/a-1494-3892

Hilger, K., Ekman, M., Fiebach, C. J., & Basten, U. (2017). Intelligence is associated with the modular structure of intrinsic brain networks. *Scientific reports, 7*(1), 1–12. https://doi.org/10.1038/s41598-017-15795-7

Holahan, C. K., Holahan, C. J., & Wonacott, N. L. (1999). Self-appraisal, life satisfaction, and retrospective life choices across one and three decades. *Psychology and Aging, 14*(2), 238–244.

Holland, J. L. (1962). Some explorations of a theory of vocational choice: I. One- and two-year longitudinal studies. *Psychological Monographs: General and Applied, 76*(26), 1–49. https://doi.org/10.1037/h0093823

Holland, J. L., & Gottfredson, G. D. (1976). Using a typology of persons and environments to explain careers: Some extensions and clarifications. *The Counseling Psychologist, 6*(3), 20–29. https://doi.org/10.1177/001100007600600306

Hossiep, R., Frieg, P., Frank, R., & Scheer, H.-D. (2013). *Zusammenhänge zwischen Hochbegabung und berufsbezogenen Persönlichkeitseigenschaften* [Forschungsbericht, Ruhr-Universität Bochum, Projektteam Testentwicklung]. https://doi.org/10.13140/RG.2.1.4570.6005

Hull, P. M., Lashewicz, B. M., & Fritzler, M. J. (2021). High intelligence may exacerbate paediatric inflammatory response to SARS-CoV-2 infection. *Medical Hypotheses, 155*, 110677. https://doi.org/10.1016/j.mehy.2021.110677

Hutcheson, V. H., & Tieso, C. L. (2014). Social coping of gifted and LGBTQ adolescents. *Journal for the Education of the Gifted, 37*(4), 355–377. https://doi.org/10.1177/0162353214552563

Hyde, J. S. (2005). The gender similarities hypothesis. *American Psychologist, 60*(6), 581–592. https://doi.org/10.1037/0003-066X.60.6.581

Jaarsma, P., & Welin, S. (2012). Autism as a natural human variation: Reflections on the claims of the neurodiversity movement. *Health care analysis, 20*(1), 20–30. https://doi.org/10.1007/s10728-011-0169-9

Jensen, A. R. (2003). Regularities in Spearman's law of diminishing returns. *Intelligence, 31*(2), 95–105. https://doi.org/10.1016/S0160-2896(01)00094-0

Kanfer, F. H., Reinecker, H., & Schmelzer, D. (2012). *Selbstmanagement-Therapie.* Springer. https://doi.org/10.1007/978-3-642-19366-8

Karpinski, R. I., Kolb, A. M. K., Tetreault, N. A., & Borowski, T. B. (2018). High intelligence: A risk factor for psychological and physiological overexcitabilities. *Intelligence, 66*, 8–23. https://doi.org/10.1016/j.intell.2017.09.001

Kerr, B. A., & Multon, K. D. (2015). The development of gender identity, gender roles, and gender relations in gifted students. *Journal of Counseling & Development, 93*(2), 183–191. https://doi.org/10.1002/j.1556-6676.2015.00194.x

Keupp, H. (2012). *Identität und Individualisierung: Riskante Chancen zwischen Selbstsorge und Zonen der Verwundbarkeit – sozialpsychologische Perspektiven*. In H. G. Petzold (Hrsg.). *Identität* (S. 77–105). VS Verlag für Sozialwissenschaften. https://doi.org/10.1007/978-3-531-93079-4_10

Klinkhammer, M. (2012). Das »Hochstaplersyndrom«bei Promovierenden: Hintergründe, Auswirkungen und Gegenstrategien im Coaching. *Zeitschrift für Beratung und Studium, 7*(2), 59–64.

Kramer, J. (2009). Allgemeine Intelligenz und beruflicher Erfolg in Deutschland: vertiefende und weiterführende Metaanalysen. *Psychologische Rundschau, 60*(2), 82–98. https://doi.org/10.1026/0033-3042.60.2.82

Krampe, H., & van Randenborgh, A. (2023). Hochsensitivität – ein Temperamentsmerkmal bereichert Psychotherapie. *Psychotherapeutenjournal, 2*, 138–146.

Kruger, J., & Dunning, D. (2002). Unskilled and unaware – but why? A reply to Krueger and Mueller (2002). https://doi.org/10.1037/0022-3514.82.2.189

Kuhl, J., Wittich, C., & Schulze, S. (2022). *Intelligenz – Konstrukt und Diagnostik*. In M. Gebhardt, D. Scheer & M. Schurig (Hrsg.). *Handbuch der sonderpädagogischen Diagnostik. Grundlagen und Konzepte der Statusdiagnostik, Prozessdiagnostik und Förderplanung* (S. 131-146). Regensburg: Universitätsbibliothek. https://doi.org/10.5283/epub.53149

Kuncel, N. R., Hezlett, S. A., & Ones, D. S. (2004). Academic performance, career potential, creativity, and job performance: Can one construct predict them all?. *Journal of personality and social psychology, 86*(1), 148–161. https://doi.org/10.1037/0022-3514.86.1.148

Landeshauptstadt München Koordinierungsstelle zur Gleichstellung von LGBTIQ* (2021). *Glossar. Begrifflichkeiten und Sprachgebrauch im Bereich sexueller und geschlechtlicher Identitäten*. Abgerufen am 06.06.2022 von https://stadt.muenchen.de/infos/kgl-lgbtiq-glossar.html

Laux, L. (2008). *Persönlichkeitspsychologie*. Kohlhammer.

Lee, S. Y., Olszewski-Kubilius, P., & Thomson, D. T. (2012). Academically gifted students' perceived interpersonal competence and peer relationships. *Gifted Child Quarterly, 56*(2), 90–104. https://doi.org/10.1177/0016986212442568

Limont, W., Dreszer-Drogoróב, J., Bedyńska, S., Śliwińska, K., & Jastrzębska, D. (2014). ›Old wine in new bottles‹? Relationships between overexcitabilities, the Big Five personality traits and giftedness in adolescents. *Personality and Individual Differences, 69*, 199–204. https://doi.org/10.1016/j.paid.2014.06.003

Linehan, M. M. (1997). *Validation and psychotherapy.* In A. C. Bohart & L. S. Greenberg (Hrsg.). *Empathy reconsidered: New directions in psychotherapy* (S. 353–392). American Psychological Association. https://doi.org/10.1037/10226-016

Lo, C. O., Hu, S.-F., Sungur, H., & Lin, C.-H. (2022). Giftedness, gender identities, and self-acceptance: A retrospective study on LGBTQ+ postsecondary students. *Gifted Child Quarterly, 66*(3), 171–187. https://doi.org/10.1177/00169862211029681

Lo, C. O., & Porath, M. (2017). Paradigm shifts in gifted education: An examination vis-à-vis its historical situatedness and pedagogical sensibilities. *Gifted Child Quarterly, 61*(4), 343–360. https://doi.org/10.1177/0016986217722840

Lohman, D. F., Gambrell, J., & Lakin, J. (2008). The commonality of extreme discrepancies in the ability profiles of academically gifted students. *Psychology Science, 50*(2), 269–282.

Lovecky, D. V. (1994). Exceptionally gifted children: Different minds. *Roeper Review, 17*(2), 116–120. https://doi.org/10.1080/02783199409553637

Macnamara, B. N., Hambrick, D. Z., & Oswald, F. L. (2014). Deliberate practice and performance in music, games, sports, education, and professions: A meta-analysis. *Psychological science, 25*(8), 1608–1618. https://doi.org/10.1177/0956797614535810

Maio, G. R., & Esses, V. M. (2001). The need for affect: Individual differences in the motivation to approach or avoid emotions. *Journal of personality, 69*(4), 583–614. https://doi.org/10.1111/1467-6494.694156

Manor-Bullock, R., Look, C., & Dixon, D. N. (1995). Is giftedness socially stigmatizing? The impact of high achievement on social interactions. *Journal for the Education of the Gifted, 18*(3), 319–338. https://doi.org/10.1177/016235329501800307

Martin, L. T., Burns, R. M., & Schonlau, M. (2010). Mental disorders among gifted and nongifted youth: A selected review of the epidemiologic literature. *Gifted Child Quarterly, 54*(1), 31–41. https://doi.org/10.1177/0016986209352684

Martino, G., & Marks, L. E. (2001). Synesthesia: Strong and weak. *Current Directions in Psychological Science, 10*(2), 61–65. https://doi.org/10.1111/1467-8721.00116

Mazur, J. E. (2006). *Lernen und Verhalten.* Pearson.

Mendaglio, S. (2010). Overexcitabilities und Dabrowskis Theorie der positiven Desintegration. In F. Preckel, W. Schneider & H. Holling (Hrsg.). *Diagnostik von Hochbegabung* (S. 169–195). Hogrefe.

Mendaglio, S., & Tillier, W. (2006). Dabrowski's theory of positive disintegration and giftedness: Overexcitability research findings. *Journal for the Education of the Gifted, 30*(1), 68–87. https://doi.org/10.1177/016235320603000104

Meyer, I. H. (2003). Prejudice, social stress, and mental health in lesbian, gay, and bisexual populations: Conceptual issues and research evidence. *Psychological Bulletin, 129*(5), 674–697. https://doi.org/10.1037/0033-2909.129.5.674

Miller, N. B., Falk, R. F., & Huang, Y. (2009). Gender identity and the overexcitability profiles of gifted college students. *Roeper Review*, 31(3), 161–169. https://doi.org/10.1080/02783190902993920

Mofield, E., & Parker Peters, M. (2019). Understanding underachievement: Mindset, perfectionism, and achievement attitudes among gifted students. *Journal for the Education of the Gifted*, 42(2), 107–134. https://doi.org/10.1177/0162353219836737

Müller-Oppliger, V. (2021). Begabungsmodelle. In V. Müller-Oppliger & G. Weigand (Hrsg.). *Handbuch Begabung* (S. 204–222). Beltz.

Neihart, M. (2008). *Identifying and providing services to twice exceptional children.* In S. I. Pfeiffer (Hrsg.). Handbook of Giftedness in Children (S. 115–137). Springer. https://doi.org/10.1007/978-0-387-74401-8_8

Neihart, M., Pfeiffer, S. I., & Cross, T. L. (Hrsg.). (2021). *The social and emotional development of gifted children.* Routledge. https://doi.org/10.4324/9781003238928

Niehues, F. (2021). Können macht Spaß! Ein Therapie- und Beratungskonzept für Hoch- und Höchstbegabte. *Fachzeitschrift Psychologie in Österreich*, 41, 124–133.

Ogurlu, U. (2020). Are gifted students perfectionistic? A meta-analysis. *Journal for the Education of the Gifted*, 43(3), 227–251. https://doi.org/10.1177/0162353220933006

Pellicano, E., & den Houting, J. (2022). Annual Research Review: Shifting from ›normal science‹to neurodiversity in autism science. *Journal of Child Psychology and Psychiatry*, 63(4), 381–396. https://doi.org/10.1111/jcpp.13534

Petersen, J. (2013). Gender differences in identification of gifted youth and in gifted program participation: A meta-analysis. *Contemporary Educational Psychology*, 38(4), 342–348. https://doi.org/10.1016/j.cedpsych.2013.07.002

Piechowski, M. M., & Wells, C. (2021). Reexamining Overexcitability: A framework for understanding intense experience. In T. L. Cross & J. R. Cross (Hrsg.). *Handbook for counselors serving students with gifts & talents* (S. 63–83). Routledge. https://doi.org/10.4324/9781003235415

Preckel, F. (2010). *Intelligenztests in der Hochbegabungsdiagnostik.* In F. Preckel, W. Schneider & H. Holling (Hrsg.). Diagnostik von Hochbegabung (S. 19–43). Hogrefe.

Preckel, F. (2021). *Das TAD-Framework. Ein Rahmenmodell zur Beschreibung von Begabung und Leistung unter einer Talententwicklungsperspektive.* In V. Müller-Oppliger & G. Weigand (Hrsg.). Handbuch Begabung (S. 274–287). Beltz.

Preckel, F., & Baudson, T. G. (2013). *Hochbegabung. Erkennen, Verstehen, Fördern.* C.H. Beck.

Preckel, F., Baudson, T. G., Krolak-Schwerdt, S., & Glock, S. (2015). Gifted and maladjusted? Implicit attitudes and automatic associations related to gifted children. *American Educational Research Journal*, 52(6), 1160–1184. https://doi.org/10.3102/0002831215596413

Preckel, F., Golle, J., Grabner, R., Jarvin, L., Kozbelt, A., Müllensiefen, D., Olszewski-Kubilius, P., Schneider, W., Subotnik, R., Vock, M., & Worrell, F. C.

(2020). Talent development in achievement domains: A psychological framework for within-and cross-domain research. *Perspectives on Psychological Science*, 15(3), 691–722. https://doi.org/10.1177/1745691619895030

Preckel, F., & Krampen, G. (2016). Entwicklung und Schwerpunkte in der psychologischen Hochbegabungsforschung. Ergebnisse einer szientometrischen Analyse von Publikationen zwischen 1980 und 2014. *Psychologische Rundschau*, 67(1), 1–14. https://doi.org/10.1026/0033-3042/a000289

Preckel, F., & Vock, M. (2021). *Hochbegabung*. Hogrefe. https://doi.org/10.1026/02850-000

Quaiser-Pohl, C. (2012). *Mädchen und Frauen in MINT: Ein Überblick*. In H. Stöger, A. Ziegler & M. Heilemann (Hrsg.). *Mädchen und Frauen in MINT* (S. 13–40). Lit Verlag.

Reis, S. M., Baum, S. M., & Burke, E. (2014). An operational definition of twice-exceptional learners: Implications and applications. *Gifted Child Quarterly*, 58(3), 217–230. https://doi.org/10.1177/0016986214534976

Reis, S. M., & McCoach, D. B. (2000). The underachievement of gifted students: What do we know and where do we go?. *Gifted child quarterly*, 44(3), 152–170. https://doi.org/10.1177/001698620004400302

Reis, S. M., & Sullivan, E. E. (2009). *A theory of development in women of accomplishments*. In L. V. Shavinina (Hrsg.). *International handbook of giftedness, part one* (S. 487–504). Springer. https://doi.org/10.1007/978-1-4020-6162-2_22

Rinn, A. N., & Bishop, J. (2015). Gifted adults: A systematic review and analysis of the literature. *Gifted Child Quarterly*, 59(4), 213–235. https://doi.org/10.1177/0016986215600795

Rinn, A. N., Mullet, D. R., Jett, N., & Nyikos, T. (2018). Sensory processing sensitivity among high-ability individuals: A psychometric evaluation of the highly sensitive person scale. *Roeper Review*, 40(3), 166–175. https://doi.org/10.1080/02783193.2018.1466840

Rohrmann, S., Leonhardt, M., & Klug, K. (2020). *Impostor-Selbstkonzept-Fragebogen (ISF)*. Hogrefe.

Rost, D. H. (2008). Multiple Intelligenzen, multiple Irritationen. *Zeitschrift für Pädagogische Psychologie*, 22(2), 97–112. https://doi.org/10.1024/1010-0652.22.2.97

Rost, D. H. (Hrsg.). (2009). *Hochbegabte und hochleistende Jugendliche*. Waxmann.

Rost, D. H. (2010). *Stabilität von Hochbegabung*. In F. Preckel, W. Schneider & H. Holling (Hrsg.). *Diagnostik von Hochbegabung* (S. 233–266). Hogrefe.

Rost, D. H., & Sparfeldt, J. R. (2008). *Intelligenz und Hochbegabung*. In M. K. W. Schweer (Hrsg.). *Lehrer-Schüler-Interaktion. Inhaltsfelder, Forschungsperspektiven und methodische Zugänge* (S. 303–325). VS Verlag für Sozialwissenschaften.

Rost, D. H., Sparfeldt, J. R., & Schilling, S. R. (2006). *Hochbegabung*. In K. Schweizer (Hrsg.). *Leistung und Leistungsdiagnostik* (S. 187–222). Springer. https://doi.org/10.1007/3-540-33020-8_12

Rost, D. H., Wirthwein, L., & Steinmayr, R. (2014). Wie brauchbar ist der »Overexcitability Questionnaire-Two (OEQII)«? Entwicklung und psychometrische Analyse einer reduzierten deutschsprachigen Version (Übersensibilitätsfragebogen OEQ-D). *Diagnostica*, 60(4), 211–228. https://doi.org/10.1026/0012-1924/a000102

Roth, B., Becker, N., Romeyke, S., Schäfer, S., Domnick, F., & Spinath, F. M. (2015). Intelligence and school grades: A meta-analysis. *Intelligence*, 53, 118–137. https://doi.org/10.1016/j.intell.2015.09.002

Sachse, R. (2016). *Klärungsprozesse in der Klärungsorientierten Psychotherapie*. Hogrefe. https://doi.org/10.1026/02726-000

Sachse, R. (2019). *Persönlichkeitsstörungen*. Hogrefe. https://doi.org/10.1026/02906-000

Sachse, R., Sachse, M., & Fasbender, J. (2016). *Grundlagen Klärungsorientierter Psychotherapie*. Hogrefe. https://doi.org/10.1026/02789-000

Sakulku, J., & Alexander, J. (2011). The impostor phenomenon. *The Journal of Behavioral Science*, 6(1), 75–97. https://doi.org/10.14456/ijbs.2011.6

Samsen-Bronsveld, H. E., Bakx, A. W., Bogaerts, S., & Van der Ven, S. H. (2024). A comparison of gifted children and children with low, average, and above-average cognitive abilities in Sensory Processing Sensitivity in the primary school context. *Gifted Child Quarterly*, 68(3), 189–205. https://doi.org/10.1177/00169862241239652

Schilling, S. R. (2009). Peer-Beziehungen. In D. H. Rost (Hrsg.). *Hochbegabte und hochleistende Jugendliche* (S. 367–422). Waxmann.

Schlegler M. (2022). Systematic Literature Review: Professional Situation of Gifted Adults. *Frontiers in psychology*, 13, 736487. https://doi.org/10.3389/fpsyg.2022.736487

Schlegler, M., Wuttke, E., & Kögler, K. (2018). Hochbegabte im Beruf. *Zeitschrift für Berufs-und Wirtschaftspädagogik*, 114(4), 660–678. https://doi.org/10.25162/zbw-2018-0023

Schneider, M., & Preckel, F. (2017). Variables associated with achievement in higher education: A systematic review of meta-analyses. *Psychological bulletin*, 143(6), 565–600. https://doi.org/10.1037/bul0000098

Schöttle, D., Schimmelmann, B. G., & van Elst, L. T. (2019). ADHS und hochfunktionale Autismus-Spektrum-Störungen. *Nervenheilkunde*, 38(09), 632–644. https://doi.org/10.1055/a-0959-2034

Schütz, C. (2009). *Leistungsbezogene Kognitionen*. In D. H. Rost (Hrsg.). *Hochbegabte und hochleistende Jugendliche* (S. 303–337). Waxmann.

Schweizer, K. (2006). *Intelligenz*. In K. Schweizer (Hrsg.). *Leistung und Leistungsdiagnostik* (S. 2–15). Springer Medizin Verlag.

Schwiebert, A. (2015). *Kluge Köpfe, krumme Wege?* Junfermann.

Sedillo, P. J. (2022). The why, who, what, where, and how for this under-identified underserved Population. In J. A. Castellano, & K. L. Chandler (Hrsg.). *Identifying and serving diverse gifted learners: meeting the needs of special populations in gifted education* (S. 68–90). Routledge. https://doi.org/10.4324/9781003265412-8

Segerstrom, S. C., Reed, R. G., & Scott, A. B. (2017). Intelligence and interleukin-6 in older adults: the role of repetitive thought. *Psychosomatic medicine*, *79*(7), 757–762. https://doi.org/10.1097/PSY.0000000000000479

Silverman, L. K. (2007). Perfectionism: The crucible of giftedness. *Gifted Education International*, *23*(3), 233–245. https://doi.org/10.1177/026142940702300304

Simonton, D. K. (1985). Intelligence and personal influence in groups: Four nonlinear models. *Psychological review*, *92*(4), 532–547.

Singer, J. (2017). *NeuroDiversity. The birth of an idea*.

Snyder, K. E., & Linnenbrink-Garcia, L. (2013). A developmental, person-centered approach to exploring multiple motivational pathways in gifted underachievement. *Educational Psychologist*, *48*(4), 209–228. https://doi.org/10.1080/00461520.2013.835597

Sparfeldt, J. R., Schilling, S. R., & Rost, D. H. (2006). Hochbegabte Underachiever als Jugendliche und junge Erwachsene: Des Dramas zweiter Akt?. *Zeitschrift für Pädagogische Psychologie*, *20*(3), 213–224. https://doi.org/10.1024/1010-0652.20.3.213

Spearman, C. (1904). »General intelligence,« objectively determined and measured. *The Ame- rican Journal of Psychology*, *15*(2), 201–293. https://doi.org/10.2307/1412107

Spektrum der Wissenschaft Kompakt (2023, 5. Juni). *Neurodiversität*. Spektrum. https://www.spektrum.de/shop

Stapf, A. (2010a). *Differentialdiagnostik: Hochbegabung und Aufmerksamkeitsstörung (ADHS)*. In F. Preckel, W. Schneider & H. Holling (Hrsg.). *Diagnostik von Hochbegabung* (S. 293–318). Hogrefe.

Stapf, A. (2010b). *Hochbegabte Kinder. Persönlichkeit, Entwicklung, Förderung*. C.H. Beck.

Stark, S. (2024). Hochbegabte Erwachsene in der Verhaltenstherapie. Kohlhammer.

Stavemann, H. H. (2005). (Hrsg.). *KVT-Praxis*. Beltz.

Stern, E., & Neubauer, A. (2016). Intelligenz: kein Mythos, sondern Realität. *Psychologische Rundschau*, *67*(1), 1–13. https://doi.org/10.1026/0033-3042/a000290

Sternberg, R. J. (2017). ACCEL: A new model for identifying the gifted. *Roeper Review*, *39*(3), 152–169. https://doi.org/10.1080/02783193.2017.1318658

Sternberg, R. J. (2021). Identification for utilization, not merely possession, of gifts: What matters is not gifts but rather deployment of gifts. *Gifted Education International*, 1–8. https://doi.org/10.1177/02614294211013345

Sternberg, R. J., Chowkase, A., Desmet, O., Karami, S., Landy, J., & Lu, J. (2021). Beyond transformational giftedness. *Education Sciences*, *11*(5), 192, 1–9. https://doi.org/10.3390/educsci11050192

Sternberg, R. J., & Zhang, L. F. (1995). What do we mean by giftedness? A pentagonal implicit theory. *Gifted Child Quarterly*, *39*(2), 88–94. https://doi.org/10.1177/001698629503900205

Stöcker, W., & Krüger, C. (2019). *Elektronenmikroskop*. In A. M. Gressner, & T. Arndt (Hrsg.). *Lexikon der Medizinischen Laboratoriumsdiagnostik* (S. 767–768). Springer. https://doi.org/10.1007/978-3-662-48986-4_987

Stricker, J., Buecker, S., Schneider, M., & Preckel, F. (2020). Intellectual giftedness and multidimensional perfectionism: A meta-analytic review. *Educational Psychology Review*, 32(2), 391–414. https://doi.org/10.1007/s10648-019-09504-1

Su, R., & Rounds, J. (2015). All STEM fields are not created equal: People and things interests explain gender disparities across STEM fields. *Frontiers in psychology*, 6, 189. https://doi.org/10.3389/fpsyg.2015.00189

Swiatek, M. A. (1995). An empirical investigation of the social coping strategies used by gifted adolescents. *Gifted Child Quarterly*, 39(3), 154–160. https://doi.org/10.1177/001698629503900305

Tasca, I., Guidi, M., Turriziani, P., Mento, G., & Tarantino, V. (2024). Behavioral and socio-emotional disorders in intellectual giftedness: A systematic review. *Child Psychiatry & Human Development*, 55(3), 768–789. https://doi.org/10.1007/s10578-022-01420-w

Tuite, J., Rubenstein, L. D., & Salloum, S. J. (2021). The coming out experiences of gifted, LGBTQ students: When, to whom, and why not?. *Journal for the Education of the Gifted*, 44(4), 366–397. https://doi.org/10.1177/01623532211044538

Ullmer, L. (2022). *Klientenzufriedenheit bei hochbegabten Psychotherapiepatient*innen – eine empirische Untersuchung*. [Unpublizierte Bachelorarbeit]. Hochschule Fresenius Heidelberg.

Vaivre-Douret, L. (2011). Developmental and cognitive characteristics of »high-level potentialities« (highly gifted) children. *International Journal of Pediatrics*, Article ID 420297. https://doi.org/10.1155/2011/420297

van den Heuvel, M. P., Stam, C. J., Kahn, R. S., & Pol, H. E. H. (2009). Efficiency of functional brain networks and intellectual performance. *Journal of Neuroscience*, 29(23), 7619–7624. https://doi.org/10.1523/JNEUROSCI.1443-09.2009

van Elst, L. T. (2019). Hochfunktionaler Autismus bei Erwachsenen. *PSYCH up2date*, 13(02), 155–172. https://doi.org/10.1055/a-0647-3175

van Leeuwen, T. M., Neufeld, J., Hughes, J., & Ward, J. (2020). Synaesthesia and autism: Different developmental outcomes from overlapping mechanisms? *Cognitive Neuropsychology*, 37(7–8), 433–449. https://doi.org/10.1080/02643294.2020.1808455

van Leeuwen, T. M., Wilsson, L., Norrman, H. N., Dingemanse, M., Bölte, S., & Neufeld, J. (2021). Perceptual processing links autism and synesthesia: A co-twin control study. *Cortex*, 145, 236–249. https://doi.org/10.1016/j.cortex.2021.09.016

von Stumm, S., & Ackerman, P. L. (2013). Investment and intellect: A review and meta-analysis. *Psychological Bulletin*, 139(4), 841–869. https://doi.org/10.1037/a0030746

Walch, S. E., Bernal, D. R., Gibson, L., Murray, L., Thien, S., & Steinnecker, K. (2020). Systematic review of the content and methods of empirical psychological research on LGBTQ and SGM populations in the new millennium. *Psychology of*

Sexual Orientation and Gender Diversity, 7(4), 433–454. https://doi.org/10.1037/sgd0000364

Ward, J. (2013). Synesthesia. *Annual review of psychology, 64,* 49–75. https://doi.org/10.1146/annurev-psych-113011-143840

Ward, J., Field, A. P., & Chin, T. (2019). A meta-analysis of memory ability in synaesthesia. *Memory, 27*(9), 1299–1312. https://doi.org/10.1080/09658211.2019.1646771

Webb, J. T. (2017). *Hochbegabte Kinder.* Hogrefe. https://doi.org/10.1024/85758-000

Webb, J. T. (2020). *Die Suche nach dem Sinn.* Hogrefe. https://doi.org/10.1024/85977-000

Webb, J. T., Amend, E. R., Beljean, P., Webb, N. E., Kuzujanakis, M., Olenchak, F. R., & Goerss, J. (2020). *Doppeldiagnosen und Fehldiagnosen bei Hochbegabung.* Hogrefe. https://doi.org/10.1024/86048-000

Weber, H., & Westmeyer, H. (2001). Die Inflation der Intelligenzen. In E. Stern & J. Guthke (Hrsg.). *Perspektiven der Intelligenzforschung* (S. 251–266). Pabst.

Wexelbaum, R., & Hoover, J. (2014). Gifted and LGBTIQ: A comprehensive research review. *International Journal for Talent Development and Creativity, 2*(1), 73–86.

White, S. L., Graham, L. J., & Blaas, S. (2018). Why do we know so little about the factors associated with gifted underachievement? A systematic literature review. *Educational Research Review, 24,* 55–66. https://doi.org/10.1016/j.edurev.2018.03.001

Wieczerkowski, W., & Prado, T. M. (1993). Spiral of disappointment: Decline in achievement among gifted adolescents. *European Journal of High Ability, 4*(2), 126–141. https://doi.org/10.1080/0937445930040202

Wilken, B. (2024). *Methoden der Kognitiven Umstrukturierung.* Kohlhammer.

Williams, C., Peyre, H., Labouret, G., Fassaya, J., Guzmán García, A., Gauvrit, N., & Ramus, F. (2022). High intelligence is not associated with a greater propensity for mental health disorders. *European Psychiatry, 66(1), E3.* https://doi.org/10.1192/j.eurpsy.2022.2343

Winkler, D., & Voight, A. (2016). Giftedness and overexcitability: Investigating the relationship using meta-analysis. *Gifted Child Quarterly, 60,* 243–257. https://doi.org/10.1177/0016986216657588

Wirthwein, L., Bergold, S., Preckel, F., & Steinmayr, R. (2019). Personality and school functioning of intellectually gifted and nongifted adolescents: Self-perceptions and parents' assessments. *Learning and Individual Differences, 73,* 16–29. https://doi.org/10.1016/j.lindif.2019.04.003

Wittmann, M. (2019). *Über das Erleben einer Hochbegabung – eine qualitative Interviewstudie über möglich Zusammenhänge zwischen niedriger Sinnerfüllung und geringen sozialen Kompetenzen hochbegabter Personen.* [Masterarbeit, Leopold-Franzens Universität Innsbruck]. https://diglib.uibk.ac.at/ulbtirolhs/download/pdf/3389838?originalFilename=true

Ziegler, A., & Stöger, H. (2003). Identification of underachievement: An empirical study on the agreement among various diagnostic sources. *Gifted and Talented International*, *18*(2), 87–94. https://doi.org/10.1080/15332276.2003.11673019

Ziegler, M., Danay, E., Heene, M., Asendorpf, J., & Bühner, M. (2012). Openness, fluid intelligence, and crystallized intelligence: Toward an integrative model. *Journal of Research in Personality*, *46*(2), 173–183. https://doi.org/10.1016/j.jrp.2012.01.002

Ziemes, J. F. (2015). *Identitätsentwicklung bei Hochbegabten*. [Masterarbeit, Universität Trier].

Zirbes-Domke, S., & Liebert-Cop, I. (2018). Die vier häufigsten psychischen Fehldiagnosen bei hochbegabten Kindern (Teil 1), *Labyrinth*, *135*, 16–19.

Stichwortverzeichnis

A

Abwechslung 103
ADHS 24, 77–80, 219, 225, 226
Akzeptanz 78, 121, 122, 124, 127, 151, 173, 179, 180, 184, 190
Alienation 143
Anderssein 85, 93, 118, 121, 123, 124, 153, 163, 215
Anforderungen 44, 47, 83, 139, 158
Ängste 139, 141, 162, 165
Annäherungsziele 140, 176, 177
Anpassung 57, 71, 169, 190
Asynchronizität 80
Aufmerksamkeit 47, 79, 86, 99, 140, 155, 177
Authentizität 19, 95, 103, 126, 128, 132, 142, 143, 153, 163, 190, 203, 204, 208, 209
Autismus-Spektrum-Störung 24, 77, 78, 225, 227
– autistisch 24, 76, 77, 85, 116
Autonomie 51, 128

B

Begabung 23, 26, 36, 37, 39–41, 44, 46, 47, 62, 93, 94, 117, 119, 121, 125, 128, 136, 147–149, 169, 197, 214, 215, 219, 223
– Begabungsbereich 46, 48
– Begabungsentwicklung 38, 46, 52, 161
– Begabungsförderung 36, 43, 45
– Begabungsprofil 48, 52, 58–60, 162, 165
Belastung 23, 52, 80, 104, 108, 117, 123, 124, 131, 138, 144, 147, 148, 164, 166, 173, 193, 200
Beratung 221
– Beratungsstelle 57, 205
Beruf 49, 51, 67, 225
– Berufserfolg 32
– Berufssituation 54
– Berufszufriedenheit 49, 50
Bildungsbiografie 49, 50
Boreout 109
Burnout 70

C

Copingstrategie 72, 79, 83, 125, 141–143, 145, 147, 148, 153, 163, 169, 170, 172, 174, 180, 184, 186

D

Deckeneffekt 60
Denken
– akustisch-sequenzieller Denkstil 101
– Denkprozess 190

- komplexes Denken 17, 100, 104, 107, 108, 117
- kritisches Denken 98, 130
- logisch-analytisches Denken 97
- schlussfolgerndes Denken 101
- visuell-räumlicher Denkstil 101
Depressivität 90, 151
Diagnostik 222–224
Disharmoniehypothese 21, 66, 68
Disputation 186
Diversität 24, 81, 83
Domäne 47, 48, 62
- Domänbereich 49
- Domänwahl 48
Dyskalkulie 78

E

Einsamkeit 23, 141, 151
Emotionalität 87, 100, 218
Emotionsregulation 180
Empathie 87
Energielevel 90, 99, 143, 145
Engagement 20, 48, 69
Entscheidungsschwierigkeiten 105
Entwicklung 36, 42, 58, 68, 78, 82, 89, 93, 95, 102, 112, 121, 139, 146, 224, 226
- Entwicklungsabschnitte 54
- Entwicklungsaufgabe 120
- Entwicklungsfortschritt 112
- Entwicklungspotenzial 39, 89
- Entwicklungsprozess 89, 151, 152, 155, 191
- Entwicklungsstufen 84, 90, 191
Erfolg 53, 137, 139, 166, 181, 221
Experte 44, 201
Expertise 44, 48, 49, 52, 55, 161
Extraversion 69

F

Fähigkeiten 32, 33, 47–49, 51, 53, 56, 59–62, 66, 68, 70, 71, 80, 88, 103, 115, 117–119, 129, 130, 161, 187, 198
Fähigkeitsdifferenzierung 47
Fehldiagnose 73, 74, 228, 229
Fertigkeiten 47, 48, 59, 68, 99, 115
Flynn-Effekt 60
forced-choice-Dilemma 141
Förderung 20, 36, 38, 45, 46, 54, 56, 57, 112, 135, 203, 217, 226
Freiheit 102, 208
Freiheitsgrade 25, 55, 171

G

Gedächtnis 33, 102, 108, 131, 203
- Gedächtnisleistung 116
Gehirnregion 35
Gerechtigkeitsempfinden 70, 99, 108
Geschlechtsunterschiede 50, 81, 82
Gewissenhaftigkeit 68, 69, 71
Gleichgesinnte 121, 150, 153
Grenzen 204
Grundbedürfnisse 128, 143, 176

H

Handlungskontrolle 173, 189
Harmoniehypothese 65
Herausforderungen 25, 26, 40, 83, 91, 93, 104, 110, 118, 120, 121, 136, 148, 149, 163, 164, 201, 208
Hochsensibilität 24, 25, 76, 84–88, 91, 106, 132, 134, 162, 205
Höchstbegabte 67, 93, 111, 112, 114–118, 123, 189, 197, 203, 215, 219
Höchstbegabung 111, 197, 198

I

Identität 19, 25, 82, 83, 94, 142, 146, 147, 150, 151, 198, 208, 221
- Geschlechtsidentität 81, 82
- Identitätsbildung 48, 54
- Identitätsentwicklung 54, 84, 85, 147, 149, 152, 229
- Identitätsentwicklungsmodell 149, 150
- Identitätsentwicklungsprozess 23, 58, 84, 120, 149, 151–154, 164, 191
- Identitätsentwicklungsstufen 84, 153
- Identitätserleben 19, 147, 148
- Identitätsfindung 83
- Teilidentitätsaspekt 23, 149

Impostorsyndrom 137–139
Individualität 36, 86, 120, 125, 203
Informationsverarbeitung 35, 134, 217
Inkongruenz 23, 49, 150, 153
Input 22, 80, 115
Integration 147, 149, 151–153, 164, 206
Intelligenz 21, 22, 32–35, 43, 44, 48, 52, 54, 60–62, 65, 67, 70, 72, 81, 90, 111, 123, 139, 198, 218, 221, 224–226
- fluide Intelligenz 33, 70
- g-Faktor 32, 33, 59
- Intelligenzprofil 48
- IQ-Test 25, 29, 34, 36–39, 56, 57, 59, 60, 62, 81, 111, 119, 126, 152, 154, 162, 165, 166, 223
- kristalline Intelligenz 33
- multiple Intelligenzen 33
- s-Faktoren 32, 59

Intensität 84, 88, 89, 99, 119, 124, 133, 134, 136, 144

Interessen 44, 48, 49, 51, 55, 56, 102, 109, 119, 121, 129, 132, 140, 143, 165
- Interessensbereich 47
- Interessensvielfalt 108

Introversion 86

K

Kommunikation 123, 189, 190
Kompetenz 17, 23, 34, 47, 48, 55, 58, 60, 65, 68, 98, 101, 102, 126, 134, 139–141, 143, 145, 161, 167–169, 176, 187, 190, 228
Komplexität 27, 46, 91, 97, 105, 169, 189
Kongruenz 49, 54
Konstrukt 29, 31, 32, 35, 44, 45, 70, 89, 221
Kontinuum der Sichtbarkeit 142, 164, 174
Kreativität 44, 115

L

Label 21, 29, 53, 56, 125, 126, 128, 132, 141, 148, 149, 153
Langeweile 90
Lebensspanne 33, 94, 120, 124–126, 129, 131, 136, 141, 144, 145, 152
Lebenszufriedenheit 23, 51, 87, 152
Legasthenie 78
Leidensdruck 52, 104, 168, 169
Leistung 33, 39, 41, 43, 46–49, 52–55, 63, 66–68, 70, 71, 79, 82, 128, 132, 137, 139–141, 143, 145, 161, 186, 223–225
- Leistungsängstlichkeit 53
- Leistungsentwicklung 67
- Leistungsexzellenz 44
- Leistungsmotivation 53, 68
- Leistungsperformanz 52

- Leistungspotenzial   37, 52, 82
Lernen   34, 56, 78, 101, 131, 222
- Lernstrategien   118
Lernumwelt   44
LGBTIQ   25, 81, 83, 84, 221, 228
lösungsorientiert   98

M

Majorität   85, 150
masking   84, 142, 143
Mentor   106
Merkmale
- gesundheitsbezogene Merkmale   71
- hochbegabungsimmanente Merkmale   71
- leistungsbezogene Merkmale   67
- persönlichkeitspsychologische Merkmale   69
- sozial-emotionale Merkmale   68
mindset
- fixed mindset   54
- growth mindset   54
Minorität   22, 146, 147, 150, 152
- Minoritätenstatus   150
- Minoritätenstress   147–149, 152, 153
MINT-Disziplin   82, 137, 217, 220, 224
Misserfolg   53, 70
Motivation   44, 89, 99, 103, 109, 115, 132, 155, 199
- Führungsmotivation   51
- Gestaltungsmotivation   51, 103, 171
- Lernmotivation   53
- Veränderungsmotivation   159, 166
Motive   23, 71, 128, 143, 144

N

need for cognition   47, 53, 70, 91, 98, 215, 217
Neid   17, 132
Netzwerk   35, 91, 205
Neurodivergenz   25, 77, 78, 80, 162
- neurodivergent   78
Neurodiversität   77, 78, 226
- neurodivers   24, 77, 78
neurotypisch   78
Norm   25, 29, 82, 120, 127, 162, 215

O

Offenheit   47, 54, 69–71, 88, 202
Overexcitability   72, 88, 90, 91, 99, 106, 222–224

P

Paarbeziehung   123
Paradigma   36, 214
Passung   36, 47, 110, 121, 132, 135, 136, 162, 163, 171, 188
Perfektionismus   53, 70, 71, 130
Performanzdruck   22
Persönlichkeit   48, 49, 54, 69, 115, 162, 198, 203, 226
- Persönlichkeitsentwicklung   48, 52, 88
Potenzial   21, 22, 32, 37, 44, 45, 47, 52, 54, 66, 68, 82, 117, 121, 128, 161
Prokrastination   70, 139
Psychische Störungen   71, 73, 74
Psychotherapeut   25, 26, 195–203, 206, 214, 217
Psychotherapie   18, 19, 26, 157, 193, 195–205, 213, 217–221, 223, 225

R

Realitätsüberprüfung 185
Reizwahrnehmung 84, 86, 91
Ressourcen 17, 25, 40, 48, 91, 93, 97, 103, 104, 117, 118, 123, 130, 153, 162, 165, 179, 180, 198, 201, 208
- Ressourcenprofil 95, 103, 162
Routineaufgaben 109

S

Schemata 125, 129, 131, 134–136, 140, 141, 143–145, 153, 163, 165, 169, 170, 172, 174, 179, 184–186, 188
Schüchternheit 87, 90
Schwellenhypothese 67
Selbstakzeptanz 87
Selbstbewusstsein 23, 72, 117, 152, 209
Selbsteinschätzung 62
Selbstkonzept 19, 23, 48, 52, 54, 62, 68, 93, 126, 128, 135, 137–139, 146, 149, 152, 153, 164, 184, 191, 199, 224
- Teilselbstkonzept 22, 64, 151
Selbstmanagement 25, 27, 156, 160, 220
Selbstwert 149, 179, 187, 188
Selbstwirksamkeitserleben 53, 68
Situationsanalyse 187
Smalltalk 109
Sokratischer Dialog 186
Spät erkannte Hochbegabung 45, 135
Sprache 102, 112
Stereotype 17, 62, 65, 66, 71, 75, 119, 125, 146, 162, 220
stigma of giftedness 125, 146, 147, 149, 164, 216

Stress 23, 72, 86, 147, 148, 151
Synästhesie 115

T

Talent 40, 41, 46, 117, 224, 228
- Talententwicklung 36, 47–49, 52, 54, 55, 161
Therapieplanung 201
Transformation 42
twice exceptional 78, 79, 223

U

Übererregung 86
Überkompensation 139
Underachievement 52–54, 67, 112, 118, 219
ungeduldig 107, 118, 188, 190
Unterforderung 53, 109, 118

V

Verantwortungsgefühl 90, 107
Verarbeitungsgeschwindigkeit 35, 48, 99, 112
Verhaltensänderung 188
Vermeidungsziele 140, 143, 176
Vielfalt 36, 38, 40, 203
Vulnerabilität 73, 149

W

Weiterentwicklungsprozess 18, 19, 155, 207, 208
Wissen 17, 19, 33, 47, 48, 55, 64, 99, 102, 118, 129, 182, 186, 196
Wortspiele 102

Z

Zugehörigkeit 22, 68, 120, 128, 143, 147, 153, 154